中国思想史

溝口雄三／池田知久／小島 毅——〔著〕

東京大学出版会

An Intellectual History of China

Yuzo MIZOGUCHI *et al.*

University of Tokyo Press, 2007
ISBN 978-4-13-012056-2

はしがき

本書は、思想史とはいえ哲学的な言説の縷述ではなく、また事項や固有名詞がならぶ通史の構成をとってもいない。長い歴史のなかで、そもそも中国の何がどう変化し、それがどう現在とつながっているのか。その変化の断面に即して歴史のかくれた動力を浮き彫りにする方法を、思想史に求めたのがこの書である。中国の思想を知るのではなく、それを通して中国を知ること、それが本書の課題とするところであるといってよい。

ここでいう中国とは、現代の主権国家としての中華人民共和国を指すのではない。時代によってその領域を伸縮し、民族が交錯し、多文化が混淆し、交易が流通して現代にいたっている、その変化と流動のなかで漢字によって自己を表現し、自らを中国とアイデンティファイしてきた世界を指す。

秦漢帝国の成立以降、清末にいたるまで、中国はえんえん二千年つづく王朝の連続態と見なされてきた。たしかに、ヨーロッパにはローマ帝国の分裂以降、中世封建制から近代市民革命にいたる春秋に富んだ歴史の物語があるが、東アジアの中国の歴史にそれに類する変動は見られなかった。しかし中国を、外部から景色として眺めるのではなく、内部に視座を置いて見ていけば、単調な王朝の交替史としか映らない時代の底に、ゆったりとではあるが大きな歴史の変革があったことに気づかされる。本書は中国史上四つの大きな変動期に焦点を絞り、そこにどういう新しい歴史が生みだされたのかを解明しようとする。

変動期とは、第一にまず秦漢帝国の成立にいたる過程（第一の変動期）であり、ここに二千年におよぶ中央集権的な王朝体制が誕生した。しかしその後、皇帝専制のもと、唐代までの門閥・貴族社会は、いわゆる唐宋変革（第二の変動期）によって、宋代以降、実力本位の科挙官僚制社会へと巨大な転換を遂げる。のち明末清初期（第三の変動期）には、朱子学の民衆化や陽明学の興りに見られるように、士紳と呼ばれる層が民衆のリーダーとして地方の社会秩序を主体的に担いはじめ、近世から近代への扉を押し開いた。この士民の力がやがて清代を通じて上昇し、嘉慶年間以降は民衆反乱に対する自衛武力組織が充実し、太平天国期における「地方による地方のための軍隊」すなわち湘軍の建立を契機の一つとして、ついに省の独立をもたらし、辛亥革命（第四の変動期）として王朝体制そのものを瓦解させたのである。この清末民国期の変革はのち一九四九年の建国革命によって新しい中央集権的な建国へ引きつがれた。この過程で多くの歴史家は、アヘン戦争を近代の出発点とする革命史観を選択してきたが、本書ではこうした史観は採らず、十六、七世紀、明末清初期の変動から辛亥革命・建国革命にいたるまでの変化の軌跡を、連続する歴史像として描きだすことを意図した。すなわち中国の近代を、一般の理解のように清末における西洋文明の受容、あるいは抵抗の歴史過程とはしていない。

これまで中国の歴史は往々、外来の、つまりヨーロッパの、ときにはヨーロッパ化した日本の概念や枠組で組み立てられてきた。これに対して本書が中国のなかに視座を置くというのは、中国に内在的な歴史のロジックで中国の思想史を組み立てようというのである。

本書が、読者各位に中国的な世界への関心を呼びさますよすがになれば、それに過ぎる喜びはない。

二〇〇七年五月

溝口雄三
池田知久
小島　毅

中国思想史　目次

第三章　転換期としての明末清初期……………………141

第一章　秦漢帝国による天下統一

秦始皇詔権（『小校経閣金文拓本』巻 11）

中国思想の古代から現代にいたる歴史的展開のなかで、最初に位置している古代（殷代・周代〜三国・六朝時代）のそれは、以下に記すいくつかの点においてきわめて重大な役割を果たした。

第一に、春秋時代の末（紀元前六世紀）以降、はじめて思想学派としての儒家・墨家が誕生し、つづく戦国時代には道家・法家など諸子百家が思想界に登場して、多くの対立と論争をくりひろげたが、始皇帝が秦に拠って天下を統一し、高祖（劉邦）が漢を興して天下を再統一するという中国社会の巨大なうねりに呼応するかたちで、これを機に諸思想が大きく変貌していったことである。この巨大なうねりに対して、諸思想は単にあとから呼応しただけでなく、むしろ思想界の内部にはこれを先取りするかたちで対立・論争を克服し、統一・総合を実現しようという動きが生じた。そして、この動きのなかで、前漢の全期間を通じて儒教（儒家の教え）を重視する営みが積みかさねられた結果、ついに前漢末期（前一世紀）までに儒教の国教化（国家が儒教を唯一の正統と認め、他の諸思想を包摂・抑制するかたちで思想統一を行なうこと）がほぼ達成された。国教化された儒教は、その後、国教としての内容の充実・整備や統治者たちの間における権威の獲得などを通じて、少しずつ中国社会の内部に入りこんでいった。その後、道教が誕生し仏教が伝来すると、儒・道・仏の三教はときには激しく競いあい、またときには協力・一致するようになるが、これらの流れについては、結びの節**四**で述べる。

第二に、そのような国教化を可能にする儒教の内容の充実・整備または変貌が、この時期に始められ、また進められたことである。こうして、これ以後の中国的世界とその思想の大枠が形づくられていった。それらは儒教の多くの思想分野にわたっているけれども、最も重要な分野は以下の三つである。

一、人間・社会のありかたを根底において規定する「天」の思想は、中国思想の歴史をつらぬいて最も重要な位置を占めてきたが、前漢時代の儒教は武帝のころから、董仲舒学派が天人相関説を唱えた。世界のあらゆる存在や変化は、主宰者たる天がこの世に下す現象であるにしても、むしろそれは天子の人格が招きよせるものであって、それゆえ天子と彼に率いられる全人類の能動性の手の届く範囲内にあるとする思想である。こうして儒教は、戦国末期の儒家、荀子に始まる人間の能動性の強調を受けつぐと同時に、古く殷代・周代に行なわれていた最高神、上帝・天の宗教をも復活させながら、天子権力を強化して中央集権的な支配に転ずるための儒教国教化という、当代の喫緊の思想課題に応えようとしたのである。

二、天下のなかに生きる人間の「性（生まれながらの本性）」については、儒教はやはり同じく武帝のころから、それは生まれつき三種類に分かれるとする説を整備してそれを主張するようになった。これを通じて儒教は、政治支配というものは、生得的に上品の性をもつ聖人が前漢の天子の位について、生得的に中品の性をもつ民衆を導いて彼らに善を実現させることだと意味づけ、だからそれは聖人が最高神、天の意志を奉じて行なう教化（教育による善導）にほかならないとして正当化したのである。このように、当時の儒教は、天子の政治支配の根拠を宗教的な主宰者、天の意志に求めつつ、その目的は民衆をも含めた全人類の道徳の実現にあると主張して、宗教・道徳・政治の結合からなる壮大な思想体系を形づくっていった。

三、天下のなかで国家の体制はいかにあるべきかについては、周代以来、二つの政治制度が実施されたり創始されたりした結果、統治者や思想家の間で幅広く議論されてきた。秦代に始められた郡県制（天子一人が直接、天下を統治する中央集権の制度）は、前漢の武帝期以降、実質的に施行され、かつこれが長くつづいた。しかし、思想上は儒教が国教化されつつある動きを受けて、その理想とする封建制（諸侯の相対的独立を認める、地方分権の制度）を掲げざるをえず、この本音と建て前の巨大なギャップが推進力となって、国家の体制をめぐる議論が盛んに行なわれ、封建論・郡県論ともに深められた。やがて、現実に施行されている郡県制の優位が不動のものとなり、儒教的理想化をともなった封建制は修正を余儀なくされていった。

秦・漢による統一帝国の形成ののちは天子一元を可能にする中央権力の強化が課題となり、その後の中国的世界とその思想的大枠、いわゆる「礼教国家」が形づくられていったが、後漢も後期になると、国家・社会の状態に少しずつ変化が生じて、さしもの中央権力も弱体化し、その反面、豪族・名士などが地方で勢力を増大させていった。この変化にともなって、さきの三つの分野にも大きな変化が生じたが、それだけでなく唯一の正統思想であった儒教それ自体についても国教としての地位が低下し、新たに登場した道教・仏教が広く信奉されるようになった。

第三に、国教化を進めた儒教がその理念としての封建論を深化させるとともに、華夷思想（礼・徳の有無によって中華と夷狄を区別する思想）を整えていったことである。このことを通じて、直接支配できない周辺諸民族・諸国家（例えば、南越・閩越・朝鮮など）を中華王朝のもとに取りこむ東アジア世界の一体化が形成された。この東アジア冊封体制（諸国の君主に中華王朝の王号・爵位を授けてその外臣とする体制）は、とくに王莽（おうもう）の新や後漢の異民族支配に実施されて以来、さまざまの紆余曲折はあるものの、のちの清代末期にヨーロッパの衝撃をこうむるまで継承されていった重要な儒教的制度である（第二章、一一八―一一九ページを参照）。

一　天人相関と自然

天が人間や国家をつくったという言説は、中国思想史のなかで何度も唱えられてきた。もちろん真実は逆に、人間とその営む社会こそが「天」という観念をつくってきたのであり、天の思想は人間・社会の状況を反映し、それが変化するのに応じて各方面に展開した。そこには何らかのかたちで人間・社会のありかたを根底で規定する天の観念がともなうから、ある天の思想を把握することはその思想体系を根底において把握することにつながるにちがいない。

殷の上帝から周の天命へ

殷（いん）代（前十六―前十一世紀）の上帝と周（しゅう）代（西周、前十一―前八世紀）の天は、中国の主宰神の出発点であり、のちの天人相関説のはるかに遠い源ということができる。

甲骨卜辞（こうこつぼくじ）・金文（きんぶん）によれば、殷代には最高神として上帝が信じられていたが、それは呪術的な鬼神信仰の要素をたぶんに残した神であった。しかし、殷人は上帝を唯一神とはせず祖先神や自然神などの他の鬼神をもすべて認めたうえで、年中行事の祭祀体系のなかでそれらを秩序づけていた。一種の多神教である。上帝の最大の能力は降雨を命ずることであり、天候の支配を通じて穀物のみのりを左右すると考えられた。そのため殷王は日常的に甲骨卜辞を用いてその意志を問い、降雨の有無などを占った。

周代に天の観念が発生する。周の天は殷の上帝を継承した。それゆえ天は鬼神信仰の要素を残すが、同時に主宰神としての性格をそなえた神であった。それは殷の上帝よりもいっそう高く超越する人格神であり、有徳の為政者（天子）には天命（天の命令）を与えるなどの福をもたらし、不徳の為政者には天命を奪うなどの禍をもたらす。だから天命は殷代のように占いを用いなくても知ることができた。殷王は不徳のゆえにかつての天命を失って天下を統治する王位を追われた者であり、周の文王は有徳のゆえに新たに天命を受けて王位に即いた者であるが、しかし周王朝にとっても天命は容易に保持しがたく、不安定なものと見なされた。

天命を確保することを通じて王朝を維持するには、天に認められる方法が必要となる。天・鬼神に対する信仰と祭祀もその一つであるが、より重要な方法は人間・社会のなかに求められた。具体的には、(1)文王が始めたとされる、同姓諸族を宗家・支家の関係で結びつける宗法制という血族制度、そして同姓・異姓の臣下に封土を与えて地方を統治させる封建制という統治体制を伝統として守っていくこと。さらに、(2)その根底にあると考えられた、文王のそなえていた偉大な徳を尊重しこれを身につけること。これによって天・鬼神の加護を受けるのみならず、国家を統治することも可能とされた。

天の理法化——先秦儒家

春秋末期はこの宗法制と封建制が崩壊しはじめ、新たに生まれた領域国家が古代帝国の形成に向かって歩みはじめた時期である。旧体制の末端に位置していた孔子のような士（下級の統治者）の身分の者がその過程で最初に体制からはじき出されて、自立した思想活動を開始するようになる。彼らが戦争の災禍、人間紐帯の不安定化、社会秩序の混乱、価値観の混迷といった時代の問題を、自らの問題として受けとめなければならない位置にいたためである。旧体制を呪術・宗教の面から支えていた天の思想も大きく動揺しており、そのため孔子の天の思想も周代の天命思想を大きく革新することになった。

〔孔子に始まる新しい天〕　弟子の証言や記録によれば、孔子は天・鬼神を語らなかった。それらを旧来のままに信じていなかったからであるが、それだけでなく彼はこうした古い信仰を乗り越えることを自らの課題とした。だから、彼の呪術・宗教に対する態度はきわめて目的意識的となる。『論語』(雍也篇・先進篇)によれば、彼は「鬼神を敬う」といい、また「人に事え」「生を知っ」たうえならば「鬼に事え」「死を知る」のもよいという意向を匂わせる。こうして旧習と折り合いをつけつつ、実際は「鬼神を遠ざけ」、鬼神や死についての弟子の問いに対しては、何も答えないという目的を遂げている。呪術・宗教が当時の知識人に広く信じられている現実のうえに立って、それを乗り越えるために現実と折り合いをつけるという方法を目的意識的に採用したのだ。

天命に対する態度はやや複雑である。彼は同じ方法により天命の存在を認めこのことばを使用しながら、そこに含まれる古い内容を革新した。当時の人々が信じていた天命は、上述した周代の天命思想の流れを汲むものであったが、彼の天命はそれとは異なる。例えば、先進篇における孔子は、愛弟子の顔淵の死に主宰神たる天の命を読みとってそれに従おうとする者ではなく、道の実現にとって絶望的ともいえる彼の死を抗しがたい天命、すなわち人間の力のかなたにあって作用する人間・社会の理法であるとして、客観的に意義づけようとする者である。孔子がたまさか天命を口にするのは徳行・文・道などに関する場合に限られており、この点から天命はそれらが展開する背後にある理法を指すと推測することができよう。

為政篇の「五十にして天命を知る」も、これを「七十にして心の欲する所に従うも矩を踰えず」という、自己を完全に抑制して矩（つまり礼）に一致した境地にいたる一過程と位置づける。天命がそうした境地の基礎となる理法だからである。しかしこの理法は、日常の人間・社会のなかには現われない。顔淵を死なせ（先進篇）、匡人に囲まれた孔子を生かす（子罕篇）天命とは、人間の能力の限界外にあって作用している運命的なものであり、畏れつつ知らなければならない対象であった（季氏篇）。結局のところ、孔子の世界は、道徳と政治を中心とした明瞭に把握できる人間・社会の事象と、人間の力の向こう側にある明瞭に把握できない理法、の二つからなっていたと考えられる。

〔孔子を継承した戦国儒家〕　孔子の歩みはじめた呪術・宗教の乗り越えは、以後、戦国時代の諸子百家に受けつがれ、より徹底したかたちで浸透していった。孔子ではまだ問題になっていた鬼神信仰は、もはや解決ずみとして知識人の関心をひくことがなくなる。儒家（孔子の学派）はこうした宗教批判の伝統を築きあげるうえで重要な役割を演じたが、宗教的な「礼」については、彼らの関心事が道徳と政治にあったことから、新たに道徳的・政治的な意味を賦与してこれを肯定した。この礼の世俗化も孔子のもとで始められた営みである。もともと宗教的な儀礼であった礼を、(a)家族間の団結を強化し、親疎尊卑を差等づける家族道徳の建設と、(b)国家・社会における、人々の貴賤上下を区別する階級秩序の確立のために、古来の内容を改めながら再構築したのである。

(a)では喪礼が重要であり、孟子は三年の喪を「孝」の現われと評価して、その後の儒教の厚葬久喪の伝統をつくった。また、彼が善なる性に固有なものとして仁・義・智とならんで礼を数えたのも、宗教儀礼の世俗化を示す例である。(b)も孔子・孟子から始まったが、とくにこれを推進したのは荀子である。彼はしばしば、階級的な上下に応じて差があるのが礼だというが、これは礼を政治的制度と見なして生かそうとしたためである。また民衆の間に信仰されていた呪術的祭祀をも、荀子は同じく政治的な意味を賦与して利用しようとした。こうして、戦国後期の儒家は無神論でありながら同時に呪術・宗教をも肯定するという矛盾する態度をとった。墨家(ぼくか)が儒家の「祭礼を学ぶ」が本来の呪術・宗教からはずれた作為であると鋭く批判した（『墨子』公孟篇）のは、儒家のこの態度に対してである。

〔墨家の明鬼論と天志論〕　儒家などが宗教批判を行なったのは民間にそれが根強く信仰されていたためである。しかし知識人がいかに批判しようと、その基盤たる民衆には鬼神信仰が脈々と生きていた。そこで天下統一による戦乱・分裂の収束を主な課題とした諸子百家は、民衆のもつこの宗教的エネルギーを計算に入れないわけにはいかなかった。こうした問題関心から宗教の復権に先鞭をつけたのは、構成メンバーに下層の民衆を多数かかえる墨家である。前三世紀の戦国競争の激化の時代に入ると、墨家は明鬼(めいき)論と天志論を著わしてその唱える諸思想、とくに兼愛（博愛）論の根拠づけに鬼神・天を置くにいたる。こうして墨家が思想界の一隅で起こした宗教のUターンの波は、他学派にも及んでいった。儒家では荀子が宗教の政治的利用の主張を打ちだしたのは、こうした情況下においてである。

明鬼論とは、鬼神はこの世に実在し、人々の行なう善悪を知り、行なった善悪に応じて人々に賞罰を下す。また善とは兼愛論の実行のことで、だから人々は兼愛論を行なって鬼神の賞を受け罰を避けるべきだ、と訴える理論である。こうして墨家は古くからの鬼神信仰を復権させたが、その行きつく先は鬼神よりもいっそう超越的な人格的主宰神、天の復権であった。そのために書かれたのが天志論である。天志論は、ただ天子だけを説得の相手として、天意（天の意志）が兼愛論の実現にあることを知り、天の賞を得、天の罰を避けるように努めなければならない、と主張する。こうして、天子にその賞罰で兼愛論を実行させる主宰神の天が、新たな思想課題として登場したのである。

天と道――戦国道家

戦国時代の後期に道家という学派（現在の『荘子(そうじ)』の一部）が誕生して、「道」ということばを中心に独自の思想を展開した。道とは万物（自然と人間とからなる世界）を存在・変化させる根源的な主宰者であるが、それに対して人間は、この道によって存在・変化させられる単なる被宰者、万物の一つでしかなく、それゆえ疎外された没主体的なものと見なされた。こういうわけで、彼らにとって最も切実な問題は人間疎外の克服や主体性の獲得であったが、その基礎には「道―万物」の二つの世界を考える独自の存在論（二世界論）が横たわっていた。その目的は、単に万物の一つでしかない人間が、道に到達しこれを把握することにより、道が世界においてもつオールマイティーの能力（いっさいの万物を存在・変化させる主宰性）を自己の手中に収め、それを通じて疎外を克服し主体的となり、自ら偉大な主宰者となって世界のなかに屹立すること、にあった。

戦国状況の進展のなかで道家が現実社会に接近し、それにともなってこの二世界論が理論として整備されると、諸子百家はこぞってこれを受け入れ、それぞれの思想体系のなかにそれを基礎づける哲学として取りこんでいった。道家はまた孔子の始めた天の世俗化・理法化を推し進めて、天を人（人為）の正反対の無為（非人為）という意味に改めた。その結果、天に宗教的な神格としての意味はなくなり、天命は世界の存在・変化の必然性、天道はその法則を意味するまでになった。それどころか、彼らは孔子以来の儒家の天に付着していた道徳的・政治的な意味、つまり善の根源としての意味をも捨て去った。これを行なったのが天人分離論（天と人の相関関係の否定）である。

〔道家の二世界論と『易伝』〕　道―万物の二世界論は道家本来の思想である。これによれば、道は万物を支配する世界の主宰者であるのに対して、万物は道によって支配される被宰者である。また、道は時間・空間を超越し人間的な価値をかえりみない偉大な実在であるが、万物は時空のもとに跼蹐（きょくせき）し人間的な価値にしがみつく卑小な存在者でしかない。さらに、道はいかなる形をもたず人間の感覚・知覚を通じては把握できない「一の無」であるが、万物はそれぞれ具体的な形をもち、感覚・知覚を通じて把握される「多の有」である。この思想の取り扱う領域ははじめは哲学的な存在論だけであり、また道―万物の関係も単純な支配―被支配であって、より複雑な関係を論じてはいなかった。

しかし、この思想は戦国末期から前漢初期の思想界でしだいに歓迎されるようになる。その状況はこの思想の核心を示すスローガン「物を物とする者は物にあらず」が、現存の諸書に多く残っているところから推測できる。「物を物とする者」とは万物を物として存在・変化させる主宰者のこと、「物にあらず」とはそれを行なうのは物ではなく道である、ということである。やがて二世界論は取り扱う領域が少しずつ広がっていき、諸子百家の道徳思想・政治思想・宇宙生成論・自然学などにも適用されるようになっていった。

戦国末から儒家も『易』の経典化のなかで道家の二世界論を取り入れた。もともと『易』は民間の占いの書であり、儒家とは何の関係もないものであった。儒家の重要な思想家は孔子から荀子にいたるまで、これに肯定的に言及したことがなかった。孔子が『易伝』（『易』の注釈書）の十篇を作ったという話は、漢初になって『易』を儒教化する必要からつくられた虚構であり、また孔子が『易』を読んだとされることも疑わしい。漢代に儒家が『易伝』を著わした目的は、『易』を儒家の経典として取り入れることにあった。そのさい彼らが期待したものは、(a)従来から存在論的思索が不得手だった儒家が、『易』という媒介項を通じて、儒家の内部に道家の道の存在論を導入し、思想体系の基礎づけにあった不安を払拭すること。(b)占いの書としての『易』にそなわる宗教性を批判する従来の伝統的な態度を改め、儒家の道徳的・政治的な徳に達するために必要な基礎段階として、それを自己のうちに包摂して自らの思想世界を豊かにすること、などである。

『易伝』はこうして成った文献であるから、そのなかには道家の存在論が多く含まれている。ただ『易伝』はそれを道―万物の関係ではなく、道―器の関係として論じた。『周易』繋辞上伝に見えるその大意は、乾と坤を構成要素とする形而上の道の作用によって、道のなかから形而下の器（万物）が形をもって現われてくるが、その器は人為による変化を加えられて天下の民に有用な法や事業となって展開していく、というのである。注意をひくのは、古い道家の存在論が道と万物を単純に対立させながら、万物の被宰性をマイナスに評価し、とくにその人間的な価値にしがみつく卑小性や雑多な利得・効用をもたらす点を嫌っていたのに対して、ここでは形而下の器のもつ人間的・社会的な価値や効用を肯定していることである。

〔漢初までの道家における天〕　戦国末の儒家、荀子は自らの立場から当時の諸子百家をさまざまに論評しているが、それによれば戦国後期の道家、荘子(そうじ)は、天と人を分離し対立的に捉えたうえで、天を肯定し人を否定していた。そして、人とは人間の行なうさまざまの作為（人為）のこと、天とはそれがないこと（非人為）だとしていた。具体的には、人間は誰しも衣食住などの欲望充足の活動を行なうが、道家はふつうの水準以下の欲望充足であれば天とし、それを越えるぜいたくな衣食住であれば人とする。衣食住にとどまらず人間の行なう活動の領域（感覚・学問・養生・道徳・政治・戦争など）の一つ一つに、道家は天と人を想定してあらゆる事象を天と人に二分したけれども、彼らが天を肯定し人を否定する営みに最も重点的に取り組んだのは、道徳と政治の領域であった。

戦国末になると道家の取り扱うテーマに、従来見られなかった「性」の問題が加わる。天・道は人のなかにも含まれており、性がそれだとする主張である。ここから彼らは、儒家の説く道徳と政治を、その本来の性をスポイルする人為でしかないとして否定した。天と人を単純に対立させるのでなく、人のなかにも天があるといった入り組んだ関係を認めたのだ。その後、道家は、儒家の仁義・礼楽(れいがく)などの人為に対してしだいに許容的になっていき、最後にはそれらを完全に復権させるにいたる。例えば、『老子』第三十八章は、道を第一と考える立場から儒家（主に荀子）の人為である、仁・義・礼を否定している。しかし同時にそれらの肯定に転ずることを可能にする論理をも胚胎していた。そして道家の思想史における天・人への評価は、戦国末まで人として拒否されていたものが、のちには天として許容されるようになるというのが、その動いていった方向であった。

天人の分――荀子

〔荀子の天人の分と三才〕　上に触れた荀子の最も基本的な思想は「天人の分（ぶん）」であり、人の善悪が原因となってその結果、天（主宰神）が禍福を下すとする、天と人の因果関係を否定するものであった。彼はこうした天・人の二項対立的な用法を、先行する道家の天人分離論から受けついだが、しかし重大な一点においてそれに変更を加えた。人を肯定したことである。彼がめざしたものは、道家が人を否定してそのすべてを天のなかに回収したために、世界にあって圧倒的な猛威をふるうことになった天の事象に対して、その作用する範囲に一定の限界を設けて、そのこちら側にある人の事象の独自の意義を確保することであった。

荀子はまた、はじめて三才（天・地・人）の思想を唱えた。理想的な有徳の聖人が全人類を一体に組織しつつ、人としての独自の働きをもって、世界における最も根源的な存在者である天・地のなかに、第三の存在者として肩をならべて参じていくという思想である。その背景には人は天地とは異なるとする認識があり（天人の分）、また批判の対象には人を天地とくらべて軽視する思想（道家の人の否定）があった。ところで、彼のいう天地に対する人の独自性の確保も、あるがままの存在レベルの認識ではなく当為レベルの道徳的スローガンとして主張しないかぎり、人々を動かす力強い思想となることは難しい。この課題を担って、人の能動性を高らかに謳いあげたのが三才思想である。

この思想は、人が天地に合一すべきことを説く天人合一説と同じであるかのように見える。しかしこれは人の天地に対する独自性の主張であって、人を天地とくらべて軽視する天人合一説とは異なる。とはいえ、荀子よりのちの思想のなかに三才思想を天人合一説へと方向転換するものが現われるが、その可能性はたしかにここに胚胎していた。

（荀子以後の三才）　当時、荀子の影響力は絶大であったから、これは戦国末から前漢の思想界に広く受け入れられた。儒家では、『孝経』（戦国末の作）に三才という章があり、まず天・地・民の並列をもって孝を説明し民の能動性を謳いあげるが、これは荀子を受けつぐものである。もっとも、次にその能動性を「天地の規範」にのっとることと限定したから三才は対等ではありえないが、上に述べたように、三才のこうした方向転換も荀子に胚胎していた（『呂氏春秋』序意篇も同じ）。また、「三才」ということばの最も早い用例は『易伝』（漢初の作）のなかに見える。『易』の卦が六爻によって構成される仕組みに、三才の哲学的な意味を与えたもの（繋辞下伝と説卦伝）で、ここで人道が天道・地道とならんで世界を形づくる不可欠の要素と把握されている点は、荀子に由来する（王符『潜夫論』本訓篇も同じ）。『荀子』とともに三才の表現が多いのは、董仲舒学派の『春秋繁露』（前漢の作）である。その三才思想は荀子を踏襲しているが、人に一般の人間ではなく天子をあてる点に、荀子とは異なった新しさがある（『礼記』諸篇の三才も同じ）。

道家にとっての三才は外来の思想であって、彼らが儒家や法家などの思想を摂取するようになる戦国末にはじめて現われる（『老子』第二十五章の四大や『管子』諸篇の三才）。また漢初に盛んになった黄老学派（道家系の政治思想）や『淮南子』にもそれぞれの三才思想がある。これらは概していえば、荀子の天人の分に基礎を置く三才であるよりも、むしろそれ以後の天人合一説に方向転換した三才であった。

天人相関説と災異説

秦の始皇帝期の逼塞から抜けでて儒教が活動を再開するのは、秦末～漢初のことであるが、その後、漢初の儒家、董仲舒が天人相関説を唱えた。これは戦国末の『老子』に始まる道家の「自然」思想に対抗して形成された思想であるが、逆にまた前漢・後漢に正統であったこの思想に、後漢の王充や魏晋の玄学家たちは対抗しながら新しい「自然」思想を形成していった。戦国末から魏晋の自然思想と天人相関説のこうした絡みあいは、中国思想史の重要問題の一つということができよう。

さきに述べたように、道家はもともと「道―万物」の二世界論をもっており、のちにはこの存在論にもとづいて聖人―百姓の道徳的な関係、天子―万民の政治的な関係などをも論ずるようになった。その自然思想とは、これらの関係において、根源者たる道・聖人の「無為」を原因として存在者たる万物・百姓の「自然」が結果するという主張である。しかし天人相関説にとって、無為は、武帝がとくに下問し董仲舒が回答した重要なテーマであり、「事業の成否は人間の努力にこそかかっている」（『漢書』董仲舒伝の対策）と答えているように、董仲舒は明確にこれに反対した。また「自然」も、万物の自然という理論は真実を捉えておらず、正しくは「万物をそのようにさせているもの」（『春秋繁露』同類相動篇）つまり天の主宰があると考えるべきだ、と強く主張した。

〔天人相関説の三要素〕　董仲舒の天人相関説は直接的には、人つまり天子の道徳的・政治的な善悪が原因となってその結果、天の災異・瑞祥が現われるとする思想である。そして、これは次の三つの要素からなっている。一、人のありかた。道を失っているかどうかなどの、道徳性・政治性という点から見た君主のありかたである。二、世界の人格神的主宰者としての天。天は君主のありかたを知り、また道を失った過ちの諸段階において君主に対して譴告・警懼・傷敗を下す。それらは一般的な譴告などではなく、君主に国家の支配権を賦与し維持させ、また革命を通じて喪失させるといった方向性をもっている（天譴論）。三、天の下す災害と怪異。君主に過ちがある場合、天はまず災害を下して譴告するが、それでも悔い改めないならば、次に怪異を下して彼を警懼させる。

この説は次のようなプロセスをたどる。まず国家において君主の悪が発生して（一）、天は観察してそれを知り、善を要求してまず君主に譴告する（二）が、譴告の実際の姿は天の下した災害となって現われる（三）。災害の意味を理解して君主が悔い改めるならば、事態は解決して彼の国家に対する支配権は維持されるが、悔い改めなければ（一）、天はふたたび観察してそれを知り、こんどは君主を警懼させる（二）。警懼の実際は天の下した怪異となって現われる（三）。怪異の意味を理解して君主が悔い改めるならば、事態はやはり解決して彼の支配権は維持されるが、あくまで悔い改めなければ（一）、天は三たび観察して「完全に道を失ってしまった世」であると認め、ついに「革命」して君主に傷敗を下す（二）。こうして天命が革まった結果、悪なる君主と国家は滅亡し（三）、善なるがゆえに受命した別の君主が新しい国家の支配権を掌握するにいたる（一）。このように天人相関説とは、諸段階を経過しつつ天と人が互いに絡みあって展開する関係の全体であった。

〔天人相関説における人〕　三つの要素の一は人である。問題とされる人は主に国家の統治者である天子・諸侯などを指し、それ以外の民や一般の人は指さない。この点で、董仲舒の説は先秦から漢初に現われた天人関係論とは異なっており、それらを吸収しつつ対抗して打ち立てた総括的な思想であって、それらとは異なった段階の新しい思想である。それらのうち、董仲舒説の直接の原型となったのは戦国末の墨家の天志論であった。

董仲舒説の人つまり天子などの統治者は、人間全体を一つにまとめて正す者である。天子による一元的支配の正当性の根拠を、彼は支配する側とされる側の両方にあるという。前者は、天子に命を授けるのは天であるから、支配の正当性の根拠はまず天にある。後者は、天の下した命の定めるところ、人の性が生まれながらに善ではないという万民の不完善なありかたにある。彼は、人の命・性・情は天の賦与した生の素樸な性質であり、これらは善になる可能性をもつものの生得的に善ではありえず、だから万民を現実的に善にするために、上に君臨する聖人の教化が不可欠だと主張する。こうして教化という経路を通じて、天子の一元的支配の正当性が明確に天に根拠づけられたのだ。

〔天人相関説における天〕　三つの要素の二は天である。天は人間全体の支配者である天子の上に立ち、災異というかたちをとって現われる諸現象を思いのままに操る、人間界と自然界を越えた高みに立つ人格神的主宰者である。人間界について見ると、天は「君主を仁愛する」という天心をもち、君主に過ちがある場合、災異を下して反省させるだけでなく、善い君主には瑞祥を下す。また、人間全体のなかから善徳を積みかさねた者を天子に選ぶことをはじめとして、国家・社会における天子の地位・役割といった秩序や制度、その行なうべき道徳性・政治性の内容をも決定する。このように、天は世界のいっさいを主宰する上帝であった。それゆえ、董仲舒はいたるところで天子が天意や天命に従うべきことを強調した。

このような有人格の宗教的主宰者としての天のほかに、董仲舒の天人相関説には無人格の機械的自然としての天もある。例えば、対策（『漢書』董仲舒伝）に描かれた、機械的に「歳月を形成する」循環運動をくり返す陰・陽の二つの「気」である。両者の関係は、主宰者の天が上位にあり陰陽二気の天が下位にあって、一つに結合されている。こうして陰陽説は、天人相関説の仕組みを人間界と自然界の諸事象をつらぬく陰陽二気によって説明したのであるが、それには戦国から漢初に発展してきた陰陽説・五行説の機械論的自然観が、多くの人々に受け入れられていたという背景があった。それゆえ、陰陽説は天人相関説を補助し、天人相関説は陰陽説を包摂することができたのである。

〔天子の上位に立つ天〕　以上の董仲舒説は一見、天の主宰性が天子の権力を抑制する役割をもつ天子権力抑制論であるかのように見える。しかしそうではなく、逆に天子の権力は天より授けられたものだから正当だと主張する王権神授論ならぬ王権天授論、同時にまた天子の天に対して働きかける能動性を認める天子主体性論、と見たほうがよい。

彼の天人相関説は墨家の天志論から多くを吸収した。『墨子』は、支配の原則を上位者が下位者を正すことだと提起しつつ、そのために天子を頂点に戴くピラミッド型の階層秩序を構想する。そして、天子こそが国家における最上位の支配者だと確認したうえで、その天子もさらに上位の天に従わなければならないと主張する。したがって、墨家の天子は一見、天によって抑制されているかのように見える。しかし実際には、天子権力は天によって支持されてこそれ抑制されてはいないのだ（天志上篇）。

墨家が天子の上位に天を立て、天子に対して天意に従うように要求したのには、それなりの理由があった。ここでいう天意とは、じつは墨家の唱える諸思想、とくに兼愛論であった。彼らにしてみれば、世界における天の役割をモデルにして国家における天子の権力を強化すればするほど、それらが実現される可能性は高まるはずである。したがって、天子権力は天に抑制されているのではなく、天を媒介として『墨子』の作者によって方向づけられていると理解すべきである。すなわち、天子の上位に置かれた天は、世界内にあってその根源者として天子の一元的支配を支持するものでありながら、同時に世界外にある『墨子』作者の分身として天子の支配を自らの諸思想へと方向づけるものとなっているのだ。同じことは道家や法家の道という観念にもあてはまる。このように、戦国末から漢初の諸子百家の多くの政治思想における天・道の役割は、君主権の強化と方向づけであって抑制ではない。とすれば、董仲舒説における天の役割も天子権力を強化するとともに、世界外にある董仲舒の分身として天子の支配を自らのいだく儒教（春秋公羊学）へと方向づけることであるにちがいない。

〔災異・瑞祥と陰陽説〕　三つの要素の三は災異である。災異だけでなく瑞祥という好ましい現象（白魚が周の武王の舟中に飛びこんできたこと、火の玉が武王の幕舎をおおったこと等々）も、君主の善に応じ天の主宰性を原因として発生するという。

董仲舒はさらに、日常出現するふつうの現象も、みな君主の善悪に応じて発生すると考えていた。上に述べたとおり、彼は主宰者の天を上位に、陰陽の天を下位にそれぞれ位置づけて、両者を一つに結合した。主宰者の天は災異と瑞祥が下されることを説明するのに適するが、ふつうの現象も君主の善悪に応じて下されることを説明するのには適さない。一方、陰陽の二気はもともと万物の存在や変化の仕組みを説明する理論であったから、これによってふつうの現象も君主の善悪に応じて下されることが説明可能となったのである。結局のところ、董仲舒の天人相関説は、世界のなかに発生するあらゆる存在や変化を、天下・国家における君主の善悪に応じて天によって生起させられるものと考えていたことになる。

〔天子の能動性〕　このような天人相関説は明らかに王権天授論であるが、またそれ以上に天子主体性論でもある。自然界では、瑞祥・災異とふつうの現象の一切合切が天がただ一方的に下すのでなく、むしろ天子が善に勉めることにより天に働きかけて能動的に招きよせるものである。また人間界では、天子が万民を一元的に支配する教化も天がただ一方的に受命者に行なわせる天意の実現ではなく、逆に天子の天に対する能動的な働きかけであった。世界のなかでこうした位置を占める天子と彼に率いられた人間全体は、その能動性のゆえをもって主宰者である天と対等の立場に立つことが可能となる。

それを示すのが三才思想であり、董仲舒学派の三才は『春秋繁露』に多く現われる。例えば、「根本とは何か。天・地・人が万物の根本である。天は万物を発生させ、地はこれを養育し、人はこれを完成させる。…三者は互いに手となり足となり、合体して万物を形づくる。一つとして欠かすわけにはいかない」(立元神篇)とある。

〔その後の天人相関説〕　天人相関説は直接の先駆を戦国後期にもち、戦国末から漢初の諸思想にも共通点を見出しうるもので、その意味で戦国後期以来の思想界における宗教のUターンという大きな流れの帰結であった。その後は未来予言としての性格を強め、前漢末(前一世紀)～後漢の讖緯(しんい)説に連なっていくのであるが、讖緯説は西晋(せいしん)の武帝や隋の煬帝(ようだい)などの禁圧をこうむった。董仲舒は『春秋公羊伝』に拠る思想家であったから、公羊学者がこれに追随して災異説を唱えたのはいうまでもない。前漢後期になると、これに易学者が加わり、災異説を主とする儒教がしだいに現実の政治社会に浸透するようになっていった。

この間、災異説や讖緯説を批判する思想家もいなかったわけではない。揚雄（ようゆう）・桓譚（かんたん）・張衡（ちょうこう）・王充・王符・荀悦（じゅんえつ）などである。また、古文経学派（七六ページを参照）のように災異説などから比較的自由に経典の訓詁学的研究を進めていた儒教も存在していた。しかし、前漢末～後漢の歴代の皇帝たちがこれを愛好して、王朝権威の神聖化に進んで利用したという事情もあって、この流れを押しとどめることは困難であった。

自然思想の発生と展開

「自然」思想の最も早い提唱者は老子である。彼は古い道家の二世界論と新しい自然思想の間に橋を架けたが、しかしそれは自然思想の萌芽でしかなく、これが前漢・後漢の思想界の正統の地位にのしあがることはなかった。なぜなら、道家の内部では新しい自然思想はなかなか重視されるようにはならなかったし、道家以外でも戦国末から漢初の多くの政治思想は、さきに見たように、天・道という世界の主宰者を立ててそれをモデルにして天下・国家における君主権を強化しようとしていた。また、前漢、武帝期以降の董仲舒学派は、この自然思想に明確に反対しつつ自らの天人相関説を形成していったが、董仲舒説を含む儒教が前漢末には国教化によって正統となったからである。秦漢帝国の時代にふさわしい思想は天人相関説のほうであり、自然思想はあくまで日蔭の地位に甘んずるしかなかった。

しかし前漢末になると、讖緯説に傾斜した天人相関説への批判が思想界に登場し、しだいにそれが増強されていった。この動きのなかで、それまで陽の目を見ることのなかった自然思想が整備されて明瞭な姿を現わすにいたる。天に関する思想はその後、六朝時代にかけて、天人相関説と自然思想の対立を中心軸として展開していったのである。

〔自然ということばの出現〕　古く戦国末の道家が用いた「自然」ということばは、二世界論のなかで主体（道・聖人）の無為に対して客体（万物・百姓）の自然をいうものであった（『老子』第六十四章・『荘子』応帝王篇）。また、古代漢語として誕生したばかりのころの「自然」は、文法的には副詞であって実在的・対象的な nature を意味する名詞ではなく、その意味もミズカラであってオノズカラではなかった。――万物・百姓が自身の力によって自律的・自発的に存在・変化することである。それゆえこの自然は、道・聖人の有する主宰性・支配性を弱める働きをそなえるとともに、万物・百姓が自身の力によって存在・変化する自律性・自発性を認める働きをそなえていた。こうした意味で、自然はきわめて新しい思想であり、古い道家の存在論とは正反対を向いていた。その後、ミズカラに加えてオノズカラの意味をもつように変化していくが、それには道家のなかに生まれた新しい思想の胎動が関係していた。

ミズカラという原義が明瞭に読みとれる「自然」の例としては、『呂氏春秋』に「（草木の）産まるると落つるとは、或るもの之を使しむ、自然に非ざるなり。故に之を使しむる者至れば、物は為らざる無し。之を使しむる者至らざれば、物は為るべき無し」（義賞篇）とある。この自然の意味は、草木が外部にある（春気・秋気の背後の）道に支配されることなく、自身の力で産まれたり落ちたりすることである。一方、義賞篇の思想は、根源的な「之をして使しむる者（この物をそうさせているもの）」こそが、草木の産・落、さらに一般に物の為・不為を決定するのであって、草木などの物はそうしたミズカラの自然ではないと主張している。このように、義賞篇などの古い道家の主流派は、自然ということばをミズカラの意味に使用しながらも、その二世界論にもとづいて万物・百姓の自然を否定していた。

〔『老子』の無為と自然〕　当時の道家の代表的な著作は『老子』である。その第十七章には、大上（最上の統治者）のようにぼんやりとことばを捨てるならば、功績をあげ事業をなし遂げることができるが、これを「百姓は我 自然なりと謂う」、すなわち人民はわれわれがミズカラなし遂げたものという、とある。ここには、大上がことばを捨てるなどの態度をとるといった原因があれば、その結果として百姓は自然になる、とする「主体の原因→客体の結果」という思考のパターンが含まれている。そして、『老子』には多くの同じパターンを見出すことができる。それらによれば、「無為」が主体のことばを捨てる・静けさを好む・為すこと無し等々を代表する概念であるのと同様に、「自然」もまた客体の自ら化す・自ら正す・自ら富む等々を代表する概念なのである。

以上の『老子』の自然は、主体（道・聖人）が客体（万物・百姓）に対して目的意識的に働きかける作為を否定するもので、古い道家の思想を大幅に変更する内容をもっていた。彼らは二世界論を基礎にして、道―万物の関係を支配―被支配と捉えており、単なるあるがままの万物は、ただ道によって主宰・支配されるだけの被宰者でしかなく、それ自身の力による自律性・自発性を有するのとは正反対の性質を与えられていたからである。上に引用した古い道家にもとづく『呂氏春秋』義賞篇が、「之をして使しむる者」という根源者との対比において草木の産・落の自然を明確に否定していたのは、この意味で当然である。そして、いままで見てきた『老子』の、道―万物、大上―百姓、聖人―民などといった、哲学・道徳思想・政治思想における主客、因果のパターンも、形式上は古い「道―万物」という支配関係をモデルにしており、格別それを逸脱するものではない。

しかし、老子のいう道・聖人はいずれも無為（為すことが無い）であるから、万物・百姓に対する支配は無いはずである。とすれば、このパターンは内容上はすでに「道―万物」の関係を逸脱している。加えて、主体の働きかけの無さがあれば客体の自然が発動するというこの思想は、万物・百姓のミズカラを間違いない事実として認めているのみならず、それが価値を有することをも積極的に認めているのである。

〔『老子』思想の両面性〕　このように自然思想はきわめて新しい内容をもっており、古い道家の基礎にあった存在論の反対を行くはなはだ衝撃的な変更を含んでいた。『老子』の成書された戦国末に、未曽有の戦乱・分裂という社会状況のかなたにほの見える何かを透視しながら、道家の一部が時代を先取りして提唱した革新的な存在者観（道に対して）、臣下・民衆観（君主に対して）、地方観（中央に対して）であったと考えられる。

とはいうものの、『老子』の自然はその仕組みが両面的である。——形式上は、道が無為によって目的意識的に万物の自然を作りだすと考えていると同時に、内容上は、道が無為であるために万物は進んで自然となりうるとも考えており、以上の矛盾しあう両者がかろうじて同居している。この同居の鍵は無為にあり、道の無為が万物に対して何の働きかけも行なわないと同時に、そのことを通じてかえって巨大な働きかけを行なうとする、「為す無くして為さざる無し」の弁証法にあった。見方を換えていえば、その一面は、従来の道家の存在論を受けついだ古い形式であり、他面はそれを逸脱した新しい内容であって、『老子』のほんとうの姿は両者が同居している点にある。そして、この両面性は道家が旧から新へと動いていく思想史の展開のなかで発生した事情であった。このような両面性を除いても、『老子』の自然には古い道家の存在論を受けついだ道ー万物の関係が多く残っているが、これも『老子』が自然の早い使用者だからである。

〔道の形而下化〕　そもそも道家の存在論は、道が万物を哲学的な意味で支配すると見る思想であったから、その道ー万物の関係は、容易に帝王ー百姓の政治的な支配に転じうる性質をもっていた。ただし古い道家は、実際にはその関心を反疎外論や主体性論の問題に集中させていたために、自らの政治思想を語ることは稀れであった。ところが戦国末という新たな時代を迎えると、彼らは自らの政治思想を語って、帝王の百姓に対する一元的支配を正当化するようになる。ふり返ってみれば、さきに引用した『老子』諸章に含まれる政治思想の多くは古い「道ー万物」を根拠にして、帝王ー百姓の支配を主張するものであった（漢初の黄老学派の政治思想も同じ）。

けれども、百姓の自然を認めるにいたった道家の政治思想は、帝王の一元的支配を正当化することができない。それどころか帝王の支配を弱めるべきことを主張する場合さえある。前漢のはじめ、とくに文帝期・景帝期の重要な時期に、皇帝サイドからの君主権の強化を理論化せよという要求に対して、当時の道家は何ひとつ満足な答えを提出することができなかった。そのために彼らは儒家との競争に敗れ、むなしく儒教国教化の動きが始まる武帝期を迎えて、他の諸子百家とともに反正統の側にまわらざるをえなかったのである。道家がこのように後れをとった原因は、単に帝王は無為であるべきだと求める政治思想にあっただけでなく、百姓が自律性・自発性を有するとして、その自然の事実と価値を積極的に認めていたという事情なども無視することはできない。

　道家の政治思想に発生したこの問題は、ただちにその存在論にはね返ってきた。もし帝王の一元的支配が正当化しがたいのであれば、その基礎をなす「道―万物」の関係もそれにともなって動揺するし、とりわけ道の根源者としての意義が失われてしまう。こうして道家は、哲学の領域においても根源者としての意義を失いかけた道に対して、新たな意義づけを行なわなければならなかった。例えば、『荘子』秋水篇で「人間が何をなすべきか、何をなさざるべきかは問題にならない。そもそも万物は自ら変化しようとしているのだ」と万物の自然を語る北海若（北海の神）に向かって、河伯（黄河の神）が「それならば、人間はなぜ道を貴ばなければならないのか」のように、自然と道とが両立しえないとする前提に立って、改めて道の意義を問うているのは、以上の思想史の流れのなかで起こったことである。この意味で、「自然」の提唱は当の道家にとってもじつは危機的なことであった。

　このような思想的危機に直面して、道家はこれを克服するための営為に取り組まざるをえなかった。それは哲学の領域に限っていえば、道の形而下化と概括することができる。秋水篇では、さきの河伯の問いに北海若は「道を知っている者は、必ず理に通ずるからだ」と答える。ここでは道は、個々の物のなかにその本質的属性「理」として内在すると考えられており、かつて万物のいっさいを支配していた根源者としての全能性は、あらかた消えてしまっている。彼らにとってこの種の思索はこれまで行なったことのない新しい試みであって、その源は戦国末の黄老学派の書『韓非子』解老篇にある。そこでは道を個物のなかに内在して、その物を成り立たせる「理」の総和と見なし、そのうえで両者を結びつける「道理」という概念を創作した。方円・短長・粗靡・堅脆の分であるさまざまの理の総和が、道にほかならないというのだ。解老篇はこうして道から根源者としての意義を奪い、それを形而下の物へと変化させたが、同様の思索は当代の道家の諸書にも受けつがれていき、さらにのちの宋学の理一分殊説（第二章、一一八ページ参照）の先駆となった。

道家が着手した道の形而下化、またそれを促した新しい思想の胎動は、やがてまわりまわって問題の原点である自然思想にはね返ってきた。そもそも道の形而下化とは、道から根源者としての意義を奪ってそれを万物と同じ次元に引き下げること、つまり道の万物化である。これが進むにつれて次のような変化が現われた。(1)『老子』などに見えていた、道が万物の自然を支配するという古い思想も徐々に姿を消し、やがて道は万物の下風に立つようになる。漢代に成った諸書には、道が万物の自然に「順う・因る」といった類の表現が多く現われるが、その後、万物の自然はますます道の支配から離れていった。(2)はじめは万物についてのみいわれた自然が、『老子』に始まることではあるが、やがて道にも使用されるようになる。こうして道の態度として自然を述語とする場合が増えていき、それが従来の無為と混合して、「自然無為」という述語が道について語られるようになった（王充『論衡』に初出）。(3)自然の意味は本来は万物のミズカラであったが、それが無為とならんで道の述語とされるに及んで、無為に親和的な新しい意味、オノズカラが追加されるようになる。そして、時代が下れば下るほどオノズカラが勢いを増していった。

〔王充と鄭玄の自然〕　その後、後漢中期の道家である王充が董仲舒を批判したことは、よく知られている。董仲舒の天人相関説によれば、世界のあらゆる存在や変化は、（a）主宰者たる天が下す現象ではあるが、（b）むしろ天子の善悪が招きよせるものであって、(c) それゆえ天子とすべての人間の能動性の手の届く範囲内にあった。こうした世界を支配する根源者としての道・天や、それを宗教化した上帝的な天の観念に、王充はまっこうから反対して、世界のありかたを自然、つまり万物のミズカラ・オノズカラであると主張した（aへの批判）。また、世界の諸現象が道・天の支配のもとで天子の善悪を原因として発生すると見ることにも反対した（bへの批判）が、こうした王充の批判は、単に災異説のような迷信に対する合理主義の現われにとどまるものではない。彼の思想は、自然と人間からなる世界を、天・道の哲学的・宗教的存在論のくびきから解放し、さらに人間、とくに天子の道徳性・政治性というくびきからも解放して、それらを断絶した地平に世界の自律性・自発性を開示するものであった。

さらに彼は、ミズカラ・オノズカラというありかたをする世界において人為の果たす役割は無に等しく、だから人間が対象に対して目的意識的に働きかける人為はほとんど効果がないと主張した（cへの批判）。こうして王充は、世界のありかたとしてのミズカラ・オノズカラの根拠を、その一元的な構成元素である「気」に求めたが、しかしその気がどういう性質のものであるかを具体的に解明せず、ただ命・運・偶然であるとして不明のままに放置した。それゆえ彼は、世界がいま・ここにあるように存在し変化する必然性を明確に把握したけれども、その必然性の内容にまで立ち入ることはなかったといわなければならない。

次に、後漢後期の儒家、鄭玄（じょうげん）の宇宙生成論のなかに現われる自然思想を一瞥しよう。漢初の『淮南子』から下ってこの鄭玄にいたる間、宇宙生成論は多種多様に論じられており、天の祭祀の必要や天文学の発達もあって隆盛をきわめていた。しかしそれらは、古い道家が設けた「道―万物」の関係を襲用していて、道から万物が生じてくる過程が詳細に描かれるようにはなったものの、これを大きく変更する新たな理論の提唱は見られなかった。――宇宙生成の始源、天地未分の以前に絶対の無というものがあり、それは根源者としての道にほかならないが、その無・道が宇宙の全能の主宰者として天地・万物などを生じた、という理論をくり返し唱えていたのである。

ところが鄭玄になると、儒教の緯書（経書を神秘的に解釈した書）である『易緯乾鑿度』に描かれた宇宙生成論に注釈を施して、太易とは宇宙生成の始源の「ひっそりとして物の無い状態」つまり無であり、太初とは有の最初の段階たる「元気（根源の気）が発生しはじめた状態」であるとする。しかしその無はもはやかつての根源者の道ではなく、単に物が無い状態にすぎないので、太初以下の有を生ずる主宰者としての能力はそなえていないという。そして、「太易とはひっそりとして物の無い状態である以上、どうしてこの太初を生ずることができようか。とすれば、太初というものは、やはり忽然として自ずから生じたのだ」とあるように、かつての無・道を全能の主宰者とする宇宙生成論に代えて鄭玄が唱えたのは、始源の無から最初の有が忽然として自生したとする自然思想であった。自然は、道家の範囲にとどまらずそれを越えて作用を及ぼし、まず宇宙生成論の領域で儒教にも受容されたのである。そして、王充や鄭玄の提起した自然の問題を受けつごうとする思想の営みが、次に来る魏晋時代の玄学（道家を基本とする哲学）の自然思想であるが、それは万物の自化自生（自ずから変化し自ずから発生する）を認める反存在論であった。

〔魏晋玄学の自化自生〕　後漢王朝が倒れ、三国時代の魏から晋の時代に入ると、一般に道を中心に据える存在論は、魏の何晏や王弼などを例外とすれば姿を消して、それに代わって万物の自化自生つまり自然が道であると唱えられるようになる。その王弼にしてもたしかに無を根本に立てる存在論を堅持しつつ、そのうえにすべての思索を展開させたけれども、『老子』第二十五章の「道は自然に法る」に対しては、「自然とは称することを越えた表現であり、究極のことばである」という注釈を施して、自然を四大（道・天・地・王）の一つである道の上位に別格として位置づけた。また第三十七章の「道は常に為す無くして、為さざる無し」に対しては、「（道は）自然に従うのだ」という注釈を施した。王弼にとっても、道の主な内容は万物の自然であったのである。

西晋の郭象になると、戦国以来の道家の道の存在論は完全に姿を消してしまう。彼はそれを捨て去り、代わりに万物の自然、つまり「万物は自ずから成る」や「ぽつんと自ずから生ずる」を主張した。郭象の代表作『荘子注』には「無（道）は何も無い状態である以上、有（万物）を生ずることはできない。…そうだとすれば、生を生ずる者は誰であろうか。ぽつんと自ずから生ずるにほかならない」（斉物論篇）とある。これはさきに一瞥した鄭玄の宇宙生成論における、始源の無から最初の有が「忽然として自ずから生じた」とする自然思想を受けついだものである。こうして郭象は、無・道の主宰者としての役割を否定する一方、万物の自成・自得・自生等々、要するに自然をくり返し強調した。さらにのち、東晋の張湛なども同様の自然を唱えている。彼らは王充と鄭玄の自然思想を受けついだうえで、それを徹底させた者と認めることができよう。こうしてかつての「道—万物」の二世界論は消滅し、ここに万物だけから成る一枚岩の世界が出現して、その仕組みの根本的な解明が次の時代（宋学）にゆだねられることとなった。

しかし魏晋時代の玄学は、さきの王充が、万物の自然は運命であり偶然であり人間には把握できない何ものかであるとした悲観的宿命論に関しては、批判的であった。王弼は「物は妄然（でたらめ）たること無し、必ずその理に由る」（『周易略例』明象）と述べ、また「それ物の動きを識れば、すなわちその然る所以の理は、みな知るべし」（『周易注』乾卦文言伝）と述べる。これらは王充の自然思想を念頭に置いて、それを批判したものと思われる。郭象もまた「物は妄然たること無し、みな天地の会まれるものにして、至理の趣くところなり」（『荘子注』徳充符篇）という。そして、魏晋の玄学の抱いた、万物の自然のなかに「然る所以の理」があるとする思想は、やがて宋学の理気論の継承するところとなった。

二　天下のなかの人間

以上、天の思想について述べてきたが、次に考えたいのは天下のなかの人間のことである。「普天の下」という中国的世界のなかで、そもそも人間とはいかなる存在とされていたのであろうか。中国では古代以来、それは「性」ということばを用いて問われ、また答えられてきた。

漢字の成り立ちから見ると、「性」という文字は、意符の心と音符の生からなり、原義は生まれつきの心である。思想史の場面では、性は人間が生得的にもつ本来の性質・能力という意味で用いられた。セックスやジェンダーではなく人間の本性をいう。そして、性の思想は、性とは何か、それはいかにあるかといった事実の解明に向かうよりも、むしろ性は善か悪か、すなわち道徳や政治を遂行するにたる性が人間にそなわっているか否か、といった価値の評価をめぐって展開した。人間が自己を道徳的にいかに律し、政治的にいかにふるまうべきかなどという実践的な課題に応えるために、性の思想がその人間学的な基礎に位置づけられていたためである。

性の思想の発生

中国思想史上はじめて、人間とは一体いかなる存在であるかという問題を立て、性ということばでそれを論じたのは、春秋末期の孔子よりのち、孟子にやや先立つ戦国初期の儒家であったらしい。もっとも、孔子の言行録『論語』にも「性相近し、習い相遠し」（陽貨篇）ということばがある。また「中人以上には以て上を語るべし、中人以下には以て上を語るべからず」（雍也篇）ともいい、「ただ上知と下愚とは移らず」（陽貨篇）ともいうが、しかしこのような早い時期に、性は生まれつき上品・中品・下品の三種類に分かれるとする、のちの性三品説の原型が生まれていたとは信じがたい。孔子はまだこのような人間観を性の問題として語っておらず、性を概括的に論ずる段階に達していなかった。「先生が性と天道について発言するのは聞くことができない」（公治長篇）という弟子の証言もあるように。

〔孟子の性善説と『礼記』諸篇〕　性が本格的に論じられるのは戦国時代であり、『孟子』告子上篇によれば、当時すでに三つの説が唱えられていた。――(a) 性には善もなく不善もないとする告子の説、つまり性とは生まれつきのことで、道徳的な善悪とは無関係とする。(b) 性は善を行なうこともできるし、不善を行なうこともできるとする説、つまり同じ人の性のなかに善の要素と悪の要素が混ざるとする。(c) 性が善の者もいるし、性が不善の者もいるとする説、つまり生まれつき善の人と生まれつき悪の人の二種類の人間がいるとする。これらに対抗して人間の生まれつきは善だと唱えたのが、孟子である。

孟子によれば、人間には誰しも四つの端緒が生得的にそなわっている（四端説）。それは、惻隠の心（他人の不幸を可哀想と思う気持）・羞悪の心（自分の悪を恥じる気持）・辞譲の心（謙譲の気持）・是非の心（善し悪しを判断する能力）であり、それぞれ仁・義・礼・智の端緒である。この仁義礼智の四つが孟子のいう善にほかならず、すべての人間に例外なくその端緒が生得的にそなわっているので、性は善だと主張したわけである。

しかしだからといって、四つの端緒がそのままで善なのではなく、すべての人間があるがままで善を実現しているのでもない。善の実現には、学習・修養の努力を加えてこの端緒を目的意識的に拡大・充実させる必要がある（拡充説）。なぜなら人間の生活のなかにその成長を妨げるもの、悪の原因があるからで、それを孟子は人間の感覚・欲望の作用、およびそれを放置する悪習の積みかさねにあると考えた。「耳目の器官は、思考という作用がないので外界の事物によって蔽われやすい。…ところが、心という器官には思考の作用がある。…天から与えられた二つの器官を比較して、まず大（心）をしっかりと確立するならば、小（耳目）は心の作用を脅かすことができない」（告子上篇）と述べる。心が思考によって善に向かうことができるのに対して、耳目の感覚・欲望は外界に引きずられて、それを阻害しかねないというのである。そこで、心を養うには寡欲が最も善いと提唱した。

戦国中期の戦乱に明け暮れる社会に向かって、孟子は王道政治（仁政）による天下の平和的統一を掲げたが、以上の性善説はその基礎に置かれていた。――性が善であるからこそ、統治者には人に忍びざるの心（他人の苦しみを座視できない同情心）を拡充して王道政治に進んでいき、民衆には恒産（安定した財産）を保証することで恒心（安定した心）を養い、統治者の王道政治を受け入れていく可能性を認めたのだ。性善説の目的はここにあった。

孟子の性善説は、善である性をすべての人間が一様にもつと考える点に特徴がある。「聖人と民衆もやはり同類である」（公孫丑上篇）というように、善を実現しうる可能性の点で、すべての人間を平等と見る人間観である。これはさきの、性が善の者もいるし、性が不善の者もいるとする説に対抗して立てられたものだから、彼の自覚的な信念にもとづいていたと考えられる。そして、彼が対抗した説は、上に引用した「中人以上には以て上を語るべし、中人以下には以て上を語るべからず」「ただ上知と下愚とは移らず」という孔子のことばに淵源するらしい。ただし、善への可能性の点で万人を平等と見るとはいっても、現実性の点で万人を平等と見ていたのではない。「恒産がなくても恒心を失わないのはただ士の身分の者だけに限られる。民衆の場合は恒産がなければ恒心をもちえない」（梁恵王上篇）と述べているとおりである。

ところで、『礼記』中庸篇の冒頭に、「天が人間の内面に命じて与えたものを性といい、性に従って行動することを道といい、道を修めて身につけることを教えという」とある。これは、善なる性は天が人間に与えたものと説明することで、孟子前後にその性善説を哲学的に深めたと見るのが定説であった。性が天にもとづくという考えは、たしかに漠然とながら孟子にもあったようであるが、しかし彼はそれを明確には述べていない。はじめて明確に性の根拠を天に求め、それを通じて道徳の根拠を天に求めたのは、戦国末期の儒家と道家である。例えば、『呂氏春秋』に「人間の性は天から受けたもので、人間が作りうるものではない」（蕩兵篇と誠廉篇）とあり、また後述する荀子も「そもそも人間の性は自然にできあがったもので、人間は学ぶことも作ることもできない」（性悪篇）という。こうして戦国末期に天与の性という思想が確立したのち、儒家の重要な道徳概念である「性・道・教」がセットで取りあげられて、はじめて秩序だった理論化が行なわれたのであろう。以上から考えて、この中庸篇は古来、孔子の孫の子思が書いたとされてきたけれども、前漢初期の儒家の作と捉えなければならない。そして、この思想は前漢初期の儒家の陸賈などにも受けつがれていった。また、『礼記』楽記篇も漢初の儒家の作であり、性が外界に触発されて生みだされる感情・欲望に悪の原因があることを、掘りさげて論じている。しかし、その思想の原形となったものが『淮南子』原道篇に見えるように、当時の道家の影響をも受けてもいる。このように一定の条件のもとでは、孟子流の性善説と道家の性の思想とは、容易に握手することができるのであった。

〔道家・荀子・法家の性〕　戦国中期に登場した道家は、はじめは性について言及しなかった。人間の道徳的・政治的なありかたを人間の枠内で問題にすることに関心がなかったためである。彼らにとって、(a)人間の行なう道徳や政治は人為の典型であり、その本来的なありかたをスポイルする元凶でしかなかったし、(b)人間のありかたを人間の枠内で問題にするのは、視野狭窄でしかなかった。(b)に関しては、人間をまず万物一般と考え、そのありかたを人間の枠を越えて万物の理や情（実相）として捉えようとした。

　もともと道家哲学の根本的なテーマは、人間が万物の一つであることから超出して、万物の対極にある道と合体することにあったが、その後、彼らが人間のありかたにも関心を抱くようになるにつれて、この理・情は道が万物のなかに内在したもので、その場合は性と称すると考えるようになる。この新しい思想は、表面的には善ということばを用いなくても、人間の性を強力に肯定するものであって、孟子の性善説と同じタイプといって差し支えない。戦国末の道家が唱えた、人間の本来的な生まれつきに復帰しようという、「初めに復る」「性に反る」のテーゼが、のちの性善説を奉ずる唐代儒家、李翺の『復性書』をへて、宋代以降の朱子学に受け入れられていったのは、偶然ではない。

このように、人間の性を肯定するようになった段階でも、道家は(a)の人為に関しては否定的な態度をとりつづけた。したがって、その性ということばは、道徳・政治などの対極にある、健康な身体的生命や無知・無欲の素朴な心情を指している。孟子が養生（身体的生命を養うこと）を軽視し、仁義礼智の四端がすべての人間に生得的にそなわると主張したのとは、正反対を向いていた。この性は先天的にそのままで完全であり、儒家の主張する学習・修養などは性をスポイルしてしまう僻事と見なされた。

秦の始皇帝による天下統一のひた迫る状況を生きた戦国末の儒家、荀子は、春秋・戦国時代に花開いた諸子百家を総合しうる位置にいた。彼はとりわけ道家から多くの思想的栄養を受け取ったけれども、人間のありかたを万物一般のなかに解消しかねない道家のニヒリズムを乗り越えようとして、万物の世界の階層論を提起した。その書『荀子』では、「水火には気はあるが生はなく、草木には生はあるが知はなく、鳥獣には知はあるが義の道徳はない。ところが、人間には気・生・知があるうえに、さらに義もある。だから天下で最も貴い存在なのだ」（王制篇）という。しかし彼は、この義を人間の生まれつきの性と認めるわけではない。逆に、孟子を名指しして性善説に反対し、性悪説を唱えた。『荀子』には「人間の性は悪だ、それが善であるのは人為の結果だ」（性悪篇）とある。

ここで、さきに触れた告子の説をふり返ってみよう。告子は、性には善もなく不善もないと主張して、「食欲と性欲が人間の性だ。仁の愛情は内在的なもの、義の道徳は外在的なものだ」（告子上篇）と説いた。欲望・感情という先天的な性の事実と善・不善という後天的な道徳、および前者が内在的であることと後者が外在的であること、を明確に区別したのである。荀子はこうした告子の説を受けついで、性を人間に生得的にそなわる自然の性質としたが、その内容は孟子とは異なって「欲」であった。さきに述べた荀子の「天人の分」「性偽の分」には、天と人とを峻別する道家からの影響だけでなく、このように告子からの影響もあったと考えられる。

荀子によれば、人間は誰しもみな同じように官能的・物質的・政治的などの欲をもち、しかもそれらをどこまでも無限に追求するところから、万人の万人に対する闘争が発生してそのまま国家・社会の混乱がもたらされる。これを荀子は悪と定義した。そして、この闘争・混乱に終止符を打ち、人間全体の欲を合理的に充足させうる社会規範として、彼は聖人の作った「礼」の理念、「分」という社会秩序を提唱した。人間が学習・修養を積みかさねて、先天的な天性のままではなく後天的な人為を行なった結果、はじめて善つまり礼のある理想社会が実現できると説いたのだ。

ここに一つ注意したい点がある。荀子は欲を否定する主張を述べることがなく、反対に国家・社会を混乱に陥れる危険性を承知したうえで、欲の追求を肯定したことである。欲の追求と万人の万人に対する闘争を、すべての人間が礼を自ら受け入れて新しい理想社会を建設していくための、最も根本的なエネルギーと位置づけたためである。そして、以上のような性悪説は、まぢかに迫りつつある戦国時代の収束と天下の統一を視野に入れた、荀子の理想社会論の基礎に置かれたものであった。

法家について述べれば、彼らは性について正面きって論ずることは少ない。しかし、その人間観は荀子の性悪説を踏襲していた。法家の代表者、韓非は法治主義を唱えたことで有名であるが、師である荀子の影響下に、人間は誰しも安全・利益を求め危険・損害を避けるものだと考えた。そして、人間のこうした性を計算に入れたうえで、富国強兵のために君主権の強大化を図るべきだと主張して、功績を挙げた者には賞を、挙げなかった者には罰を、君主が正確に下す信賞必罰が必要だと唱えた。これによって君主の手足となって働く官僚機構を整え、それを通じて民衆統治の強化を推し進めて、来たるべき天下統一を迎えようとしたわけである。

漢代に入ると、政治の舞台に酷吏と呼ばれる法家官僚が現われる。彼らは皇帝権力を強化するために、法律・刑罰を厳しく適用して諸侯王・地方豪族などの政治的・経済的な力を削ぎおとす活動を行なった。この酷吏の人間観のなかにも荀子・韓非流の性悪説が含まれている。例えば、『漢書』刑法志は儒家の立場から、民衆の統治には礼・教だけでなく法・刑も必要だとする理論を述べるが、そこには上に引用した『荀子』王制篇をアレンジした文章を配している。また、後漢末期の徐幹『中論』賞罰篇は、君主が民衆を統治するさいの信賞必罰を強調している。

とはいえ、儒家の法律・刑罰の思想は、時の経過とともに荀子の性悪説を離れてさまざまの性の思想をその基礎理論として採用するようになっていった。例えば、前漢の董仲舒学派は、上の性をもつ統治者が中の性をもつ者には教えを用いる一方、下の性をもつ者には刑罰を行なうことを承認する（『春秋繁露』五行相勝篇）が、これは誕生してまもない性三品説にもとづいている。後漢の王符『潜夫論』述赦篇も同様である。また、北斉の魏収『魏書』刑罰志は、悪の原因を外界の事物に触発されて生みだされる感情・欲望に求める『礼記』楽記篇をふまえて、それに有効に対処するには徳だけでなく刑も必要だと唱えた。

〔天下統一にともなう変化〕　性の思想は戦国時代の儒家のなかに発生し、以後、多方面に展開していった。それらにはいくつかの共通する特徴がそなわっていたが、戦国時代の収束と秦漢帝国の形成という中国史の巨大な変動を経過して、大きな変化が生まれた。

㈠　戦国時代の性の思想は、いずれもそれぞれの内部に他の性の要素をまじえない純粋性をもっていた。なかでも孟子の性善説と荀子の性悪説は、ともに旗幟鮮明でもあり純粋でもあったために、終始、思想界をリードする役割を演じたが、やがて両説を折衷しようとするものが現われた。その一は、荀子の欲望論にもとづきつつも、人間は道徳的な善への欲をも有すると述べて、性悪説の大枠のなかに性善説を包摂しようとするものである。その二は、同じ人間の性のなかに性善と性悪の両面が併存すると唱え、善を実現する可能性と悪を矯正する必要性の両者を等しく認めるものである。これは孟子の時代にすでに唱えられていた三つの説（二九ページ）の(b)、同じ人の性のなかに善の要素と悪の要素が混ざるとする説が、戦国末以後に復活したものといえよう。その三は、人間の性は生まれつき上・中・下の三品に分かれるとする性三品説である。これは、上品の性が性善説にもとづき、下品の性が性悪説にもとづくだけでなく、また中品の善悪混ざった性が右のその二（性善・性悪併存説）にもとづくと考えられ、こうした二重の意味で孟子・荀子の折衷と見なすことができる。これも三つの説の(c)、性善の者もいるし性悪の者もいるとする説が、漢初以後に整備されたものということができる。

(二)　戦国時代の性の思想は、それぞれ建て前として、すべての人間が同一の性を有すると考える万人平等観をもっていた。本音のところでは、孟子は、君主・臣下・民衆など現実に存在する差別を正当かつ合理的と考えていたし、荀子は、万人は同じスタートライン（性）にならんで出発するが、その後はそれぞれの自己責任による学習・修養の結果、現実のゴールでの能力は千差万別となる。貧者と富者、知者と愚者、有能者と無能者などはこうして生まれた「分」であり、このように人間を分けるための理念が「礼（社会規範）」なのだと考えていたのだけれども。

しかし、このような万人平等観は、秦漢帝国の形成をへて大きな変化に見舞われ、そのなかで性三品説が形づくられ盛んになっていった。性三品説が前漢中期に盛んになったのには、まず国家・社会の基盤のところで状況が大きく変動したためである。その他、思想の担い手の問題としては、これを唱える儒家が従来のような在野の批判勢力であることをやめ、権力に接近して統治の一端に責任をもとうとしたという事情、また性の思想の問題としては、荀子の性悪説が前漢において作用を発揮し、国家・社会の秩序を固定化に向かわせたという事情、も影響を与えている。
㈢　戦国時代の性の思想は、善を実現するために学習・修養を行なう主体を、いずれも民衆をも含めて一人一人の人間と認めていた。孟子も荀子も建て前としてはそうである。しかし、前漢中期になると、様相が一変する。善を実現する主体がすべての人間であったところから転じて、聖人・君主とされるにいたったのである。そして、これもまた、性三品説が形づくられるようになる根本条件の一つであった。

性三品説の成立と展開

性三品説の誕生にとって根本条件をつくったものは、それぞれの性に修養を加える主体が人間一人一人ではなく、ただ聖人・君主だけとされたことである。例えば、『淮南子』泰族（たいそう）篇・『韓詩外伝（かんしがいでん）』巻五には、性は善を行ないうる可能性をもつが、しかし人間は自力でそれを実現することができない、善の実現のためには聖王の外部からする教導が不可欠だという新たな主張が見える。ここでは、すべての人間は修養の主体でなく客体であり、聖王こそがその主体だと規定されている。これはもちろん、漢帝国の成立という新たな状況を迎えて、統治の一端に責任をもとうとした儒家が、皇帝がすべての人間を統治することを正当化するという新しい思想課題に応えるために、提出した解答の一つであった。ただし、これはまだ性三品説の誕生とはいえず、誕生の条件をつくったその前夜であるにすぎない。

〔性三品説の誕生〕　性三品説の先駆が『孟子』に現われていたことは上に述べたが、これを最も早く唱えたのは『淮南子』修務篇である。しかし、修務篇は問題を性の善し悪しだけに絞りこんではおらず、容姿の美醜といった夾雑物をも混入させており、また性を教導する実践主体が誰であるのか明言してもいない。

性を上・中・下の三種類に分けてそれぞれの善し悪しや役割を論ずる本格的な性三品説を、はじめて思想の舞台に登場させたのは董仲舒学派である。同学派は性を実際には上・中・下に分けたが、上（聖人）と下（小人）の性は性と名づけず、ただ中（中民）の性だけを性と名づけるという。その中民の性については、『春秋繁露』で「天地の生じたものを性・情という」（深察名号篇）などと述べて、性と情は一体であり、どちらも天地から生得的に授かった自然の素質であるが、情の実際の内容は欲であり、とくにその情（欲）のなかに悪を犯す契機があると考えた。したがって、このような性を善に向かう素質はあるとするものの、決してそのままで善であるとは認めない。

同書はさらに「人間の性は繭（まゆ）や卵のようなものだ。卵は（雌鳥（めんどり）が）抱くことによってはじめて雛鳥になり、繭は（女工が）繰（く）ることによってはじめて生糸になり、性は（聖人の）教えによってはじめて善となる。…天は民を生じたが、その性に善の素質はそなわるものの、そのままではまだ善たりえない。かくして、そのために王を立てて民を善に向かわせることにしたが、これは天の意志である」（同篇）と述べて、『淮南子』や『韓詩外伝』と同様に、性の完成のためには王の外部からする教えが不可欠だと主張する。それだけでなくここで、王とは民の性を教えて善に向かわせる任務のために設けられた地位であり、しかもその背景には天の意志が存在するとした主張は、『淮南子』や『韓詩外伝』がまだいわなかったものであった。性という問題領域のなかに王に関する政治思想が強引に浸透してきて、王の政治権力のもとに性をめぐる主要な問題がすべて回収され、その結果、異常なまでに王の権力強化が図られている、などといったことが容易に見てとれよう。『漢書』董仲舒伝に「天の下した命令を命というが、命は聖人がいなければ実行できない。人間の素質を性というが、性は教化がなければ完成できない。人間の欲望を情というが、情は規範がなければ節度を保てない」とあるように、この王はまた聖人とも呼ばれる。したがってこれは上の性の持ち主に相当する。と同時に、聖人に擬（なぞら）えられる前漢の皇帝を指すにちがいない。

以上の董仲舒学派の性の思想をまとめれば、上性の聖人が天の意志を奉じつつ王の位に即き、中性の民を教化して必要だというのであった。

善の実現に導く。それにひきかえ、下性の者には生まれながら善の素質もそなわらないので、教化は不可能であり不必要だというのであった。

〔経典上の根拠〕　この董仲舒説に、性三品説としてなお未成熟な点をあげるならば、これを唱えるとき、彼らが経典上の根拠を示していないことであろう。性三品説の経典上の根拠としては、本節の冒頭に引用した『論語』陽貨篇・雍也篇の孔子のことばが代表である。後漢初期の『漢書』古今人表は、『論語』の文章を典拠にして、すべての人間を上智・下愚・中人の三つに分類し、さらにそれを上上・上中・上下、中上・中中・中下、下上・下中・下下の合計九段階に分類したうえで、古今の著名人をこの枠に入れる一覧表を作った。また、後漢の王符『潜夫論』や荀悦『中鑒』も「性相近し、習い相遠し」「ただ上知と下愚とは移らず」にもとづいて性三品説を唱えている。

これよりあとの経典の注釈を調べてみると、「中人以上には以て上を語るべし、中人以下には以て上を語るべからず」に対して、三国時代の魏の王粛が性三品説の立場から注釈を加えており、何晏『論語集解』も王粛の説を引用している。しかし、性三品説をいっそう徹底させた『論語』の注釈は梁の皇侃『論語義疏』である。この書は雍也篇・季氏篇・陽貨篇などでくわしく性三品説を展開し、皇侃独自の新しい思想を提起している。――性は大分すれば三品に分かれ、細分すれば九品に分かれる。上上は聖人で教える必要のない者、下下は愚人でこれも教える必要がない。その間の上中から下中までの七品が中人で、中人は善い先生に出会えば上昇できるが、悪い人間に出会えば下降するので、それぞれ上の道を教えなければならない。このように性が三品・九品に分かれる理由は、人間がこの世に生まれるとき、誰しも天地から清濁・厚薄の「気」を受けるが、それぞれ純粋の清気（聖人）、純粋の濁気（愚人）、清濁の混ざった気（中人）を受けて、分かれて生まれてくるためだ、という。

その後、北宋の邢昺『論語正義』も皇侃を踏襲している。唐代に成った国定教科書『五経正義』になると、性三品説の経典上の根拠文献はさらに広がって『尚書』『礼記』などにも求められるようになる。時代が下れば下るほど典拠が増え、それにつれて理論として完成の域に近づいて、思想としての影響力が重大になっていったありさまをうかがうことができる。

〔性三品説の宿命論化〕　皇侃の性三品説には「気」の理論にもとづく宿命論が含まれており、それが性三品説を暗い思想にしている。そもそも所与の性はいかに努力しても変更できないものだとする思想は、戦国時代以来の道家が唱えており、その影響をこうむった儒家にも見える。しかし、気にもとづいて性の宿命論を唱えた思想家としては、後漢の王充の右に出る者はない。

王充は『論衡』で、まず従来の性の思想を合計七説列挙し、それらのなかから性善の者もいれば性悪の者もいるとする世碩の説を採ったのち、次のように述べる。「人間は等しく天地の性を受けて五常の気をそなえるが、ある者は仁、ある者は義のように、生まれつきの徳が異なる。…これらは老死にいたるまで変更することができず、天性によってそうなっているのだ。…孟子が人間の性は善だというのは中人以上のこと、荀子が人間の性は悪だというのは中人以下のこと、揚雄が人間の性は善悪が混ざるというのは中人のことだ」（本性篇）、「人間は等しく五常の気を受けて五臓を有し、それらを身体にそなえる。しかし、気を受けることの薄い者は操行が善人に及ばない。たとえてみれば酒に厚薄の差があるのと同じで、厚い酒と薄い酒の醸しかたが異なるわけではなく、加える麴の多寡によってこうなるのだ。だから、酒の味の厚薄の差が同じ麴から作られるように、人間の性の善悪の差は同じ元気（根源の気）から作られる。そのさい、受ける気に多寡の差があるので、性に賢愚の差が生ずるのだ」（率性篇）と。

これによれば、天から厚多の気を受けて生まれる人が性善の君子となり、薄寡の気を受けて生まれる人が性悪の小人となる。そして、中人の性についてはともかく、上知と下愚の間ではこの性は変更不可能である。こうした王充の思想は、生前にはほとんど注目されなかったが、後漢末の蔡邕（さいよう）・荀悦などを通じてしだいに思想界に広まっていった。上に見たように、皇侃『論語義疏』や邢昺『論語正義』が、気の理論にもとづく宿命論をともなって性三品説を唱えた背景には、王充の性三品説があったのではなかろうか。

〔完成と終焉〕　性三品説として最も完成されたものは、唐代の韓愈（かんゆ）に見られる。唐代中期には、仏教が最盛期を迎え道教もいちじるしく発展していた。こうした動きに対抗して、彼は古文復興によって儒教に新しい内容を与え、その権威を回復しようと企てた。この立場から著わした論文の一篇が「原性（性とは何か）」である。

それによれば、性は人間が生まれると同時に与えられる本性、情は外物に接して現われる感情である。性には上中下の三品があり、性を構成する要素は仁礼信義智の五つがある。情にも上中下の三品があり、情を構成する要素は喜怒哀懼愛悪欲の七つがある。性の上品は完全な善で、一要素を主にして他の四要素をも行なう。中品は導いて上下させることができ、一要素はあるが不完全、他の四要素も不純である。下品は完全な悪で、一要素は欠けて他の四要素も背いている。情の上品はどんなに動いても七要素が中庸を得る。中品は七要素に行き過ぎも欠如もあるが、それぞれの中庸を求める者である。下品は七要素に行き過ぎと欠如ばかりで、情にまかせて勝手に行なう者だ。性の三品と情の三品は対応している、と。

このうち、性を構成する要素を五常と結びつけるのは、漢代以来の同様の思想（『漢書』五行志・翼奉（よくほう）伝、『白虎通』情性篇など）を踏襲した措置である。一方、性三品説と情三品説を結合するのは、『春秋繁露』以来、くわしく論じられてきた性と情の関係論をふまえて、情にも道徳的な意味を与えるものである。従来は、情に対して悪に向かう契機だけしか見出してこなかったので、ここに韓愈独自の新しさがあるといえよう。

つづいて、「原性」は古来の三説をふり返る。孟子の性善説ははじめは善で、のちに悪に行くケース、荀子の性悪説ははじめは悪で、のちに善に進むケース、揚雄の性善悪混在説ははじめは善悪が混ざっていて、のちに善または悪に分かれるケースであるが、いずれも中品をあげるのみで上品と下品を忘れている。とすれば、上品の性と下品の性は、結局、移すことができないのだろうか。上品の性は学問を修めて輝きを増し、下品の性は威力を畏れて罪を犯さなくなる。だから、上の者は他を教えることができ、下の者は他から抑えられる。しかしその品については、孔子が「ただ上知と下愚とは移らず」といったとおりだ。今日、性を論ずる者がこれと異なるのはなぜか。それは彼らが仏教・老子の思想を加味して論ずるからで、これでは何を論じても儒教の聖人とは異なったものになってしまう、と。

ここで注目すべきは、上品の者が他を教えて現実の統治者となることが正当だと主張するが、これは漢初の『淮南子』『韓詩外伝』以来の通説にもとづくものである。また、下品の者に対処するには道徳・礼楽を用いるのでなく、法律・刑罰を用いるのが適当と唱えるが、これも『春秋繁露』以来の儒家にとって懸案のテーマである。しかしいっそう注目すべきは、彼が孔子のことばを根拠にして人間の不平等、性の変更不可能を主張し、仏教・老子を非難していることである。逆にいえば、当時すでに、仏教の仏性説や道教の道性説が万人の平等、性の変更可能を提起していて、それらが儒教を含む思想界に相当の衝撃を与えていたと考えられる。韓愈の「原性」はこうした仏教・道教などの思想革新に対する、正統的な儒教からの反撃と捉えることができよう。

しばらくのちの宋学の時代になると、その代表者である程伊川（程頤）や朱子（朱熹）は、むしろ仏教や道教が提起していた万人平等観と性変更可能論を受けつぎ、韓愈にいたって完成された正統的な性三品説をはっきりと放棄した。程伊川は「聖人は学問することによって到達できるのだろうか。そのとおりだ。…後代の人は道理に達せず、聖人とはもともと生まれながらに知る者のことで、学問によって到達できる者ではないと考えた。そのために学問の道は失われてしまったのだ」（「顔子所好何学論」）と述べる。また、朱子も「人間には誰にもこの身体がそなわるので、上智の者にも人心（欲に引きずられる悪心）がないはずはない。また誰にもこの本性がそなわるので、下愚の者にも道心（道にかなった善心）がないはずはない」（『中庸章句』序）と述べる。

こうして、前漢中期から唐代の長期にわたって人々の心を縛ってきた性三品説は、ついに終焉の秋(とき)を迎えて、宋代の性説へと昇華していったのである。

三　国家の体制をめぐって

封建制と郡県制は、中国の近代以前における国家の二つの異なった政治体制である。封建制とは、天下を支配する中央の天子が臣下に地方の土地・人民を与え、その君主として封じたうえで世襲的に統治させる政治体制であり、各国の諸侯の相対的独立を認める地方分権の色彩をおびる。一方、郡県制とは、国という機構を設けずに全土を郡・県の直轄地としたうえで、中央から官僚を任命し派遣する政治体制であり、官僚制を通じて天子一人が全土・全民を直接統治する中央集権の制度である。

このように、封建制と郡県制は本来、中国固有の一対の政治体制であったが、近代に入って日本・中国にヨーロッパ中世の feudalism が知られるようになり、その訳語として「封建制」が採用された。その後、マルクス主義の歴史理論が世界史の普遍的発展法則を構想し、封建制を中世の農奴制生産様式にもとづく社会構成体と意味づけて、これを中国史にも適用するようになった（第四章の三、二二三―二二四ページを参照）。その影響を受けて近年までの日本・中国では、秦漢以後の郡県制・郡国制の社会を封建制と呼ぶことが多く、近代以降、西欧モデルの世界史的発展をアジアで実現するという思考のなかで「反封建」が掲げられた。しかし、ヨーロッパのfeudalismは、領主が家臣に封土を与え、その見返りに軍役の義務を負わせて主従の契約関係を結ぶものであり、中国古代の封建制と類似する現象はあるが根本的に異なっている。

　中国における封建論と郡県論は古来、どちらも過去に実際に存在していた歴史的制度に即して議論するよりも、後代のそれぞれの状況を背景に、儒教のあれこれの立場から理想化した周代の封建制を美しく描き、逆に敵役である秦代の郡県制をその陰画として醜く描く場合が少なくない。そして大雑把にいえば、秦代・漢代から魏・蜀・呉の三国時代は、社会では一部の例外を除いて実質的な郡県制が行なわれていたにもかかわらず、思想のうえでは次節に述べるように儒教の国教化が推進されたために、その理想とする封建制を掲げる場合が多かった。封建論と郡県論がこうした儒教の固定観念からやや自由になるのは、唐代の柳宗元「封建論」からである。

　この本音と建て前の巨大なギャップのなかで、両者を比較してその優劣が盛んに議論され、またギャップを埋めるための理論的・実践的な努力が積みかさねられた。議論の中心は、中央の天子と地方の統治者（諸侯王あるいは官僚）の関係をいかに構想し処理するか、すなわち中央集権と地方分権の設計と実施に関する諸問題であるが、同時にそれに絡めて、国家における等爵制などの位階秩序、井田制に範をとる土地所有制度（田制）、華夷の別の再編による周辺諸国の冊封体制、古代の封建制を相対化する新しい歴史観などもあわせて議論された。これらを通じて、現実に行なわれている本音としての郡県制の優位が不動のものとなり、儒教の固定観念をともなった建て前としての封建制は修正を余儀なくされていったというのが、この時代の特徴である。

封建制の理念

封建制は、はるかに古い周代初期に採用された国家の統治体制に始まるとされる。諸文献によれば、周の武王は殷(いん)を滅ぼしたのち、新たに支配下に入った地方の土地・人民を同姓や功臣に分与して諸侯に封じ、それぞれ世襲的に統治させる制度をつくった。各国の諸侯は公・侯・伯・子・男の五等の爵に分けられ、その爵位に応じてさまざまの国を与えられたが、統治権を与えられる代償として周に定期的に朝貢し、戦時には王命に従って軍隊を派遣するなどの義務を負った。とくに同姓の諸侯には「藩屏(はんぺい)」として周の王室と統治体制を衛(まも)ることが期待された。周王は中央に君臨していたけれども、その直接統治する地域は王畿の内に限られ、その外は封建制を通じて周王を頂点に戴く諸侯がゆるやかに連合して統治しており、天子を中心にした一元的な支配はまだ実現されていなかった。周王と諸侯のもとには卿・大夫・士などと呼ばれる身分の臣下がおり、それぞれ食邑(しょくゆう)を与えられて各君主に服従していた。

しかし、建国から歳月がたち、周王・諸侯ともに世代交替が進むにつれて、諸侯は地方で力をつけて周王室との関係が疎遠になり、統制力が弱まって地方分権化が進んでいった。春秋時代になると周王室の権威が衰え、やがてそれは地に墜ちて各国が分裂し、激しく戦いあう戦国時代となった。

ちなみに、この前後の代表的儒家の書について見ると、『論語』には封建の事実や理論がまったく登場しない。『孟子』には井田制・学校制・等爵制を論じた文章があり、そのうち、等爵制は封建制と絡めて論じているが、井田制・学校制は封建制の一つと考えているわけではない。『荀子』には「王者の制」を封建制と結びつけて論じた個所があるものの、重要な内容を含む封建論はほとんど述べていない。

〔周代封建制の理念〕　周代封建制の最も早い叙述は、『春秋左氏伝(さしでん)』僖公(きこう)二十四年（前六三六）に見える。周の襄王(じょうおう)が狄の軍とともに鄭を討伐しようとしたとき、ある大夫がこれを諫めて「いけません。…その昔、周公は管叔・蔡叔が和らがないのを傷んで、親戚を封建して周室の藩屏としました。…周室に美徳があったときでさえ、〝兄弟に勝るものなし〟といって、彼ら（文王・武王・周公の子孫）を封建しました」と、建国当初に封建した諸侯の国名を網羅的にあげて、その目的が周の宗族を藩屏に用いることにあると明示している。しかし、この諫言は、周の徳がすでに衰え、周王自身が封建制を否定する行動を起こそうとしたことに対して、周初に存在したはずの封建制とその目的をふり返ったものである。周代封建制は、最も早い叙述でさえこうした理想化をへているのだ。

〔戦国から漢初の封建論〕　しかしさきに引用した『春秋左氏伝』などもすべてが虚構というわけではなく、ある程度は春秋・戦国時代の史実を反映していた。当時、周王による封建制は全天下の規模では理念であったけれども、各国の規模では諸侯が同姓・異姓の臣下をそれぞれの国内で封建するという体制が、現実に全国的に形成されていった。戦国時代に入ると、楚・呉・越が早くから王と称したのを除けば、戦国中期に秦の恵文王がはじめて王を称するが、これにならって六国の諸侯もみな王を称するようになり、このころから大国では王が同姓・功臣を列侯に封ずる体制が形づくられていった。

例えば、『晏子春秋』は戦国末期ないし前漢初期に成った儒家の作である。それによれば、春秋・戦国の斉では功臣・賢者に対する封建が、当たり前のように行なわれていた。そして、斉の封建制には格別、儒教的な理想化を受けた形跡がなく、逆に『晏子春秋』はこの封建制に儒家の立場から反対している。このように、封建制は儒教の理念とはかかわりなく春秋・戦国の各国において広く行なわれており、戦国末ないし漢初の儒家の一部には中央集権を志向する立場からこれに反対する者もあったのである。

秦は戦乱のなかから天下を平定していった。始皇帝は秦王（前二四六年）に即位したのち、二十数年間、呂不韋を文信侯に封じ嫪毐を長信侯に封ずるなど、天下平定の功臣を論功行賞にもとづいて封建していた。天下統一のなった前二二一年、朝議のなかで、丞相の王綰らが遠方の諸国を抑えるために同姓の諸子を封建して帝室の藩屏とすべきだと提言し、群臣はみなこれに賛成した。しかし廷尉である法家の李斯が反対した結果、始皇帝は彼の議を用いることにした。こうして封建制を明確に否定し、天下に一律に郡県制を敷いたのである。李斯によれば、封建制の実施は周の失敗の轍を踏むことになり、侯・王が誅伐しあう戦乱の種を残すばかりであった（『史記』秦始皇本紀）。王綰らが帝室の藩屏をつくっていくために封建制を主張したのは、必ずしも儒教の理想化の産物ではなく、むしろ当時の状況への現実的判断であろうが、他方、李斯の封建制を周初に始められた地方分権的な制度とする理解は、それを高く評価するか低く評価するかは別にして当時、広範に知られており、したがって封建制を支持する社会的基盤は広がっていたのである。

ついで秦の滅亡後、項羽を討って天下を統一した前漢の高祖（劉邦）は、秦の郡県制を踏襲したが、同時に建国の功臣を諸侯王・列侯に封じてその功に報いた。ここに郡県制と封建制をまじえた漢独自の「郡国制」という統治体制がつくられた。高祖が当初、異姓の功臣を封建したのは、戦争の最中に味方の士気を鼓舞するためであって、建国後の体制をどうするかなどを考慮している暇はなかった。

『史記』高祖本紀は前二〇三年、韓信を斉王に封じたときの経緯を「韓信は…使者をやって高祖に〝…私を仮の王としてくれなければ、おそらく斉を安定させることはできますまい〟といわせた」ためと記す。また翌年、天下の大勢がほぼ決したのち、高祖が列侯・諸将に訊ねたところ、彼らは「陛下は人に城を攻め土地を奪わせた場合、降した者にそれを与えて、天下と利を分けられます。しかし項羽は…戦いに勝っても人に功賞を与えず、土地を得ても人に利を与えません。これが天下を失った理由です」と答えた。このように、高祖に従って戦闘に参加した臣下のなかには、功を挙げて諸侯王・列侯に取り立てられることを要求する者が多かったのである。こうした要求をいれて、高祖は当初、異姓を多く封建したのであるが、しかし、前二〇二年あたりを境にして建国後の体制を考慮するようになった。有名な「劉氏にあらずして王たれば、天下ともにこれを撃て」という高祖の盟は、このころから高祖の諸侯王封建の原則になったものである。それは同姓を封建して漢室の藩屏とするという構想から出ているると考えられるが、この同姓藩屏の封建論もとくに儒教の理想化の影響を受けたものではなかった。

現実の郡県制

郡県制は秦の始皇帝とともに突然この世に現われたものではなく、春秋時代から徐々に形づくられた。その起源は春秋中期にさかのぼり、辺境に土地を有する秦・晋・楚・斉などの諸国が新たに併合した土地に県を置いて、それを君主が官僚を派遣して直接統治したことに始まる（『史記』秦本紀）。これにならって各国も県を置くようになったが、郡は春秋末期になって置かれた。当初は各国の首都に近い直轄地を県といい、遠い辺境の新開地を郡という場合が多かった。

戦国時代の初期以来、こうした新開地からあがる収益は君主権力の経済的基盤となったばかりでなく、その民衆を直接統治して政治的基盤をも強化した。戦国中期になると、韓・魏・趙(ちょう)から始まって郡を上、県をその下の単位として構成し、これを受けて燕(えん)・秦なども郡と県を置くようになった。秦はこうした新開地の郡県制を旧国内にも適用して、しだいに官僚制の整備をともなう国全体の郡県化に成功していったのである。

〔商鞅の変法〕　戦国初期の秦に郡県制を導入した最大の立役者は、商鞅(しょうおう)（商子）である。彼は孝公のときに秦に入り、富国強兵のための変法に着手した（前三五九年）。商鞅は、「聖人は国を強化しうる方法でありさえすれば、旧制を貴ぶことはない。民衆に利益を与えうる方法でありさえすれば、旧礼に従うことはない」（『史記』商君列伝）と述べて、古に定められた礼・法に従うのではなく新しい時代にあわせて最適の制度を採用すべきだと主張した。実施した変法の内容は、什伍の隣保制をつくって人民を五家・十隣に組織したこと、什伍単位で犯罪者の密告を奨励する連座制を敷いたこと、旧家族制を解体して分家によって農民の単婚家族を増加させたこと、賜爵制を改革して軍功を挙げた者を優遇したこと、民間の私闘を禁止するなど公的秩序を遵守させたこと、農業を重視して商工業を抑制したこと、軍功のない王族を属籍から排除して非特権化したこと、等爵制の尊卑に応じて人々の田宅・臣妾・衣服を制限したこと、などである。古い氏族制的な家族・社会関係を解体し、軍事と農業を重視することを通じて富国強兵につとめ、君主一元の集権的な国家体制に再編する改革、と捉えることができよう。

この改革が十年間実施されて成功をおさめたのち、商鞅はさらに新たな変法を実施する。咸陽に冀闕（アーチ型の門）・宮殿を造営して旧都、雍から遷都したこと、旧家族制度の解体を徹底させて農民増加を図ったこと、旧行政組織を再編して新しい県制（三十一県）を設置したこと、各県に長官（令と丞）を置いて官僚制を整備したこと、新県開発のために土地区画（阡陌）制度をつくり租税を公平化したこと、度量衡を統一したこと、である。これらはさきの変法を深化させる政策で、古い家族・社会関係の解体を徹底するとともに新たに郡県制と官僚制を導入し、それにふさわしい土地制度を新設するものであった。こうした徹底的な改革は、守旧派の王族・貴族の怨恨を買って、孝公の薨じた（前三三八年）のち、商鞅は国賊として非業の最期を遂げた。しかしこの二次の変法によって、秦の中央集権化と富強化は大きく前進し、これより百数十年後の始皇帝による天下統一と郡県制実施の基礎を築いたのである。

〔墨家の尚同論と『晏子春秋』の反封建論〕　新時代の進展のなかで、郡県制は戦国各国で実施されていったが、これを唱えた理論となると意外に見出すことが難しい。そのなかで注目すべきものは墨家の尚同論である。これは尚（上）

の者の抱く「義」に下の者が同ず（従う）べきことを唱える理論で、『墨子』に尚同上・中・下の三篇がある。尚同上篇は、古の人類の自然状態を「乱」と認めることから筆を起こし、それを克服して「治」を実現するための方策を、天子を頂点に戴く中央集権的な政治体制の構築と、天下の百姓の義（価値観）を統一する方法、の二点にわたって提唱している。

同篇によれば、古に天下が乱れた原因は首長がいないことにあり、そのために天子を立て、三公を置き、諸侯国君を立てたが、これだけでは力不足である。そこでその国の優秀者を選んで首長に立てた。こうして上は天子から下は郷長・里長までの首長が完備したのち、天子は天下の百姓に向かって「上の是とするところを是とし、上の非とするところを非とせよ」という政令を発し、これを受けて里長は里の百姓に向かって郷長に、郷長は郷の百姓に向かって国君に、国君は国の百姓に向かって天子に、それぞれ上同せよという政令を発する。こうして天子は天下の義を統一できるので天下は治まる。しかし、天下の百姓は天子に上同するだけでは不十分であり、天子の上たる天に上同しなければならない。古の聖王が五刑を制定して民を治めたのは、天に上同しない天下の百姓の義を統一するためであった、という。

ここに描かれた政治体制は、最上位者の天を除けば、天下（天子・三公）―国（諸侯国君）―郷（郷長）―里（里長）の序列で構成されている。国・郷・里とそれらの首長は古い封建制下の名称を残しているが、いずれも天子が天下を統治するために人為的に設立した機構とその官僚である。尚同下篇では、里（里長）の下位に家を置き、その首長を家君と称するが、これは家（父）をも末端の統治機構（官僚）と見なす考えである。天下において天子を選んだ者が誰であるかは書かれていないけれども、以下の三公・諸侯国君・郷長・里長を選んだ者は天子とされている。彼らが選ばれた理由はその優秀さ（賢）にあるが、これは官僚に必要な統治能力を指す（尚賢論）。だからこそ、のちの尚同中・下篇では、天子が三公以下、家君までを立てる目的は、彼らを富貴・游佚にさせるためではなく、刑政を治めるのを助けさせるためだと強調するのだ。こうして、郷・里はいうにおよばず家までも、義の上意下達の政治体制のなかに組みこもうとする尚同論は、古い氏族制的な家族・社会関係を解体して新しい君主一元の国家体制に再編することを企図し、理論の面から郡県制を推進するものであったと捉えることができよう。

上に述べたように、戦国時代における郡県制は孝公期以降、秦が全国の先頭を切って実施したが、他の諸国もこれに追随した。斉の国で成った『晏子春秋』をひもといてみると、そこには戦国末以降における封建制批判が載っている。同書には、上に引用した例を除いても、斉の景公が晏子や孔子に土地を与えて封建しようとした物語が多く含まれるが、これらのすべてに対して晏子は辞退したり反対したりしている。これらは、春秋・戦国の斉において論功行賞にもとづく封建が行なわれていた事実を反映しているが、しかし晏子は、封建された者が政治的に自立して富国保民政策を損なうことなどを避けるために、自分や孔子の封建に反対するのだ。したがって、これらの封建制批判の物語は、じつは戦国末ないし漢初の儒家の一部が郡県制を支持する立場に転じつつ、著わしたものと考えられる。

〔秦の始皇帝の郡県制〕　始皇帝は天下統一の直後から全国一律に封建制を廃し郡県制を敷いた。全国を三十六郡に分け、その下に多くの県を設置したが、郡・県の官僚（郡守・県令）はすべて中央政府から派遣し、民政・軍事・監察などの行政を法律にもとづいて行なったのである。これを全国的に実施したのは始皇帝がはじめてだったので、のちの儒教国教化のなかで、郡県制は秦や始皇帝への否定的な評価と結びついてイメージされることとなった。

秦ではその後も、封建制と郡県制の優劣をめぐって朝廷内部で議論が行なわれたが、始皇帝は丞相、李斯の言を受け入れてその実施の徹底を図るために挟書律（禁書令）を発布した。――前二一三年、側近の周青臣が郡県制を讃美したのに反対して、儒家の淳于越は、殷・周が千余年もつづいた理由は同姓の子弟、異姓の功臣を封建して王室の藩屏としたからであり、郡県制はその逆を行く誤った政策であると唱えて、封建制に復るべきことを進言した。秦代の儒教はこの段階になってはじめて、藩屏論的封建論を唱えるにいたったことが知られる。これに対して丞相の李斯が反駁し、古今で時が異なれば異なった政治制度が必要となるので、古い封建制をモデルとするわけにはいかない。現代の法令が一元から出るようになった郡県制下の天下は平和に治まっており、それにひきかえ古代の封建制下の天下は諸侯が並争していたために分散・混乱していたと唱えた。そして、天下統一を揺るぎないものにするために、殷・周の封建制といった古に範をとって今の制度を批判する民間の学問はいっさい禁止すべきだと主張した。中国初の禁書令はこうして発布されたのである。

〔前漢以降の郡県制〕　前漢は、高祖が郡県制と封建制をまじえる郡国制を採用した。当初、諸国には同姓や異姓の功臣を封じたが、異姓の諸侯王八人については晩年までに七人を廃したり誅したりして取り除き、そのあとにはすべて一族を封じて劉氏だけが諸侯王となる体制が形づくられた。こうして諸侯王は広大な土地を与えられて、丞相が中央から任命されてくることを除けば中央の制約をほとんど受けずに、その国を統治することができた。

しかし、彼らの勢力が強まるに応じて、漢の文帝は抑制策を取りはじめ（賈誼の分国策）、次の景帝もことあるごとに諸侯王の勢力の削減を図った（晁錯の削藩策）ので、両者の間に対立が昂じてついに呉楚七国の諸侯王が結束して中央に反乱を起こした。これを平定したのち、景帝は諸侯王の行政権などの権力をすべて奪ったために郡国制は有名無実となり、実質的には郡県制といってよい政治体制ができあがる。――各国は中央の任命した官吏によって治められ、諸侯王・列侯はそこから徴収される租税を支給されるだけの存在となった。とくに次の武帝期になると、諸侯王の勢力は急速に弱体化し（主父偃の推恩の令）、実質上の郡県制が全面的に確立した。武帝は、全国を十三部の州に分け刺史を置いて、担当する郡国を監察させることにした（前一〇六年）が、後漢に入ると州が行政単位の一つとなって州・郡・県の三層に編成がえされた。これも郡県制の一種である。六朝時代には、州・郡の細分化が進んで複雑化したので、隋の統一後は郡を廃止して州県制を樹立した。

儒教化された封建制

その後の封建論について見ると、前漢・後漢に盛行したような単純な藩屏論的封建論は徐々に力を失っていった。本音としての郡県制の優位が不動のものとなり、建て前としての封建制は修正を余儀なくされていったのである。それに代わって登場したのは、数のうえでは必ずしも多くはないけれども、聖王・諸侯が権力・利益を天下とともに共有し、天下の民衆のために行使する無私の制度をいかにつくるかなどといった観点からする、格調の高い儒教的理念をともなう新しい封建論であった。こうした封建論は、後漢の豪族、三国の名士、六朝の貴族による、地方分権の進行しつつある現実を基盤として発生したものである。やがて、南北の統一を回復した唐代に入ると、統一国家のあるべき政治体制を求めて、ふたたび封建制・郡県制をめぐる議論が活発となった。

〔前漢・後漢における諸侯王の就国問題〕　前漢の文帝は即位後に詔（みことのり）を発して、列侯をそれぞれの国に就（つ）かせようとした（前一七八年）。彼は儒教寄りの皇帝ではないからこれは儒教にもとづく政策ではなく、当時、列侯は本来それぞれの国におもむいて国を守り民衆を教化すべきだという観念が定着していたと考えられる。文帝はまたのちにも詔を発して、絳侯（こうこう）の周勃（しゅうぼつ）を丞相を免職させてまで率先垂範して国に就かせ、この政策の徹底を図った。次の景帝も最初はこの政策を踏襲した。呉楚七国の乱を平定すると、論功行賞を行なって功臣に封邑を与え、その後も列侯が国に就くことに関する詔を下している。しかし、景帝はやがて就国令を廃止する政策転換を行ない、列侯を就国させることをやめてしまう（前一四二年）。これは呉楚七国の乱の教訓に学んで、列侯の就国がはらむ地方分権の危険性を除去し、この面から中央集権を確実にする処置であった。これ以後、前漢の歴代皇帝はこの政策を堅持した。その結果、漢初の郡国制は実質的な郡県制に移行していったのである。

武帝は即位した前一四〇年、儒教に傾斜して儒家の趙綰と王臧の二人を重用して、さまざまの儒教化政策を計画させた。列侯を就国させる政策もその一つであるが、これは明らかに儒教化された封建論を実施しようとしたものである。しかし『老子』ファンで儒教嫌いの武帝の祖母、竇太后に睨まれて二人が自殺した（前一三九年）ため、この政策は頓挫した。後漢になると、光武帝は列侯を就国させることにした（後三〇年）。前漢の文帝の政策は儒教的なものではなかったが、儒教国教化後の光武帝の政策は間違いなく、儒教化された封建論によるものであった。しかし、諸侯として封建された列侯の実態は、前漢の武帝期以降とほとんど変わらず、それぞれの国には中央から派遣された相がおり、相が統治権をにぎって列侯はただ租税を受け取るだけ、という実質上の郡県制であった。ただその上に儒教の理念として封建制の美名を冠せていただけであった。

〔儒教化された封建論〕　儒教国教化の進む前漢時代には、封建制を讃美する言説が増えていった。例えば、文帝期の賈誼は、秦が滅亡したのは同姓・功臣を封建して藩屏としなかったためだとして、儒教の立場からそれを重大な誤りだと指摘する（『新書』過秦篇）。

武帝期になると、藩屏論をともなう儒教化された封建論が登場する。前一二〇年、武帝は三人の皇子を三国の王に封じた（『史記』三王世家）。この件に関して武帝ははじめは躊躇するが、重臣たちは以下のような上奏を再三くり返した。すなわち、諸侯王の封建は、中央に立つ帝王が有徳者を扶け教化を施すのを、地方の諸侯王が藩屏となって補佐するために必要な制度であり、しかもこれは高祖が建国のさいに周代の封建制をモデルにして始めた万世不易の法則である、云々。そして、このような儒教化の進んだ藩屏論がこれ以後の封建論の基礎となっていった。

前漢の歴史を描いた『漢書(かんじょ)』は、後漢初期の儒家、班固(はんこ)の作であるが、しばしば封建制を周初に始まるすぐれた制度として讃美し、逆に郡県制を秦を短期間で滅亡させた誤った制度として非難する。そして、秦が郡県制を採用して藩屏の衛りもなく滅亡した歴史を戒めとして、漢は王・侯を封ずる封建制と天子が合計十五郡を直轄する郡県制の併用（郡国制）を採用したが、しかし諸侯王に多大の力を与えすぎるという問題点もあったなどと論じた。このような封建論は、歴史的事実と比較するならば、封建制を儒教に引きつけて讃美しすぎており、儒教国教化がほぼ完成したのちにはじめて現われた、理想化された封建論と捉えるべきものである。

前漢を禅譲させて新を建国した王莽(おうもう)は、紀元後八年の上奏のなかで、周代の封建制を拡大して、これをはるかに古い唐虞(とうぐ)・夏后(かこう)、周の武王・周公、漢の高祖の制度でもあると認め、その経典的根拠に『礼記』王制篇と『孝経』をあげて五等爵制を絡ませるとともに、他方、秦が二世のうちに滅亡してしまった理由を、封建制の廃止と郡県制の採用に求めた。このように儒教国教化ののちは、ますます封建制の讃美が進んでいったのである。

王莽を打倒して後漢を建国した光武帝は、功臣を諸侯に封じた（後二六年）。その経緯は『後漢書(ごかんじょ)』に記されているが、さまざまの儒教経典を典拠としてちりばめた光武帝の詔・策と、博士の丁恭の議は、儒教がすでに国教化されたあとに登場した封建論の典型的なありかたを示している。功臣を列侯に封建する目的は、帝室を衛ってくれる世襲の藩屏を築くことにあるとする光武帝に対して、丁恭は「幹（天子）を強くし枝（列侯）を弱くするのは、統治を行なうためである」と唱え、列侯の封建に四県をも与えるのは過大であるといって批判した。これは前漢の武帝期以来、漢室の統治原則になっていた諸侯王抑制策をふまえたうえで、儒教的封建制という建て前を掲げながらも、それが天子権力を弱めるマイナスを抑えようとしたものである。

後漢の統治が安定した章帝の時代に、「五経の異同を議論させる」ために白虎観(びゃっこかん)会議が開かれた（後七九年）。会議の主なテーマは君臣関係の取り扱いであり、なかでも諸侯をいかに位置づけるかが詳細に議論されたが、これは当時、解決を迫られた重要問題であった。会議の結果を取りまとめた『白虎通』は、諸侯は天子の純臣ではないとして諸侯を礼遇する建て前を掲げる（王者不臣篇）。ところが他の個所では、天子の行なう朝聘（ちょうへい）とは諸侯の治績を評価することであり、治績が悪ければ爵位・封地を削減すると説いている（瑞贄（ずいし）篇）。後者のような諸侯は実質的な純臣であり、封建諸侯の名は与えられるが、実は奪われている。とするならば、これは前漢、武帝期に完成して以来の「理念は封建制、現実は郡県制」という儒教化封建論と、表裏一体をなす諸侯の位置づけと考えざるをえない。

さらに『白虎通』の、諸侯国における卿（けい）の任命権について見ると、まず「大国は三卿なり、みな天子に命ぜらる。…次国は三卿なり、二卿は天子に命ぜられ、一卿はその君（諸侯）に命ぜらる。…小国は二卿なり、みなその君（諸侯）に命ぜらる」（封公侯篇）と述べながらも、最後の小国二卿の任命権を諸侯がもつとしている点を、「子・男は三卿なり、一卿は天子に命ぜらる」のように改めて、大国・次国・小国ともに三卿で、それぞれ三卿・二卿・一卿を天子が掌握すると規定した。これによれば、天子はいかなる諸侯国の国相の任命権をも掌握でき、それを通じて封建諸侯を一元的に掣肘（せいちゅう）できるわけである。反対に、諸侯は自主的な行政権をほとんど失うことになり、郡県制下の官僚（郡守や県令）にいちじるしく接近させられてしまった。儒教国教化が完成した後漢の新しい国家像とはこういうものであり、つまりは郡県制の実質を封建制の美名で飾ったものにほかならなかった。

〔後漢末から西晋の新しい封建論〕　その後、後漢末期から西晋にかけて、中央の天子権力が弱体化し、地方の豪族・名士・貴族が力を増大させる社会状況のなかで、従来とは異なる儒教の新しい封建論が唱えられ、ときにはそれが実施に移されるようになった。

後漢末期の混乱の世を生きた儒家、荀悦は、封建制を積極的に唱えた者の一人である。彼は孔子の修めたとされる

『春秋』について触れ、天子・諸侯が任命した公卿の世襲（世卿）を否認したが、天子が封建した諸侯の世襲（世侯）は是認したと前置きして、次のように述べた。「昔、聖王が天下を所有したのは、自分のためではなく民衆のためであり、その権力・利益を独占せず天下の人々と共有し、ただ義だけを追求して私するところがなかった。聖王が諸侯を封建してその地位を世襲させたのは、こうした政治を諸侯に分担させて、民にわが子のように親しみ、国をわが家のように愛させようとしたためだ。そこで賢卿大夫（牧伯）を置いて諸侯の監督にあたらせたが、牧伯には土地を与えるだけで民衆は与えず、根本は王者が一元をおさえて政治をリードしたのだ」（『漢紀』孝恵皇帝紀）と。ここで世卿というのは、実際には当時の世襲化した州牧を指している。このように荀悦は、本来の封建制を、君主が天下の権力・利益を民衆のために行使する無私の制度だとして、天下を統治する目的、天下の権力・利益の所属、公義と私利の区別などの観点から、諸侯の世襲制を含む儒教的封建制の新しい理念を謳いあげた。

しかし、これは単なる机上の理想論ではなく、当代の現実と切り結ぶものであった。荀悦は、昔の諸侯を監察する賢卿大夫は半分の封建であって世襲制ではなく、天子権力を阻害するものではなかったと述べていたが、他の個所では、強大な権力をにぎった州牧が中央権力の分権化をもたらし、現代の戦国化を進めていることに深刻な危惧を表明する（『漢紀』孝哀皇帝紀上）。彼は、諸侯を監察する職務を負う州牧が州の最高長官としてその州を軍政支配し、諸侯以上に強権をふるって後漢帝室の権力を分権化している事態に、何とか歯止めをかけようとしたのだ。では、なぜそうした目的に適合する郡県制を唱えないのかといえば、儒教国教化後は亡秦の郡県制への非難が常識となっていたし、何よりも後漢帝室には郡県制を実行できる強い権力がなかったからである。そこで荀悦は、新たに理想化した封建制を高唱しつつ、中央権力の崩壊を防ぐ働きを、同姓・異姓を問わない封建諸侯の藩屏の衛りに期待したのだ。

後漢は、同姓の諸王をほとんど封建しなかった。諸侯王には何の権力も与えないという伝統ができあがっていたからである。次の三国、魏に入ると、事情は多少違ってくる。文帝は二二二年、皇子一人、弟十一人を王に封じ、同時に王の庶子を郷公、嗣王の庶子を亭侯、公の庶子を亭伯とする制度を定めた。しかし、伝統の諸侯王抑制策は魏でもつづいており、彼らは封建されたものの魏室によって厳しく統制された。陳思王の曹植はそうした諸侯王のなかでもとくに不遇をかこっていた者であるが、文帝が崩御したのち、上疏して同姓の諸侯を封建して魏室の藩屏とすることを求めた（二三一年）。これもさきの荀悦と同じく、同姓の諸侯の封建によって中央権力の分権化を防ごうとしたものである。二度目の上疏で彼は、漢の郡国制と秦の郡県制にはっきりと反対して周の封建制を支持し、異姓の実力者ではなく同姓の親戚を登用することを求めている。けれども魏室にはこれを実施するだけの余力がなく、二四九年、その権力は政変によって司馬懿に握られてしまった。

曹植らの封建論は当時は実施されなかったが、次の西晋に受けつがれそこで新たな封建論を引き起こし、実施を見ることになった。――武帝の司馬炎は種々の制度改革を行なったが、二六五年、司馬昭（文帝）による五等爵制を廃止して、諸王と公侯の制を定め、諸王の場合、邑（都市）の戸数によって大国・次国・小国に分けて兵を置かせた。封建制がある程度実施されたわけである。この改革に影響を与えた段灼の上奏は、同姓諸侯の封建を熱心かつ具体的に提案し、彼らを封国に就かせて晋室の藩屏としたうえで、さらに軍事権をもたせることをも認め、反対に異姓の五等の諸侯を立てたことを「天下を分断し」た失政と見なしてその見直しを求めた。これは上に述べた荀悦に始まり、曹植らに受けつがれた新しい封建論と同類の思想である。かつて秦代から後漢には、諸侯を地方に封じて封建制を実施することと、郡県制を行なって帝室の中央権力を強化することは、相互に矛盾するものであったが、後漢末期以後の新しい封建論は中央権力の弱体化を防ぐために、むしろ同姓の諸侯を藩屏として封建すべきだと訴えたのである。

また、同じく武帝のころ、淮南の相の劉頌も上疏して、いっそう徹底した封建制の実施を要求した。劉頌の封建論もだいたいは段灼と同じである。ただし彼は、西晋のこれまでの封建は諸王にも臣下にも不満を与えているが、それは封建の実態が諸国に実権を分与しない郡県制と同じだからだと指摘して、軍事権はいうに及ばず、内史・国相などをはじめとする国内諸臣の任命権、裁判権、経済財政権などをすべて諸王に与えるべきだと主張した。

こうした新しい封建論は、地方分権の進行しつつある現実を基盤として発生したものである。もはや前漢・後漢のような中央集権の回復が望みえないとすれば、異姓の実力者が中央の支配権を分断して戦国の世の再来を迎えるよりも、同姓の諸王に中央権力を分割して将来の可能性に期待するほうがまし、という考えから出たものらしい。これらは、ある程度実施に移された。封建された同姓の諸王は任地におもむき、そこで分与された軍事権などをにぎるにいたった。しかし、これによって天子の中央権力が維持されたかといえば、まさにその正反対であった。武帝が崩御したのち、二九一年以降、八王の乱を将来して司馬氏の諸王はすべて滅び去り、西晋王朝も滅亡してしまう。封建された諸王は、帝室の藩屏とはならず中央権力の維持に努めず、逆に自分の勢力を拡大して分権化に向かい、結局のところ八王の乱と西晋の滅亡を引き起こしたのであった。

〔封建論の変貌〕　その後、封建制を論じた者は少なくないが、同姓の諸侯王を封ずることを唱えた者はあまりいない。例えば、東晋の袁宏（えんこう）は自らの理想とする封建制を、帝王が中央に立って、地方に万国を建てて同姓・賢者を諸侯に封建し、官僚制を整え位階秩序を確立することを通じて（以上が地方分権）、至公無私をつらぬいて天下の人々と欲を均分し、政治の任務を分担して民衆統治の実を挙げる（以上が中央集権）こと、と描いた（『後漢紀』光武皇帝紀）。そして、帝王と諸侯の関係については『周礼』にもとづいて五等爵制で律し、帝王の直接統治するのは王畿の領域だけで、帝王に天下の所有者として統帥権はあるものの、諸侯は国を世襲してその統治権をもつ、などと述べている。

以上のうち、あるべき封建制の重要な要素に、帝王が、天下という欲の対象に対して至公無私をつらぬくことや、天下の人々と欲を均分することを導入したのは、上に述べた荀悦とならんで袁宏がほとんど最初であり、のちの柳宗元の観点の先駆をなすものとして注目される。

やがて唐代に入ると、南北統一国家のあるべき政治体制を求めて、ふたたび封建・郡県をめぐる議論が活発となった。とくに六二八年、太宗の問いかけに答えるかたちで一連の論争が始まり、その中では蕭瑀のように封建制を唱える者もいなくはなかったが、李百薬・魏徴・馬周などの封建制反対論が終始優勢であった。

唐代における封建制廃止論としては、柳宗元の「封建論」がはなはだ有名である。柳宗元はいう、天下に上下の秩序を確立して平治・安定を確保するには、周のように天下の土地を裂いてこれを分断し、諸侯王を封ずる封建制よりも、秦のように人口稠密地を分けてこれを郡邑とし、郡県に官僚を置く郡県制のほうがすぐれている。封建制の欠陥は、封建諸侯が中央権力から分離・独立するために国家が崩壊しやすいこと、また世襲制を採るために天子が諸侯の力と衛りを私することにある。それにひきかえ、郡県制は政治体制としては公の大なるものであり、秦は一己の権威を私し、すべての自己に臣従する者を私したという点で、その情は私であるが、しかし周の封建制下の、統治者が天下を私するのを改めて、天下を公にした端緒は秦から始まる、と。

この封建論は、封建制・郡県制の優劣を論ずる場合、天下の統治が公であるか私であるかを判定規準とし、大公の政治体制こそが正しいとする主張であるが、すでに荀悦や袁宏が天下に対する公私の観点を導入していたのを受けて、それを発展させたものと捉えることができよう。安史の乱の鎮圧された中唐期には、統治権・軍事権などをにぎった地方の節度使が中央から独立して反乱をくり返しており、唐室の支配権は以前のように全国に及ばなくなっていた。こうした事態に対して、彼は儒家であれば唱えるのが当たり前と考えられていた旧来の封建制に代えて、新たな中央集権的官僚国家の確立をめざして郡県制を提唱したのである。

四　儒教国教化と道教・仏教

中国の古代以来の学問は、濃淡の差はあれいずれも時代に働きかける実践的な思想であった。逆にいえば、中国の思想は学問というかたちをとって自己を表現したのである。

戦国中期以降の学問論の中心問題の一つは、いかにしてこうした諸思想の対立と分裂を克服して統一を実現するかにあり、その背景には天下統一の持続に向けた人々の願望があった。しかし、学問において対立・分裂を止揚しようとする動きは、秦漢による統一帝国の形成を待ってそれを反映して行なわれたのではなく、むしろその形成に先んじてそれをリードするかたちで現われた。それゆえ、歴史上における学問の誕生にさかのぼって、中国的な学問のありかたを検討する必要がある。

学問の誕生

中国の歴史上はじめて学問と称しうるものを唱えたのは、春秋末（前六世紀）の孔子であり彼を開祖とする儒家であった。その後、墨子を開祖とする墨家が誕生し、儒家とは異なる思想活動を展開するに及んで、両者の間には孔子や墨子の教えを奉ずる自らの正しさを主張し、相手の誤りを打破しようとする幾多の論争が発生した。

〔孔子と墨子〕　孔子という士出身の思想家は、中国史上最初に学問に目ざめた者である。生涯を終えようとする直前に彼が残したことばが『論語』に見えるが、そこでは十五歳の「学に志す」が人生における発展のスタートラインに置かれている（為政篇）。人間を発展させるもの、それが学問なのであった。このように重視した学問を通じて彼が行なおうとしたことは、君子（道徳を有する統治者）の養成であった。その内容は、君子として当然有すべき徳行・言語・政事・文学（古典に関する知識）の四学科であるが、なかでも徳行を最も重視した。彼が養成しようとした君子は、以上の大きな変動の時代を担いうる新しいタイプの道徳的指導者であった。こうした君子の養成は、当時の社会的ニーズに合致するものだったから、彼の門下には年齢や生地を異にする多数の士出身者が結集した。

孔子よりのち、戦国のはじめに庶民を結集して兼愛（博愛）・非攻（戦争反対）などの理想を掲げつつ活動を始めた学派が墨家である。墨家は前漢初期までに凋落してしまうが、戦国中期〜末期にはその活動のピークに達する。彼らは明確な政治的プログラムをもち厳格な規律を守りつつ行動する、社会変革の実践集団であった。『墨子』には墨子が弟子を諸国に派遣して、兼愛・非攻などの十の理論を宣伝させる場面が描かれている（魯問篇）。この十論は戦国の貴族を説得して社会変革を行なうための政治綱領であり、このように墨家のメンバーはリーダーの命令を受けて全国各地に派遣されたのである。

〔諸子百家の対立〕　儒家と墨家は同じ変動期を共有していたが、社会変革の青写真が異なっていたために、掲げる学問は全然異なるものとなり、両者の間には多くの対立が生まれた。諸子百家の活動が活発化・多様化する戦国時代に入ると、対立は儒家・墨家の間を越えて諸子百家の全体にまで広がり、ますます激しさを加えていった。戦国中期の思想界に道家が登場する。彼らははじめ、先行する諸学派に激しく対抗していたが、やがてそのなかから単なる対立に終わらない、注目に値するものを導きだした。道家が戦国末以降、提唱することになる諸学統一の構想である。

ここで、戦国から前漢の諸子百家が行なった自他への批判、つまり諸子百家論を大雑把に分類すると、次の三つのタイプに分けることができる。A．自分の思想を正しいと確信する立場から、対立する諸子百家の学問をすべて誤りとして退ける古いタイプ。上に見た儒家と墨家の対立などがこれである。B．Aタイプの正か誤かの二項対立を乗り越えた客観的な立場から、自分をも含めて多種多様の諸子百家の存在をすべて容認しつつ、当代における諸学の統一を提唱する新しいタイプ。C．儒教の優位が確立するなかで、自分を正統と同定する立場から、諸子百家の存在をもすべて容認しつつ、それらを儒教の下位に位置づけて総合する最新のタイプ。

諸学統一の構想

当時、諸子百家が行なった他学派への対応には、批判をエスカレートさせて対抗する一面とともに、逆に自学派の下位に位置づけたうえで包摂しようとする一面もあった。こうした動きは諸子百家すべてに一様に認められるが、ここでは代表として儒家を取り上げる。また、こうして盛んになった諸子百家の相互包摂を基礎にして、漢初以降、道家の思想家たちが諸学統一の構想を次々に発表していった。ここではその一端を検討しよう。

〔儒家による諸子百家の包摂〕　春秋・戦国の儒家は主に人間・社会における道徳と政治を説いており、存在論的思索は不得手であった。だから、思想体系の基礎づけに不安があったのであるが、彼らは戦国末から道家の存在論を包摂しつつこれを補強していった。それは『易伝』の著述、すなわち『周易』に注釈を施すことを通じて行なわれた。そして、時の経過とともに儒教経典のなかに占める『易経』の地位が高まり、前漢も半ばを過ぎると『易経』は六経（りくけい）（『易』『書』『詩』『礼』『楽』『春秋』）の首座を占めるまでにのしあがる。それは『易経』が儒教体系を基礎づける理論として機能しえたためであった。

また、孔子は政治思想の点では徳治主義の立場から法治主義に反対し、以後これが儒家の伝統になった。戦国中期の孟子もこれを受けついで、人々を力で従わせる覇道（はどう）を否定し、徳で従わせる王道を推奨した（王覇（おうは）の分（ぶん））が、これも徳治主義と表裏一体をなしている（『孟子』公孫丑上篇）。ところが、戦国末の荀子になるとこの伝統が崩れはじめる。彼も一応、徳治を掲げて法治に反対するが、「王覇の分」では王道を理想として高く評価しつつも、いちだん低い覇道を否定することはない。秦による天下統一のひた迫る状況のなかに生きた荀子は、権力により接近し政治に責任を負うことになった。こうして、彼は徳治・王道という儒教の建て前を捨てることなく、同時に法治・覇道という法家の思想をも受け入れたのである。それゆえ、礼の下位に位置づけたうえで法・刑をも包摂する。

その後、漢代の儒家も荀子の路線を踏襲した。例えば、元帝がまだ太子のころ、父の宣帝が刑罰を過度に用いるのを諫めて儒家を登用すべきことを進言したところ、宣帝は色をなして「漢家にはもともと覇道と王道を併せ用いる原則があるのだ」と答えたというエピソードがある（『漢書』元帝紀）。こうした漢室の方針によって、儒家も王・覇の折衷に傾かざるをえなかったのである。その他、王覇の分は道の実現の大小、数量的な上下の差にすぎないなどとして、両者を接近させる思想が前漢・後漢を通じて大量に現われている。

〔道家による諸学統一の構想〕　こうした諸子百家の相互包摂を基礎にして、漢初から諸学を統一しようという構想が登場する（上掲のBタイプ）。これは道家が道の存在論（道―万物の関係づけ）を中心に据えて行なった注目に値する思想の営みであり、戦国時代の収束と統一帝国の形成という歴史の急展開に対する、思想界からの反応であった。その嚆矢は戦国末に編纂された『呂氏春秋』不二篇、漢初に成った『荘子』天下篇に見えるが、これが本格化するのは漢初の『淮南子』要略篇・『史記』太史公自序まで待たなければならない。

『淮南子』は淮南王、劉安が即位直後（前一三九年）の武帝に献上した書である。当時、淮南王の下には天下から数千人の諸子百家が賓客として身を寄せていたが、本書は結集した諸子のさまざまの思想を網羅して淮南王が編纂し、天下の諸思想をすべて容認しつつそれらの統一を実現せよと武帝に迫ったものである。内容は諸子百家をすべて含むので雑家的であるが、これらを統一する中心に道家思想を体得した帝王の座ることが予定されており、濃厚な道家的な色彩をおびている。その要略篇は、まず本書の目的が読者に帝王の道を伝える（武帝に天下の統治方法を教える）ことにあると明言する。次に太公の謀（はかりごと）から商鞅（しょうおう）の法にいたる合計八つの諸思想を取り上げ、そのいずれもが特定の時代、特定の状況に条件づけられて、具体的な内容をもって発生せざるをえなかった必然性を分析する。したがって、万物の存在形式である特定の時間・空間に条件づけられた八つの思想の間に価値上の優劣はなく、いずれも同等の相対的価値を有するもので、これらすべてが容認される諸思想の統一のなかで絶対的価値を有する思想へと止揚されていくべき契機であるという。最後に結論では、本書は絶対的価値を有する、なぜなら道家思想の核心と儒家・墨家の作風とをはじめとする八つの思想を集めて、それらをよく統一しているからだと主張する。そして、統一の中心に据えた原理は、『老子』に由来する道家の道であった。

『史記』太史公自序の太史公とは司馬遷の父、談である。彼は熱心な道家の信奉者であり、「六家の要旨」は彼が武帝期に書いた文章である。そこでは、陰陽・儒者・墨者・名家・法家・道家の六つの学派を取り上げ、順次それぞれの特徴と短所・長所を指摘する。しかし道家については短所の指摘はいっさいなく、道家がどの諸子百家にも勝る優越性を力説するが、それは道家が単独で諸学の統一をなし遂げているからだと理由づける。これとは別に諸学統一の原理を提起するが、それは意外にも道家の「道」ではなく『易大伝』の「天下の諸思想は究極は一つであるが思索は多様であり、帰着点は同じであるが道筋は異なる」というテーゼであった。このように、統一の原理に道家の道に代わって『易伝』があてられたことは、しばらくのち『漢書』芸文志（げいもんし）に受けつがれていく重大な変化の前兆であった。

儒教国教化

以上の道家サイドの活発な諸学統一の構想は、同じ問題でたち後れていた儒家に多大の衝撃と焦燥をもたらした。こうした状況を打開するために、儒家も自らの構想を試みざるをえなかったのであり、前漢の思想史上・政治史上、最大の問題である儒教（儒家の教え）の国教化は、そのような試みの現われと捉えることができる。

儒教の国教化は、前漢の全期間を通じて儒教を重視する営みが積みかさねられた結果、諸段階をへて前漢末期（前一世紀）までに達成されたものである。ただしこの問題に対する見解は、従来より中国哲学畑と東洋史畑で大きく異なる。前者では『漢書』董仲舒伝・武帝紀を根拠にして、武帝期の前一四〇年、董仲舒が賢良対策を上って百家抑黜・儒家一尊による諸思想の統一を提案し、武帝がそれを嘉納したことによって儒教国教化が実現したとするのが定説であった。一方、後者ではその『漢書』董仲舒伝などに対する文献批判を進めたうえで、これを儒教の思想内容の問題としてよりもむしろ前漢・後漢の国家と社会における儒教の役割の問題として解明し、その結果、儒教国教化の実現は前漢末期以降であると唱えている。本書では、これは董仲舒と武帝が短期間のうちに行なったことではなく、前漢全期にわたる儒教重視の積みかさねの結果、最後に到達したものと考えたい。

〔秦代～漢初の儒教〕　秦は戦国時代のはじめから富国強兵を図り、統治方針として信賞必罰による法治主義をとってきた。それゆえとくに始皇帝期には、儒家をはじめとする諸子百家は隠忍自重せざるをえなかった。始皇帝は天下統一の直後の前二一九年、そのことを天地に報告する封禅の礼を泰山で行なった。そのとき、封禅のやりかたを議論する会議に斉魯の儒生・博士を参加させたが、役立たずとして退けている。また前二一三年、咸陽宮に博士を招いての酒宴で、儒家の博士が封建制に復るべきことを進言したが、これに反駁した法家の丞相、李斯の主張にもとづいて挟書律（禁書令）が発布される。『詩経』『書経』や諸子百家の書を所蔵することが禁止されて、民間ではただ医薬・卜筮・種樹の書だけが所有を許された。翌二一二年、始皇帝は有名な坑儒を敢行した。

儒家が活動を再開するのは秦末～前漢最初の戦乱の最中においてであり、この時期を代表する儒家は叔孫通である。彼は秦の二世皇帝により博士とされたものの迫害を恐れて逃亡し、前二〇五年以来、劉邦につき従って漢の博士となった。当時、叔孫通のもとに儒生の弟子が百余人いたが、前二〇〇年、長楽宮の完成を祝う朝見儀礼が成功したのち、彼ら全員を推薦して郎官に就けた。はじめて儒教を学ぶ学生が就職して官僚となる道が開かれたのである。また前二〇二年、劉邦が帝位に即くさいの儀礼を定めるとともに、高祖に説いて新しい朝廷儀礼を制定した。そのときの議論のなかで「三王（夏・殷・周の王）はそれぞれ異なる礼をもっていた。礼というものは、それぞれの時世・人情にもとづいて節目・文目をつけるものだ」と述べている。このように叔孫通の思想は、儒教の礼は過去に定められた規範をそのまま守るのではなく、時代の変化にあわせて変えるべきだとするものであった。

漢室の価値観は同じ高祖期の間に大きく転換した。秦を伐ち漢を建てるために天下の支配権を争った前期の「武」から、戦乱が収まったのち、天下を統治した後期の「文」へという転換である。この大転換を図った儒者が叔孫通であり、また文の必要性から儒教は早くもこの時期に復活を開始した。総じて、彼の行なった仕事はまだ不安定であった皇帝権力を、儀礼の制定という側面から強化していくことであった。上に述べた、長楽宮完成を祝う朝見儀礼が成功裡に終わって、「わしは今日はじめて皇帝であることの偉さを知った」と讃嘆した高祖のことばは、叔孫通の狙いがどこにあったかを端的に表わしている。

〔漢初における儒教の整備〕　儒教の復活を受けて漢帝国の安定のために政治思想を整備したのが、文帝期に活躍した賈誼・韓嬰などである。漢の建国にさいしては秦が孤立して崩壊した失敗にかんがみて、同姓・功臣に土地を与えて王・侯の二等の爵を立て、帝室の藩屏とした。その結果、藩国が強大化して中央と肩を並べるありさまになったが、しかし高祖・恵帝はまだ創業したばかりで、やがて呂氏一族の難も発生したので、藩国の諸侯を頼りにするほかなかった。その後、文帝は賈誼の分国策、景帝は晁錯（ちょうそ）の削藩策、武帝は主父偃の推恩の令のように、諸侯王を抑制するための政策を次々に打ちだすが、当時の儒教にとって漢独自の中央集権体制を築きあげることが主な課題であった。

賈誼は分国策に関して、前一七三年、天下の平治を望むならば諸侯を多く建てて、それぞれの力を弱めるのが最上だとする治安策を上疏し、文帝はこれを実行した。次の法家、晁錯の削藩策はこれを継承したものであるが、しかし賈誼はあくまでも儒家であり分国策も礼義の実現と捉えていた。だから、統治のために徳治と法治の併用を主張はしたが、自ずから優先順位はあったのである。また、彼は漢初の階級秩序の混乱を終わらせ礼義を実現するために、君主—群臣—庶民の間に差別を設けて階級制度を整えることも提案している。

当時の儒教は、こうした政治思想や礼制だけでなくその背景をなす哲学・道徳思想においても新たに整備と深化を図った。ここでは『易』と『孝経』について述べよう。

まず、『易』は古くから民間に存在した占いであり、結婚・病気・旅行・祭祀などといった人々の日常生活上の吉凶を占うものであった。それゆえ戦国末までの『易』は簡単な『六十四卦（か）』であって、のちの『易経』が儒教の高度な哲学・道徳思想・政治思想を含むのとは異なっていた。しかし、戦国末になると状況は一変する。儒家が必要性に迫られて『易』を読み、その注釈『易伝』を著わすようになったのである。その必要性の一つは、秦が挟書律を発布して『詩経』『書経』などの所蔵を禁止したという強権政治への対応である。民間で所有することが許された書に卜（ぼく）筮（ぜい）が含まれていたので、儒家は『易』を自らの経典に採用し、これを隠れ蓑にして思想活動をつづけた。

今日われわれが利用できる最古の『易』には新出土資料があり、これらを通じて『易』の儒教化の過程が明らかになった。例えば、『六十四卦』は最も早く戦国末までに成立していたが、それに対して象（しょう）伝・彖（たん）伝などの『易伝』は漢初～成帝期に徐々に成立していったことなどが判明したのだ。当時の儒家は、『易伝』の著述を通して『易』の世俗化を推進し、また道家から取り入れた「道―万物」の道器論や、陰陽の合一による万物生成の哲学を深化させ、さらに『易』の象数化（卦辞・爻辞をそれらの象位に関係づけて解釈する方法）を拡大させていった。こうした儒家の研鑽の結果、『易』の儒教化はついに成功を収めた。そのなかに儒教の高度な哲学・道徳思想・政治思想が盛りこまれたために、やがて『易経』が儒教の経典と認められるようになったのである。

次に、『孝経』は戦国末に成立したが、実際に影響力を発揮するのは漢初からである。「孝」は孔子や孟子が儒教道徳の基礎として以来、儒家は一貫してこれを重視してきた。ところで、子が父に服従する「孝」は、臣が君に服従する「忠」と対立・衝突する場合がある。父子関係と君臣関係の対立、家と国の対立である。周代以来の血族制度であった宗法制が崩壊して、それに代わって君主権の強化にもとづく国家秩序が形成されつつあった春秋末〜戦国には、こうした対立は頻繁に現われた。孔子・孟子もこれに注意を払い、君臣関係よりも父子関係を、国よりも家を第一義と考えていた。その後、家族の利益を抑えつつ国家の中央集権強化を図った戦国末から漢初には、これはさらに鋭いかたちをとって現われた。当時、孝よりも忠を、父子関係よりも君臣関係を第一義と考えたのが儒家の荀子であり、これを徹底させて孝・父子関係を否定したのが法家の韓非である。『孝経』は表面上は孔子・孟子の旧に復って孝・父子関係を第一義としながら、そのなかから忠・君臣関係と対立する要素を取り除き、中央集権強化が進行中の現実に応えようとした書である。こうして『孝経』の孝は、あらゆる道徳の根本の位置に置かれ、天下を服従させるという濃厚な政治性をおびて天子の天下統治の一元性を強化することとなった。

前漢・後漢の帝室は孝を重んじた。前漢の恵帝（孝恵皇帝）の崩御から歴代の皇帝の諡（おくりな）に孝の文字を冠せる伝統ができ、孝悌（こうてい）によって民衆を教化しようと皇帝自身の『孝経』の学習が重視されるようになった（前漢では昭帝・宣帝・元帝）のも、その現われである。また王莽の改革では地方の学校に孝経師が設置された。こうして孝の道徳と

『孝経』の重視が進むのと平行して、『孝経』からの引用とそれを政策の典拠とすることが増大していった。これは武帝期に始まり、以後、昭帝期～王莽期の百数十年間そのまま持続した。

〔儒教国教化と董仲舒〕　儒教の国教化、すなわち国家が儒教を唯一の正統と認めその他を包摂・抑制するかたちで思想統一を行なうことは、以上の地ならしのうえに前漢全期を通じた儒教重視の積みかさねの結果、達成されたものである。だいたいのところ、以下の三段階をへて行なわれた。

萌芽段階：文帝期～武帝期（前一八〇―前八七年）には、賢良・方正・孝廉などを主とする官吏登用制度が創設され、儒教経典を専門的に研究する経学と博士制度が確立し、同じく博士弟子制度が創設されて、武帝即位の初年には儒家官僚の登用と活躍が見られた。

発展段階：昭帝期～元帝期（前八七―前三三年）には、塩鉄会議・石渠閣会議に儒家が参加・発言し、皇帝自身も儒教を重視したために、儒家官僚が政界に進出した。また郡国廟の廃止をはじめとする礼制の改革が行なわれた。

完成段階：成帝期～王莽期（前三三―後二三年）には、劉向・劉歆による六経を中心とした書籍整理が行なわれるとともに、儒教は讖緯説を取り入れて変貌していった。また儒家官僚が徐々に増加し、儒教的な宗廟制・郊祀制が確立された。王莽期には『周礼』をモデルとする官制・田制の諸改革が行なわれた。

さて、儒教国教化のメルクマールとしては、(1)体制儒教としての思想内容の整備、(2)国家の制度としての「儒教一尊」体制の確立、(3)儒教の中央・地方の官僚層への浸透、があげられる。(1)については上に述べたので、以下には(2)と(3)に関連して、萌芽期における官吏登用制度の創設と儒家官僚の登用について述べよう。

前漢の官吏登用制度は文帝が創設したものらしい。武帝は前一四〇年、方正・賢良・文学の士を招いたが、そのなかに儒家の趙綰と王臧がいた。二人は御史大夫と郎中令となり、さまざまの儒教化政策を計画したけれども、これは短期間のうちに頓挫してしまう。武帝はまた前一三四年の選挙で『春秋』を学んだ儒者、公孫弘を登用したが、彼は儒者で丞相となった歴史上最初の博士である。さらに前一〇六年、はじめて刺史（地方を監察する官）を設置して十三州に配属させたとき、州郡に令して吏民の茂材（才能のすぐれた人物）・異等（傑出した能力の持ち主）を挙げさせた。以上の官吏登用制度は儒家官僚の登竜門という役割をもおびていた。武帝期初年に登用された儒家官僚としては、以上のほかに趙綰と王臧に儒教化政策を実施させようとした丞相の田蚡、晩年になって『易』『春秋』を学んだ主父偃、そして董仲舒がいる。このころから「竇太后が崩御して武安侯の田蚡が丞相になると、黄老・法家など諸子百家の思想を退け文学・儒者数百人を引き上げた。…こうして天下の学士はこぞってこの風潮に従った」（『史記』儒林列伝）という儒教勃興の時代を迎えるが、それには田蚡や公孫弘の政治力があずかっていた。

董仲舒は景帝期の博士である。前一四〇年、賢良の科で武帝の下問に答えて、江都相の職を得た。『漢書』董仲舒伝に掲載された対策は、このとき上った文章も含まれるかもしれないが、しかしその儒教国教化に関する部分は、董仲舒学派の書き綴った文章を集成した『董仲舒』百二十三篇（逸書）から、『漢書』の著者、班固が適宜拾いだしたものと考えられる。董仲舒が登用されたのは、たしかに儒教国教化の流れに棹さすことではあるが、そのなかで彼が重要な役割を演じたとまではいえない。『漢書』董仲舒伝は、その末尾に彼の業績を総括して、武帝の下問に答えて、「(a)孔子を顕彰し諸子百家を退け、(b)また学校の官を立て、(c)州郡に茂材・孝廉の士を推薦させたなどのことは、みな董仲舒の発議による」と讃美している。しかしこれらのうち、(a)諸子百家の一部を退けたのは衛綰の奏請であり、田蚡の施策である。(b)学校の官を立てたのは、武帝が博士弟子制度の創設を検討せよと詔を下したさい、公孫弘が上言したのが長安中央のそれにあたり（前一二四年）、地方では景帝期の末年、蜀における文翁の教化活動のなかで学校の官が立てられている。(c)州郡に人材を推薦させたのは、はじめて刺史を置いて十三州に配属させたとき、武帝が詔を下したことに始まる。これらがいずれも董仲舒の功績でないことは明らかである。

〔董仲舒の諸学統一の構想〕　董仲舒学派には二種類の諸学統一の構想があり、『漢書』董仲舒伝の対策のなかに見える。第一に、武帝は諸子百家の思想のうち、真の帝王の道はどれであるかを下問した。――①舜の道家的無為と周の文王の儒家的努力、②旌旗（せいき）を飾らない墨家的倹約と周室の儒家的礼楽、③人間の本性を彫琢しない道家的素朴と彫琢して有徳に進ませる儒家的学問、④殷の五刑を用いた法家的刑罰と周王のそれを用いない儒家的教化、これらはそれぞれどちらが正しいのか、と。これに対して董仲舒は、儒家を中心に据えつつ道家・墨家・法家を下位に位置づけたうえで、これらすべてを包摂すべきだと回答した。この構想はさきに掲げたCタイプであり、道家の手になる漢初のBタイプに対抗して、統一の中心原理に儒教をあてるなどの修正を施してなったものである。のちの『漢書』芸文志の構想の先駆でもあった。第二に、武帝は夏・殷・周の三王の相異なる教えではなく、永遠に不変の道とはどういうものかと下問した。これに対しては、天の道こそが永遠・不変であり、それを受けついだ三聖（堯・舜・禹）の道は三王の道に保存されていると回答した。そのうえで、それは『春秋』の天下統一を重んずる孔子の道に集約されていると前置きして、「六芸（りくげい）の科目や孔子の道に入らない種々の学問は、すべてその道を断ち切って進出させないようにします。そうすれば、邪悪な説は消滅するでありましょう」と提唱している。漢帝国における政治的統一を確保するために儒教を唯一の正統と定め、それ以外をすべて邪説と見なして根絶すべきだというのだ。この儒教一尊の構想は第一の構想とは異質のAタイプであり、戦国諸子の排他的な諸子百家批判にもどった感がある。

第二の構想は、諸学統一の側面から皇帝権力の強化を進める思想でもあったが、しかし前漢の歴代皇帝は最後までこれを公認しなかった。そのうえ、武帝の人材登用の実際は多数の法家官僚、また道家・法家・縦横（しょうおう）家・辞賦（じふ）家などの非儒家を登用している。それゆえ、これは董仲舒学派が内部で抱いていた私的な構想でしかなかったと考えられる。

歴史的事実としての儒教国教化は、『漢書』の董仲舒讃美とは無関係に、儒教重視の積みかさねのなかで達成されていったのである。それにひきかえ第一の構想は、漢初の道家の構想と前漢末以降の儒家の構想の中間にあって、両者を橋渡しする役割を演じている。これが後者に接近していることは疑いないが、しかし前者・後者がともに自学派以外の諸子百家をすべて包摂して生かそうとしているのと共通点をもっている。

こうして動きはじめた儒教国教化はやがて完成段階を迎えた。そして前漢の発展段階から後漢末までの間、儒教が他の諸子と思想界のヘゲモニーを争いあうことは二度となくなる。代わって現われるのは、今文学と古文学の対立など儒教内部の争いだけとなったのである。

博士制度と諸学統一

さきに、儒教国教化のメルクマールの(2)として「儒教一尊」体制の確立をあげたが、前漢の後期にいたって確立した五経博士の制度、また末期以後における書籍の整理と諸学の統一なども、その重要な要素である。前漢の儒家の行なう学問は、『易』『書』『詩』『礼』『楽』『春秋』の六経（実際は『楽』を除いて五経）をテクストとする経学（けいがく）がしだいに中心を占めるようになり、同時に五経の一つ一つを専門的に学ぶ博士の制度も徐々に確立していった。そのなかで、六経を中心とする多くの書籍の整理とそれらを修める諸学の統一が、新たな課題として登場してきた。

〔博士制度の確立〕　博士という官は古今の事情に通じた者が、弟子の教育を行ないつつ国に疑事があれば問いを受けて答える役職として、戦国の各国に設置されていた。秦にも博士制度があり、始皇帝期には朝廷の政策決定の表舞台に博士がしばしば登場した。彼らの学派は儒家・法家・神仙家・占夢家など多様であり、必ずしも儒家・法家が中心ではなかった。

前漢に入ると上述の叔孫通を除いて、文帝期には公孫臣・賈誼・晁錯（尚書）・申培（魯詩）・韓嬰（韓詩）などが博士となった。このころから儒家が博士を独占しはじめ、また一経専門の博士が目立つようになる。景帝期には轅固生（斉詩）・董仲舒（春秋公羊伝）・胡毋生（春秋公羊伝）が博士となり、儒家の一経の専門家だけとなる。その背景には、前後して儒教経典を専門的に学ぶ経学が確立したことがある。ただし、文帝期・景帝期には彼らはあまり重用されなかった。武帝期・昭帝期になると、詩・尚書・春秋にそれぞれ博士が置かれたが、しかし易博士と礼博士はいない。この点から推測すれば、前一三六年に「五経博士を置いた」とする『漢書』武帝紀の記事は、歴史的事実として疑わしい。五経博士は次の宣帝期になし崩し的に置かれるにいたったようである。はじめて五経すべてに博士がそなわるのは宣帝期であり、詩博士七人、尚書博士五人、春秋博士四人、易博士二人、礼博士一人が置かれた。こうした五経博士の充足をふまえて、宣帝は前五一年、「五経の異同を議論させる」ために石渠閣会議を招集し、これ以後は五経博士の制度がほぼ一貫して維持された。その後、梁の武帝は五〇五年に「五経博士各々一人を置く」と詔したが、ここにはじめて一経につき博士一人を置く制度が打ち立てられた。

〔書籍の整理と諸学の統一〕　紙という書写手段が普及するのは六朝からであり、それ以前の先秦から後漢の間、書籍は竹簡・木簡や帛に記されていた。亀甲や金石にくらべて簡便なこれらのメディアは、いつごろ発明されたものか不明であるが、諸子百家は活動が活発化した戦国後期から自らの思想を伝える手段として簡・帛の重要性を意識するようになる。とくに墨家はこの新たに導入されたメディアを積極的に活用し、また他学派もこれにならった。

近年、中国各地から戦国から漢代の簡・帛に書かれた資料が大量に出土している（『周易』『老子』等々）。これらを通して明らかになったことは、当時のテクストはみな編纂者の手のうちで形成される途上にあり、完成に達して確乎不動となったものは少ないという事実である。テクストの流動的なこうした状況はそのまま前漢末までつづいた。それらを通行本の形態に整えてすべての定本を作ったのは、劉向・劉歆の父子でありその意義は大きい。

漢初以来、書籍が欠落・散佚していたので、漢室は武帝期になってその収集を始めた。その後、成帝期の前二六年、劉向などに命じて各種の書籍を整理させた。その事業は、各種の異本の収集、本文の脱誤の訂正、本文の重複の削除、篇目の整理と決定、書名の決定、定本の作成などからなるが、以上をまとめたものがその書の叙録であり、各書の叙録を集めて一書としたものが『別録』である。劉向は一書の校訂が終わるごとにその書の解題をつくり叙録にまとめて上奏した。彼が卒すると（前八年）、この事業は子の劉歆に引きつがれた。劉歆は『別録』に従い、書籍を種類ごとに分別して目録を仕上げた。それが『七略』（輯略・六芸略・諸子略・詩賦略・兵書略・術数略・方技略の七部からなる）であり、その内容は『漢書』芸文志に受けつがれている。

魏晋になると、この『七略』の分類に代わって新たに四部の分類がいくつか現われ、最後に唐の魏徴『隋書』経籍志が作られた。『隋書』経籍志はいっさいの書籍を経部・史部・子部・集部に分類した目録であって、ここに中国の伝統的な書籍分類法が確定したのである。その分類と書籍は六朝の学問の全体を反映しているが、『漢書』芸文志と比較すると、次のような特徴を認めることができる。――経部が儒教国教化のあとを受けて多くの注釈が書かれ前進したこと、史部が六芸略の春秋類から独立して圧倒的に増加したこと、子部では儒・道・雑の三家は後漢以後も新たな書籍が現われたこと、陰陽家が消滅し法・名・墨・縦横・農の五家も沈滞したこと、兵・天文・暦数・五行・医方の五家の技術系が躍進したこと、集部では詩文の隆盛にともなって数量が非常に増加したこと、付録された道経・仏経は魏晋に新たに生まれた道教・仏教の書籍であること、など。

さて、『漢書』芸文志はまた儒教国教化がなったのちに登場した、儒家による諸学統一の構想の総仕上げでもあった。これはさきのCタイプであり、同じ立場に立つ董仲舒の第一の構想をふまえて、それを大規模に受けつごうとしたものである。その構想は、『易』の「天下の諸思想は帰着点は同じであるが道筋は異なり、究極は一つであるが思索は多様である」というテーゼを原理に掲げて、諸子百家をすべて容認しつつ儒家中心に諸学統一を提唱している。統一の原理に『史記』「六家の要旨」を踏襲して『易』をあてたのは、この時代になって『易経』が六経の首座にのしあがったためである。しかもこの諸子百家の統一は最終目標ではなく、さらにその上に最終目標があった。統一された諸子百家は六経の補助となることが期待されていたのだ。その六経に関しても、六芸略の総序は『易』を中心に据えて大きく統一されるべきだと主張する。戦国から漢代に現われた諸学統一の構想は、こうして『漢書』芸文志において一つの極点に達したのである。

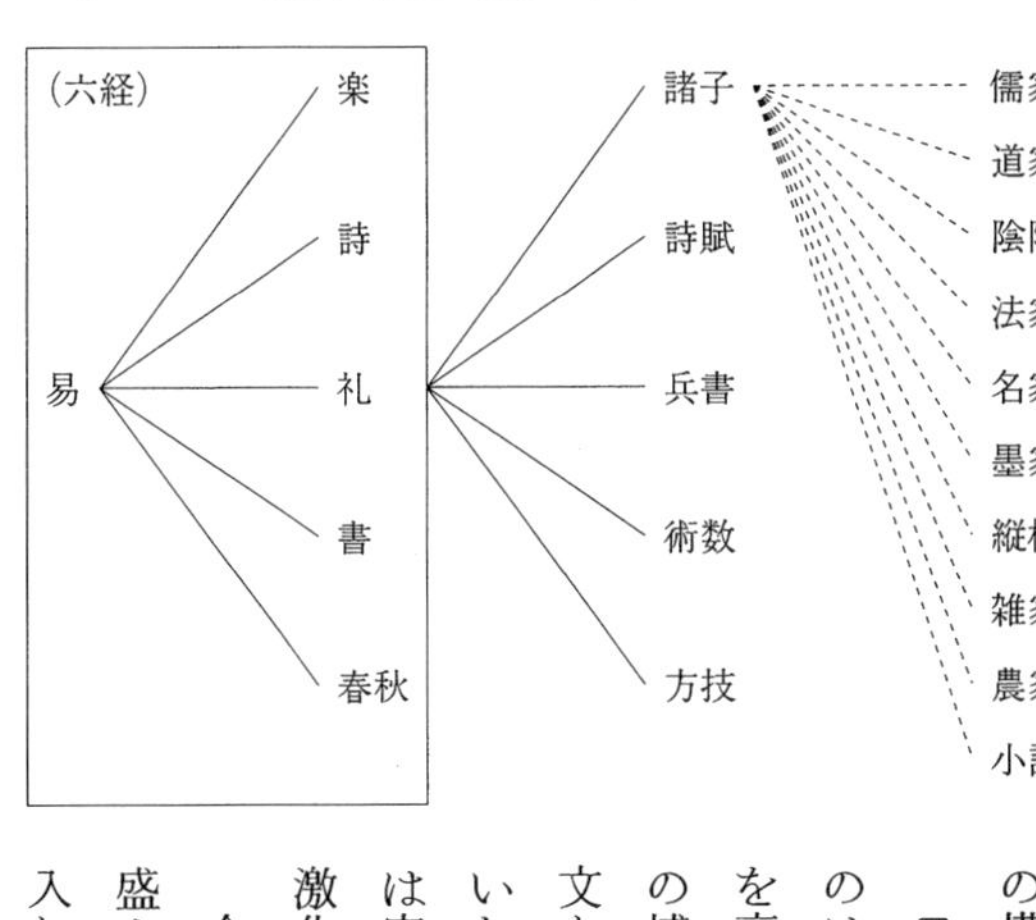

〔今文経学と古文経学〕　以上の儒家の五経のテクストが、経典として確立するのは戦国最末から漢初である。儒教国教化の動きのなかでこれらは徐々に権威を高めていき、こうして当時の学問はすべて経学となっていった。前漢末までの博士はすべて今文（きんぶん）学派である。今文とは漢代通行の字体で書かれた書物、古文とは秦以前の古い字体で書かれた書物を指す。経書に用いる字体が異なっていたのでこうした名称が生まれたが、前漢末に古文学派が登場して以来、相異は字体だけでなく経書の種類・文章・解釈・思想にまで及んで、両派の対立は激化していった。

今文学派は、法治を含む現実政治に関心をもち礼楽制度にもくわしく、当時盛んになった天人相関説を唱えて、のちには讖緯（しんい）説の呪術的神秘思想をも取り入れた。学風は、易家なら『易経』だけ書家なら『尚書』だけを研究する一経専門で、弟子には師の伝授する一家の解釈を厳格に守ることを要求した。経書の文章を句切り章段を分けて、その読み方を正し意味を捉える「章句の学」を特徴とする。代表者は今文『春秋公羊伝』を修めた董仲舒である。一方、古文学派は、前漢末から王莽（おうもう）の新に世に出る学問で、劉歆が古文『春秋左氏伝』を発見したところから盛んになった。学風は、皇帝権力の一元化を強調するなど現実政治にも関心を示すが、経書にこめられた聖人の道を正確に捉え、経書の一字一句を丹念に解釈する「訓詁の学」を標榜し、今文学派が専門の一経にこだわって自説を固持するのを批判して、経書全体を見て立論する諸経兼修の方法を提唱した。

後漢に入って、光武帝も今文学派を博士官に立てた。後漢を通じて古文学の博士の設置は実現しなかったが、古文学派は徐々に力をつけていった。当時の今文学派は、経典にこめられた聖人の「微言大義（微妙な表現に含まれる重大な意味）」を把握するために、それぞれの学問にもとづいて経書の字句を詳細に究明し、異説を立てて厳しい正統争いを引き起こした。こうしたなかで「一経の説は百余万言にいたる」（『漢書』儒林伝）と嘆かれる事態も現われた。このように盛行した今文学は、同時に災異説・讖緯説に色濃く染まっていたので、それらから比較的自由でしかも実証的な学問を修める古文学が、人々の注目を浴びることになるのは当然である。その訓詁の学は唐代までつづいた。

両派の主張は、今文『春秋公羊伝』『礼記』（王制篇）と古文『春秋左氏伝』『周礼』の対立など、五経のすべてについて対立した。その経典解釈の対立を調整するために開かれたのが、白虎観（びゃっこかん）会議である。会議の結果を収めた『白虎通』によれば、今文学説が多く承認されたけれども、しかし諸侯に対する天子の支配権の強化、父子関係よりも君臣関係を重視する政治の一元化などといった問題では古文学説も採用されており、古文学も今文学に準ずるものと認めて両者を統一するというのが会議の狙いであった。その後も両派の対立はつづいたが、後漢中期になると、古文学に立脚したうえで今文学をも兼修する学風が大勢を占めるようになる。なかでも鄭玄（じょうげん）は両者を統一し経学を総合しただけでなく、讖緯説を経学と整合的に捉えることなどを推し進めて、両漢経学の集大成者という評価を受けた。

〔讖緯説の発生と展開〕　讖は未来予言書、緯は緯書である。緯書は経書の権威が確立した後、それを補佐する書物として生まれ、その作者は孔子と信じられていた。讖緯説の基盤をなすものは、自然界に現われる災異を恐れ瑞祥を喜ぶ人々の呪術的・宗教的な心情であり、これは古くからある素朴なものであった。戦国の最末期以降、最も遅れて経典化された『易』はしだいにかたちを整え、前漢の武帝期までに『易伝』のなかに陰陽説を大々的に取り入れるにいたった。ここに『易』は『春秋』とならんで讖緯説を根拠づける経典としてのスタートラインに立ったのである。

前漢において易学の性格が変貌するのは、宣帝期の孟喜、元帝期の京房(けいぼう)からである。このときまでの易学が読解に徹した地味な学問であったのに対して、孟喜のそれは災異説に立脚した『易』の解釈であった。また京房は、焦延寿(しょうえんじゅ)が災異説を取り入れ占候易(せんこうえき)を始めたのを受けてそれを大成し、『易』の災異説化を推し進めた。しかしそれは董仲舒の唱えた古い災異説ではなく、讖緯説の形成に向かう災異説であった。京房が元帝に登用されたのは、未来予言を行なってしばしば的中したからだとされるが、当時の易学はその讖緯説化を通じて皇帝権力に接近して、直接その統治の一端を担おうとしたものらしい。

儒教のなかに讖緯説が大幅に浸透するのは前漢末からである。儒教の讖緯説化は政治の世界にも影響を及ぼし、皇帝が儒教を愛好し讖緯説を利用すること、詔勅に緯書の文言をちりばめること、丞相をはじめとする重臣・公卿に儒家を登用すること、国家の廟制や郊祀制を儒教的方向で改革することなどを通じて、しだいに社会の内部に浸透していった。こうした思潮のなかでこれを批判する思想家も存在した。しかし、批判者の学問がいかにすぐれたものであったとしても、当時彼らは高い評価を受けることができず、儒教の主流はあくまで讖緯説の側にあった。

新たに登場した道教と仏教

後漢は後期以降になって社会が混乱したが、前漢・後漢の国家を唯一の正統思想として担ってきた儒教は、これに対して無力であり、そのうえ、人間の内心の問題に触れることが少なかったために、しだいに価値を低下させ人々の信頼を失っていった。その結果、人々の心は儒教を相対化して他の宗教や思想に支えを求めることになった。やがて道教と仏教が発展するにつれて、儒教を含む三教の間に、華と夷の区別、中国の家族制度と出家の摩擦、君主の権力と個人の信仰の矛盾、国家における三教の優先順位などの諸問題をめぐって幾多の対立と論争が発生した。

〔後漢から隋唐の神仙道と道教〕　戦国時代に発生した神仙説を受けて、前漢末～後漢の間、不死の神仙である黄帝・老子を信仰し自らも仙人になることを願う黄老道が広まった。後漢の後期～東晋になると、こうした集団のなかから太平道・五斗米道（ごとべいどう）などの、教団組織をともなう道教の前身が形成されていった。

太平道は、後漢末の張角に始まる神仙道である。一八四年、張角の呼びかけに応じて、八州三六万人の信者が後漢の打倒、太平の世の実現をめざしていっせいに蜂起した（黄巾（こうきん）の乱）が、反乱の失敗とともに太平道も消滅していった。五斗米道は、後漢の張陵に始まる。孫の張魯（ちょうろ）のとき、三国、蜀の地に五斗米道の宗教王国を築き、教団は三〇年にわたってこれを支配した。しかし後漢末、巴蜀（はしょく）（今の四川省）が曹操（そうそう）の討伐を受けたため教団は崩壊した。

天師道は、南朝の宋代に五斗米道の改革のなかから生まれた宗教で、自ら「道教」と名のった。本格的な道教はここに始まる。彼らは宋朝に恭順の意を表し、宋の歴代皇帝もこれを保護したが、当時、仏教も宋室の保護のもとに隆盛に向かっていた対抗上、天師道は教団組織を整えつつ道教の優位性を強調した。北朝では、北魏の寇謙之（こうけんし）が五斗米道の改革をめざして新天師道を興し、仏教弾圧の導火線となったがまもなく消滅した。北周の武帝期には、儒・仏・

道三教の対立が激化して優劣を競う論争が行なわれた。

南北朝の分裂を統一した隋の文帝は詔を発して、道教の最高神の元始天尊像と仏教の仏像を保護し、国家として道教・仏教を公認した。唐代に入ると、高祖は道教の教祖、老子の李姓と唐室の李姓とを結びつけて、老子を唐室の祖先とする説を採用した。そのため、道教は国家の特別な保護を受ける宗教となり、唐代を通じて道教は仏教の上に位置づけられた。以後、国家における優先順位などをめぐって、道教と仏教の間にしばしば対立と論争が発生した。太宗期の六三六年に両者の優劣を競う論争が行なわれたが、太宗は道教を先、仏教を後とする詔を下した。玄宗は熱心に道教を崇拝し、七二二年、各地に玄元皇帝廟を設置させ崇玄館を開き、『老子』『荘子』『列子』などを学ばせたり自らも『老子注』を著わしたりした。

〔後漢末から隋唐の仏教〕　インドから中国に伝来した仏教を最初に信仰したことが確実な者は、後漢の明帝の弟、楚王英である。楚王は晩年に黄老を好み、仏教の斎戒・祭祀をも行なった。しかし彼が信じたのは仏を神として祀り、不死を求める神仙道と同類視した仏教であった。後漢の後期になって、仏教は桓帝の信奉を得るにいたるが、桓帝が信じたのも神仙道と同類視した仏教であった。このころ、老子化胡説の原型がすでに生まれていた。老子化胡説とは、『史記』老子列伝に老子が周より関を出てどこかへ去ったとある記事を受けて、その後、老子はインドに行って仏になったなどという伝説を述べたものである。当時、多くの中国人は新来の仏教を老子と同類の教えと見ていたが、一方、仏教側も中国に受け入れられるために、中国文化に妥協しそれと融和する必要があった。そこで仏教の起源が中国の老子にあると認めて、道仏同類説を唱えたわけである。その後、教義の正確な理解が少しずつ進み、つづく三国・西晋を通じて仏教は中国人の心に浸透するようになる。

三国の魏に起こった玄学の新思潮は西晋に引きつがれ、老荘思想が盛んになった。一方、阮籍・嵆康などの「竹林の七賢」に代表される清談が起こり、古い儒教の殻を破った脱俗的な文化が出現して、これが思想界の主流を形成していった。西晋では首都、洛陽を中心に仏教が栄えたが、それは玄学・清談を担った知識人にも受け入れられた。

西晋の滅亡後も仏教は隆盛し、士大夫の精神生活に大きな影響を及ぼすようになった。西晋・東晋の一時期、法雅などの僧が行なった格義仏教は、仏教と老荘思想の融和として注目される。当時、仏教の教義を、漢訳仏典に依拠しつつ中国の老荘や『周易』と結合して、わかりやすく解説する方法、つまり「格義」が行なわれた。とくに『般若経』の空の思想を理解するのに老荘の無の哲学を用いることが流行し、中国の知識人のなかに仏教を浸透させることに貢献したが、東晋末、道安の批判を招いて格義仏教は衰えていった。

東晋仏教界の指導者は道安の門下の慧遠である。帝位簒奪を目前にひかえた桓帝が四〇二年、僧が君主に敬礼を行なうべきことを要求したのに対して、慧遠は「沙門不敬王者論（僧は君主に敬礼しなくてもよいとする論）」を著わしてこれに反論し、中国伝統の礼教秩序に対抗しつつ仏教の戒律を確立する道を開いた。このころ、思想界では神滅不滅論（精神は死後も存続するかどうかという論）が重要なテーマとなっていたが、慧遠は沙門不敬王者論の哲学的根拠として「形尽神不滅論（肉体は死んでも精神は滅びないとする論）」を著わして、その後の論争に主導的役割を演じた。こうした仏教の発展は、道教・儒教との間にさまざまの対立と論争を引き起こした。

南北朝時代は政治が不安定ななかで仏教は大きく発展した。北朝では北魏の道武帝が仏教を尊崇して、公認の宗教として布教を許可したために、北朝の仏教は国家宗教としての性格を強めることになった。しかし北魏はまた仏教弾圧でも知られる。太武帝期、新天師道を興した寇謙之が道教を国教の地位に高めようと活動した結果、太武帝は、廃仏の詔を発して沙門を殺戮し仏像・仏典を焼却した。このように仏教は隆盛化にともなって道教との間に対立が生じ、国家の弾圧を受ける場合もあった。一方、南朝では歴代王朝が仏教を手厚く保護した。宋では武帝期に、帝室が仏教を保護し仏教が帝室を支持するという関係が成立する。道教との対立もたびたび発生し、道教側は顧歓『夷夏論』などが夷狄の宗教である仏教は中華にふさわしくないと述べて仏教を排撃し、仏教側もこれに反駁した。また、形・神ともに滅尽して後世に応報はないと唱える儒教に対して、仏教は神不滅論・三世因果応報論を主張して論争を行なった。とくに斉・梁時代に儒者の范縝が鋭利かつ体系的に問題を提起し、仏教の因果応報論を否定する根拠として「神滅論」を著わして肉体とともに精神も亡びると論じたが、仏教側はこれに対して激しい反論を行なった。しかし他方で、東晋の孫綽の三教一致論をはじめとして、融和論がしだいに増えていった。

隋代は文帝が仏教を尊崇する政策をとったが、それは仏教を南北統一国家の精神的支柱と位置づけたためである。そこで仏教は国家興隆のための宗教という色彩を濃くした。唐代には強力な統一国家が建設され、仏教は唐室・貴族の信奉を受けて繁栄した。国力の充実にともない国家意識が強化されるなかで、仏教と国家の関係についての原則が定められた。例えば、沙門不敬王者論については、不拝王者と不拝父母は伝統的な礼教では忠孝に違反する行為である。高宗は詔のなかで、僧が自分の父母を敬わず逆に父母から礼拝を受けることを厳禁し、さらに君主・父母に礼拝すべきことを命じた。しかしこれには仏教側が反対し、最終的には不拝王者と不拝父母の両者がともに問題とされなくなった。唐室は高僧と密接な関係をもったが、同時に仏教の信仰と文化は民衆の間に浸透して、中国人の精神生活に深くかかわるようになった。しかし武宗期には、道教側からの攻撃も加わって仏教弾圧が行なわれた。仏教と道教の対立・論争だけでなく、儒教も加わる入り乱れた三教の対立・論争がしばしば発生した。儒教では韓愈が「原道」「論仏骨表」などを著わして仏教・道教を攻撃したが、以後、三教の対立は下火になり三教一致論が増えていった。

〔魏晋玄学の盛衰〕　玄学とは三国の魏に起こり、南北朝を通じて盛行した革新的な学問をいう。この学問は後漢の後期以降、社会の混乱が深まっていくなかで、人々の儒教あるいは学問の革新の願いを受けて誕生したものである。

当時、三玄と呼ばれる『老子』『荘子』『周易』をテクストとし、道家を中心に儒教をも包摂して、現象の背後にある道・無が万物の根源者であり、これを体得した者が聖人であるとするなどの思弁哲学が起こった。代表者は魏の何晏と王弼である。この新思潮はやがて成長して魏晋時代の思想界の主流となり、「竹林の七賢」の清談に受けつがれた。

玄学のなかには何晏・王弼の貴無論（無を貴ぶ論）と、西晋の裴頠・郭象の崇有論（有を崇ぶ論）があり、後者は前者の弊害に対する批判のなかから生まれた。――西晋の武帝期の宰相、王衍は何晏・王弼の貴無論を尊重して「無為の治」を行なったが、それが社会の風俗を混乱させることを恐れた裴頠は、無の哲学に対抗して有の思想を唱えたのである。彼は、無は存在論的な根源者ではなく「静一」「謙損」の心境を表わすにすぎず、有は無によって生みだされるのではなく自然に生まれる。無為の思想では、有である礼楽・制度を放棄することになると述べて、有の思想を鼓吹した。また郭象は『荘子注』を著わし、自らの思想のなかから存在論における根源者を完全に排除した。彼によれば、有つまり万物・万民は根源者によって存在・変化させられることなく、自然に生まれ自然に変化する。万物・万民はこの現実社会のなかで他者と干渉しあわない独立性を保持しつつ、自己の内面に自然に与えられた本性・本分に安住することを通じて、理想的な自己実現をなしうるなどと説いた。

しかし、玄学は南朝の宋・斉・梁と時代が下るにしたがい、制度化され日常化されることによりしだいに当初の革新性を失っていった。宋代に四学館のなかに玄学館が設立され、同じく総明館のなかに玄学科が設立され、さらに唐代には崇玄学が設立された。このように国家体制のなかに組みこまれることによって、玄学は当初の思想的生命力を失っていった。

〔儒・仏・道の三教一致論〕　魏晋・南北朝以来、儒教はあまりふるわず、人々の心は儒教から離れて道教・老荘思想と仏教に向かっていった。このとき、三教それぞれが他に対してとった態度は、一方では対立であり、他方では融和であった。後者は三教一致論というかたちをとるが、その背景には、仏教には外国生まれの宗教として中国に浸透するために、伝統文化にもとづく儒・道と融和する必要があり、また道教には民衆に根ざした新興宗教として発展するために、儒・仏から教理の深化などを学ぶ必要があった。そして儒教にも、人間と宇宙についての究極の真実を把握しなおして失墜した権威を回復するために、教学セクショナリズムを越える必要があったのである。

魏晋の玄学は儒教と老荘思想の一致論である。『論語釈疑』を著した王弼（おうひつ）は、儒教の道と老荘の無を完全に同一視した。彼はまた、老荘がなお形而下の有にとどまっているがゆえに、かえって形而上の無を説くのに対して、儒教の聖人は無を体得しておりそれが言語表現を超えたものだからこそ、かえって有を語るのだと説いた。この「無―有」の関係づけは、やがて孔子を仏教の叡智の体得者とする主張にスライドされて、儒教側からの儒仏一致論や三教一致論に有力な根拠を提供するようになる、その萌芽として注目に値する。

西晋・東晋に行なわれた格義仏教では、以上の儒道一致論を下敷きにしつつ、老荘思想を媒介にして儒教は仏教とも一致させられた。『論語集注』を著わした東晋の孫綽は、こうした三教一致論の早い時期の代表者である。彼はその著「喩道論（ゆどうろん）」のなかで、仏を老荘の道を体得した者とする。同時に、周公・孔子はすなわち仏であるが、両者の相異は外・末からと内・本からの名づけ方の相異にすぎず、「両者の現象（跡（あと））は胡（こ）と越（えつ）のように隔たるが、しかし現象を現象させる根本原理（跡する所以（ゆえん））には何の相異もない」と説いた。儒教と仏教は、内外・本末の相異を前提にしたうえで根本原理の点で一致させられたのである。儒は儒として、仏は仏としてそれぞれ異なる現象をもってはいるけれども、根本では両者は一致するという、この「跡する所以―跡」の関係づけは、三教一致を推し進めうる根拠として後代まで有効な力を発揮しつづけた。そして、これはかつての道家による諸学統一の根拠、すなわち「道―万物」の関係づけを受けつぐものでもあった。

唐代の儒教は、太宗の勅命を受けて孔穎達や顔師古らが貞観年間に作った五経の解釈書、『五経正義』をもって始まった。しかしこの国定教科書は、魏晋の注釈を多く採用しており、前代の三教一致論に少なからず染まっていた。そこで隋代以来、天台・華厳・法相などの仏教諸宗派がしだいに理論的整備を進めてくると、儒教はもはやこれらに対抗できない状況となった。こうして儒教は『五経正義』から離れたところで、自己革新の努力を積みかさねなければならなかったのであるが、その新しい儒教のありかたを模索した韓愈・柳宗元・劉禹錫・李翺などが、仏教・道教を排撃したのも理由のあることであった。

〔参照した文献〕内山俊彦『中国古代思想史における自然認識』（創文社、一九八七）。池田知久『老荘思想』改訂版（放送大学教育振興会、二〇〇〇）。戸川芳郎『漢代の学術と文化』（研文出版、二〇〇二）。田中利明「白居易―唐代思想研究にいかなる素材を提供するか」（大阪教育大学国語国文学研究室『学大国文』第二七号、一九八四・三）。渡邉義浩『後漢国家の支配と儒教』（雄山閣、一九九五）。本田済「魏晋における封建論」（『東洋思想研究』所収、創文社、一九八七）。渡邉義浩「〝封建〟の復権―西晋における諸王の封建に向けて」（『早稲田大学大学院文学研究科紀要』第五〇輯第四分冊、二〇〇五・二）。福井重雅『漢代儒教の史的研究』（汲古書院、二〇〇五）。小林正美『中国の道教』（創文社、一九九八）。鎌田茂雄『中国仏教史』（岩波書店、一九七八）。

第二章　唐宋の変革

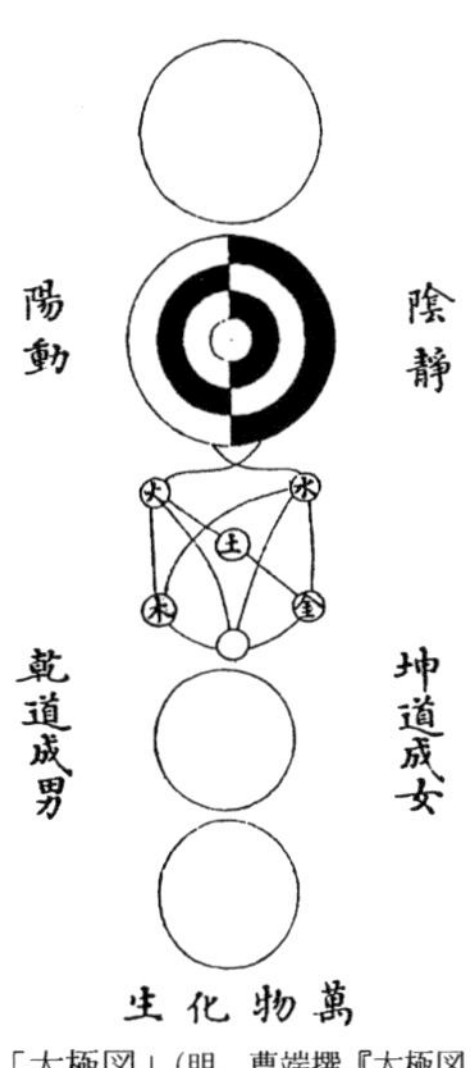

「太極図」(明，曹端撰『太極図説述解』，『欽定四庫全書』所収)

中国の歴史上、唐代（六一八—九〇七年）と宋代（九六〇—一一二六年）との間には文化的・社会的に大きな変質が生じ、ここを境に中世と近世に分かれるという学説がある。学術研究として本格的にこれを提唱したのは内藤虎次郎（湖南）であった。本書も基本的にこの枠組を継承する。

哲学史研究において唐までと宋以降とを区別する見方はそれ以前からあったが、内藤は時代の本質を規定して、唐代までを貴族文化の時代、宋代以降を平民文化の時代とした。この規定は、この説が唱えられた大正年間という時代の風気を反映しているし、ほぼ同じころ、津田左右吉が『文学に現はれたる我が国民思想の研究』でやはり同じ用語を用いて平安時代と江戸時代中期（元禄年間）以降とを区別していることを考えあわせると興味深い（津田は鎌倉・室町時代を武士の時代とするが）。

文化の担い手が唐と宋とで交替するという内藤の発想は、時代区分論のうえではこれを批判する見解（唐までの古代から宋以降の中世へと変わったのだとする見解）でも踏襲されている。どちらの説にせよ、宋代にいわゆる士大夫階層が主人公になったとするのである。

ただ、この「士大夫」ということばは唐以前でも使われるため、宋以降の士大夫が唐までの貴族的士大夫とどう違うのかについて、説明が必要である。本書の枠組からこれに答えるならば、「科挙試験での合格を目標とする者や科挙によって官僚に登用された者たちがもつ、強烈な自信と選良意識が一体感を抱かせて生みだされた文化的階層」ということになろうか。彼らは経済的な意味で利害を共有する特権階級なのではなく、身につけた文化・教養によって連帯する「士大夫」なのである（もちろん、経済的な富裕層と実際にはかなり重なる）。そして、そのことが彼らに指導者としての自覚と責任感をもたせることになった。より正確にいえば、そうあるべきだという思想言説を生みだすことになった。

宋代の士大夫たちはこの時代の新しい学問を擁することによって新しい思想風気を生みだした。それは端的には朱子学の誕生という現象となる。その背景には印刷出版という技術革新があった。一ではまずその経緯を、それ以前の学問の様相と比較するかたちで述べていく。

彼らの新しい学問は、政治制度の変化と連動していた。その象徴的事例として、国家の頂点に位置する王権についての理論が変質する。**二**では、唐までの古い理論の何がどう変わったのかを解説していく。
そして、そのことは、王権を支える「天」の観念の変化に対応していた。それが**三**の主題となる。さらには、天と結びつくものとして「理」が脚光を浴び、朱子学・陽明学などこの時期の儒教を総称して宋明理学と呼ぶように、思想界の中心概念となる。**四**はその展開をあとづける。

近代以降の中国哲学研究では、天なり理なりの概念的考察それ自体を目的とすることが多かった。しかし、当時の思想家たちはこれらの概念を用いて旧来とは異なる政治的・社会的な秩序を構築することを目的としていた。士大夫が自分たちの日常の生活空間を場とする新しい言説を生みだしたことに、唐宋変革の思想的な意義がある。本書ではこの場のことを「郷里空間」と呼び、**五**で彼らが格闘した現実とめざした理想とを分析する。このように、本章ではこの時期に学術面で生じた変化が、現実社会へのどのような働きかけをもたらし、秩序の再建・構築に貢献したかを、多面的・立体的に紹介していく。

一　新しい経学

印刷技術の登場

唐代と宋代の学術思想の質的な違い、精神文化の大きな変化を説明するにあたって、その背景となった技術革新の話題から始めたい。印刷技術の登場である。

ヨーロッパ史では「グーテンベルクなくして宗教改革なし」といわれる。マルティン・ルターのドイツ語訳聖書の普及や、カトリック教会を攻撃する宣伝ビラの効力など、宗教改革の成功は活版印刷技術の誕生あってこそのことだからである。ヨーロッパの歴史は、そして、世界の歴史は、印刷文化の成立によって大きく変わった。しかし、これまでヨーロッパの歴史を標準として世界史を見過ぎていたために、それに先行して印刷技術の普及が社会や文化の様相を変えた地域が存在することを忘れていた。中国である。そもそも、印刷技術自体、中国において発明されたものだった。

思想史上の唐宋変革を支えた技術的基盤は、この印刷出版にあった。印刷の長所は、正確かつ大量に複製品が作れることである。それによって、これまではごく限られた人士のみに許されていた書物の所有が、購入する経済力さえあれば誰にでも可能になった。師弟や教団における秘教的な伝授に代わって、知識は印刷刊行物を通じて公開・公共のものとなった。

それまでは経書(けいしょ)およびその注解は、基本的には暗誦されるべきものだった。科挙試験でも、経文の穴埋めや語句説明のような暗記問題が出題されていた。それによって政治の場で必要が生じたときに、典拠・先例となる事項をそらんじ、それに依拠した立論のできることが、貴族のたしなみであった。これは、詩文の作成が表現の独創性を競うものではなく、すでに存在する作品群から集句して華麗な文辞をつらねる作業であったことに対応している。ところが、印刷技術はこうした知のありかたを変えてしまう。古今の知識は必ずしも頭の中に収めておく必要はない。書架には印刷刊行物が並んでいる。重要なのは、瞬時にして必要な情報を取りだすことである。世界中どこでも見られるこの現象に、最も早く到達したのが中国であった。このありかたは、コンピュータ技術によって製本された書物の意味が喪失しつつある現在、ようやく根本的に変質しつつある。われわれが生きている今現在を考えるためにも、印刷文化が誕生した時期の歴史的意義を考察してみることの意義は大きい。

印刷は当初二種類の異なる用途に用いられた。一つは文化事業としての印刷。これを担当したのは経済力の裏づけがある大組織、すなわち朝廷・地方政府や仏教教団である。仏典の印刷はそれ自体が功徳(くどく)を積む行為とも見なされた。

一方、朝廷では科挙教材の規格を統一するために、十世紀、五代後唐の朝廷で経書の印刷がなされる。この事業の延長線上に、西暦十一世紀初頭のいわゆる十三経注疏の刊行がある。十三経注疏とは、後述する『五経正義』に、『周礼』『儀礼』『春秋公羊伝』『春秋穀梁伝』『論語』『孝経』『爾雅』『孟子』の義疏を加えたものである（この時点では『孟子』は経書でなかったため、じつは十二経の注疏だったと思われる。史料では「九経」を総称として用いている）。

こうした文化事業に対して、営利を目的とする商業出版があった。九世紀には資本が少なくてすむ、暦のような簡便なパンフレット類から始まったらしいが、やがて規模の大きな書物も印刷されるようになる。ただし、紙の原価が高かったので使う量を節約するため、細かい字を行間なしでびっしりと彫りこむことになる。また、文字の精確さは二の次であったため、誤字脱字や錯簡が多い。本自体の値打ちとしてはあまり評価されないのもそのためである。これらはいわば消耗品であったため、文化事業として出版されたものにくらべて現存量が少ない。しかし、以上二種類の書物について、現存する量と当時の流通量とは全然比例しないであろう。むしろ、文化事業としての出版物は、これら商業出版の上澄みとして存在していたと思われる。豪華装幀の全集ものと新聞雑誌のたぐいと、どちらがきちんと保存されるかを考えてみれば了解されよう。

印刷の登場で一気に写本が消滅したわけではないけれども、量的にはしだいに印刷本（刊本）が主流を占めるようになる。以下、本書で登場する文献も、一部特殊なものを除いてそのほとんどが刊本として流布し、今日に伝わったものである。この点で、唐代以前の書籍流通とは大きく様相を異にするし、唐代以前の書物についても、いまわれわれがふつうに使用しているのは（現代の活字本や複製本を含めて）印刷しなおされた本である。写本を使うのは、ごく限られた専門家がそうする必要があって行なう研究においてのみであるということを考えても、印刷技術の登場がもつ画期的な意義が了解されよう。

三教鼎立と『五経正義』

一般に、魏晋南北朝時代および隋唐時代は、儒教が不振であったと見なされている。漢代に西方から伝来した仏教が本格的に中国社会に浸透して教理研究や宣教活動が盛んになったこと、また、道家思想を核にしながら儒教や仏教から思想的養分を吸収した従来の方術や民間信仰が道教教団を形成し、貴族のなかにも多くの信者を獲得していったことによって、儒教の相対的な地位が低下した。儒教自体も漢代のような活力を失い、思想的な主導権を仏教・道教に譲ってしまった観がある。

ただ、だからといって儒教が衰えていたわけでは決してない。貴族たちの生活習慣は儒教の「礼」を規範としており、経学的な知識は彼らにとって必須であった。仏教・道教への傾倒や信仰は、必ずしも儒教的教養と矛盾対立するものではなかった。この三つの教え（三教）は並び立っていたのである。一部では三教を比較してその優劣を競う論文も著わされ、思想史的には貴重であるけれども、社会文化全体としては三教が平和的に共存していた。

漢代の経学を集大成した鄭玄のあと、魏では王粛が出て鄭玄に対抗する体系を打ち立てた。以後、七世紀にいたるまで、この二つの流派が経学の世界を二分する勢力となる。おおまかには、三国時代の魏と北魏・北斉・北周の北朝が鄭玄系、西晋から東晋そして南朝の諸王朝は王粛系、と色分けされる。

『春秋』の分野では、董仲舒に代表されるように、漢代には公羊学が盛んで、何休は『春秋公羊伝解詁』を著わした。ところが、魏晋になるとこれに代わって左氏伝系統が中心になる。その趨勢に棹さし、左氏伝優勢を決定づけるのが、三世紀末に晋の高官として活躍した杜預の『春秋左氏伝注解』であった。公羊伝・左氏伝にくらべて人気の劣る穀梁伝に対しては、親子三代にわたる事業として范寧が『春秋穀梁伝集解』をまとめた。その他の経書については、新しい動きが生じる。漢魏の経学者たちの「注」に対して、その二次的な注釈が作成されるようになったのである。こうした注解を「義疏」と呼ぶ。たとえば、西暦六世紀はじめ、南朝の梁の時代に活躍した皇侃は、鄭玄の『礼記注』や何晏の『論語集解』に義疏を付けた。義疏は「注」についての解説書であり、さらに細かく語釈や解説を施したもの。北朝でも六世紀後半になると熊安生のような義疏学者が登場し、南朝陳の学者たちと相対した。

隋による政治的な南北統一後、唐になると学術上の統合が図られる。七世紀なかばに孔穎達を中心に進められた『五経正義』の編纂の主要な目的も、科挙受験生のために南北の経学解釈を統一することであった。こうして、易・書・詩・礼記・春秋左氏伝という五つの経書についての解釈が国定とされる。

ただ、実際には、易（王弼・韓康伯の注）から春秋（左氏伝に対する杜預の注）にいたるまで、すべて南朝で主流であった系譜を採用しており、政治的には勝者であった北朝が、文化的には南朝の優勢を認めたことを示している。

五経正義のうち、『書経』では、鄭玄の今文尚書への「注」ではなく、前漢の孔安国が古文尚書に対して書いたとされる「伝」を一次注として採用しているが、この「伝」も、それがもとづく「経」本文も、四世紀の梅賾が捏造した贋物であろうといわれている。また、『詩経』では、古文経学の毛萇の「伝」と今文経学風の鄭玄の「箋」とをともに依拠すべき注として採用し、鄭箋は毛伝の説明書であると位置づけているが、内容的に両者は異質のもので見解が相違するところも多く、これにはかなりの無理がある。おそらく、『礼記』で鄭玄の注を採択したこととの関連で『詩経』でも鄭玄を無視するわけにいかなかったのであろうが、そもそも鄭玄によって体系化された経学そのままでなく、易・書・春秋では鄭玄と対立する立場の学者の注を採択していることが、『五経正義』全体の総合性にひずみをもたらした。南朝経学を踏襲しながら、王粛の注をいっさい採用しなかった（そのために王粛の注はこれ以後すべて散佚してしまった）こととあわせて、今後なお検討を要する課題である。

経学の変化

『五経正義』編纂は、漢代以来の経学を集大成する意味をもっていた。その後、宋代にかけて、これを乗り越えるべく、質的に新しい試みが展開する。その様相を各経書ごとに見ていこう。

まず、易（『易経』）から。宋代の新しい学術は、『周易』の新解釈と重視を契機にして生まれたといってもよかろう。その特徴は、数理への注目である。

二進法によって構成される易の卦を数理学的に解釈し、そこから宇宙論や時間論を構築する思想は、漢代にも見られた。劉歆の三統暦と六芸略の構想は、この数理学に由来している。のちに象数易と呼ばれる系統である。一方、占いの文言の意味を説明するかたちで、象伝・彖伝と呼ばれるテクストが付加された。前漢の文帝期以降の作成と思われる。魏の王弼はこうしたテクストの文言を哲学的に読み解く易解釈を確立した。玄学における易理解はこの趨勢に棹さすもので、『五経正義』で王弼の注が採択されたことに示されているように、唐代にかけてはこの系統（義理易）が盛んだった。

ところが、宋代になると象数易が復活する。思想史的に厳密にいえば、数理的な易学の復興によって、従来の義理易と区別する意味で象数易という名のジャンルが形成される。繫辞上伝の文言にもとづき、漢代以来、易の淵源として河図と洛書というものがあるとされてきた。学者によって解釈が微妙に異なるが、多くの場合、河図は伏羲のときに黄河から現われた神馬が背負って、洛書は禹のときに洛水から現われた神亀の甲羅に描かれていたとされる。そして、一般的には一から十までの数を十文字に配置した左図を河図に、一から九までの数を三×三の魔方陣（縦・横・斜め、どこも和が十五になる）に配置した右図を洛書だと見なす。象数易では、この易の起源とされる二つの図をもとにして、天地万物の成り立ちや運行を説明しつくそうとした。王弼の玄学的解釈に対する批判として、ふたたび漢代易学のような宇宙論を復興させる性格をもっていた。

この流派の創始者としては、十世紀に活躍したとされる道士陳摶がいる。しかし、実際には十一世紀はじめの劉牧が理論化を進めたらしい（ただし、彼の河図洛書比定は上記とは逆）。邵雍の『皇極経世書』は、こうした流れに属しながら、彼独自の壮大な時間論を展開して、朱子（朱熹）にも大きな影響を与えた。南宋になると、朱震『漢上易伝』が象数易を継承した。周敦頤の『太極図説』をはじめて明確に易学の系譜に位置づけたのはこの朱震である。

一方で、義理易の立場も健在だった。范仲淹の庇護のもと、十一世紀なかばの太学で活躍した胡瑗は、義理易の立場から修養論を説いた。胡瑗にやや遅れて登場し、南宋なかばまでは政府公認の学術流派の開祖として敬われた王安石の易解釈も義理易ふうだった。彼の注解は現存しないが、その弟子筋のものを検討すると、そうした性格がうかがえる。程伊川（程頤）も胡瑗のもとで義理易を学び、『易伝』を著わしている。そのなかに周敦頤『太極図説』の影響はまったくうかがえない。周程授受という、これまでの中国思想史の常識は、朱子が自分の都合で作りあげた仮構にすぎない。程伊川が周敦頤に学んだのはたしかだが、それは少年時代の家庭教師としてであって、学術的には胡瑗の継承者であり、また、王安石への対抗意識から学説形成を行なっていた。易学の分野においては、王安石と程伊川はむしろ同じ系譜に属している。

朱子は個々の解釈では程伊川の『易伝』を踏襲しつつも、周敦頤や邵雍の思想体系を枠組の一部に取り入れて『周易本義』を著わした。朱子以後も多くの学者が易の注解を著わしているが、大きな枠組変更は生じなかった。明代には、程伊川『易伝』と朱子『周易本義』と

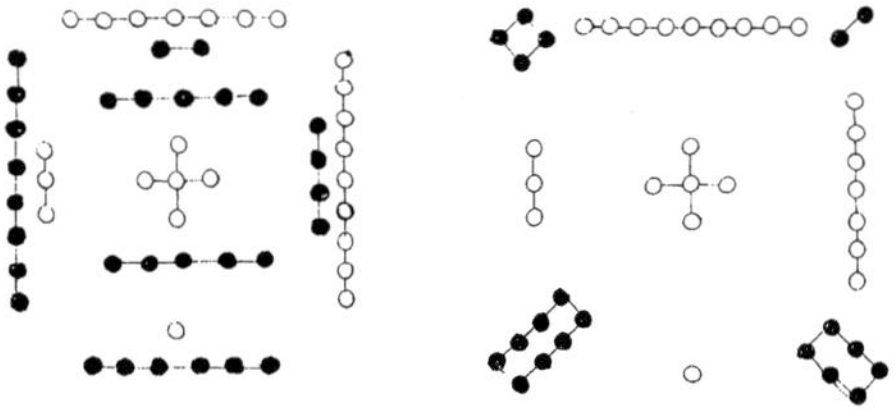

河図（左）・洛書（右）（『周易本義』）

が科挙試験での公定解釈に認定された。十七世紀には黄宗炎が周敦頤『太極図説』は道教思想だとしてその権威を否定し、十八世紀には恵棟（けいとう）が『易漢学』で漢代の象数易を復興し、考証学の立場から宋代易学を批判する。

次に書（『書経』）。『五経正義』で偽古文尚書が採択されたことにより、今文尚書のほうは学術的にほとんど途絶える状況におちいった。宋代以後、偽古文尚書の権威を疑う所説が頻出するが、彼らも今文尚書そのものの復元をなしえず、偽古文尚書中の今文と共通する部分を選びだす程度にすぎなかった。

宋代には『尚書』のなかでも洪範篇が重視された。洪範篇は洪範九疇（きゅうちゅう）という、カテゴリーの訳語として「範疇」を造語する語源となった、九つの分類によって政治の要諦を説いた書物である。殷（いん）の王族だった箕子（きし）が周の武王に語ったことになっているが、現在では五行思想が成立した戦国時代のものと見なされている。九疇とは五行・五事・八政・五紀・皇極・三徳・稽疑（けいぎ）・庶徴・五福六極である。九つということで上述の洛書と一体のものと捉えられ、魔方陣配置による数理的解釈も加えられた。その場合に中央に来るのが皇極で、その意味を「大いなる中」だとする古来の注釈にのっとり、宋代には君主の心構えとして頻出する。この篇だけを独立して注解した文章も多く、なかでも王安石の「洪範伝」は本篇全体にわたって綿密な体系化を図った傑作である。彼の経解がほとんど散逸してしまった今日、王安石の思想をうかがうことができる貴重な文献でもある。

朱子は旧来の説を否定し、皇極を「君主にとっての標準」と解釈する。これにより朱子学では、周敦頤が『易』にもとづいて強調した太極へと、重心が移行する。洪範篇は君主を対象として説かれた文献であり、これが君主を含みつつも士大夫全員の共通課題を提示する朱子学のなかでは中心的地位を占めることはできなかったと考えられる。

つづいて、詩（『詩経』）。鄭玄の訓詁（くんこ）学は、とりわけ詩に登場する器具や動植物の説明において生彩を放っていた。もとは世界のありかたを解釈して、そこに秩序あらしめようという営為であったけれども、それが隘路にはまると、孔子が詩を蒐集した意図とは別のところで学的営為がなされることになる。宋代の詩学はこれへの批判として展開する。

欧陽脩の『詩本義』は、その書名のごとく、訓詁でなく詩の本意を明らかにし、聖人の意図を解説することに努めている。王安石の門下からは陸佃や蔡卞のように詩経に出てくる名辞を解説する学者が出るが、これは王安石『字説』の立場を踏襲して文字を通して政治秩序を確立しようとするもので、鄭玄がめざしていたことと通底する作業であった。

朱子の『詩集伝』は、鄭玄が詩に見える男女の愛情表現を政治的比喩とする見方をしりぞけ、そのまま実情を詠じたものとする。そうすると、儒教道徳上、許しがたい内容の作品が多いことになってしまうが、そうした詩が多いことを反面教材として理想的な礼教秩序構築に資することを孔子は要求しているとする解釈であった。

そして、礼（『礼経』）。唐の玄宗のときには官制法典として『唐六典』が作られ、『周礼』を模範とする国家機構が構想された。その後の藩鎮体制のなかでこれは有名無実化していくが、理念としては儒者たちの頭を支配しつづけ、政治改革のモデルは『周礼』から抽出されつづける。その最たるものが王安石の改革であった。後世、「王安石は自分に都合のよいように『周礼』を利用しただけ」とする批判が強くなるが、そうした批判は、王安石の解釈に反対することで『周礼』の権威を守りたいとする立場の論者たちによってなされており、王安石本人はやはり真剣に彼なりの解釈で『周礼』を典範と仰いでいたのである。ただ、そのことが、批判勢力である道学派のなかでの『周礼』の評判を落とす原因になった。

洪範篇同様、『周礼』も君主のための書物である。そのため、朱子学では四書にくらべてのみならず、『儀礼』にくらべても軽い扱いを受けることになる。朱子は『儀礼経伝通解』において、『儀礼』を中核に据えた礼学体系を主張し、この方針は一部の清朝考証学者にも継承される。官僚組織や社会政策においては、『周礼』が軸でありつづけた。

五経の最後に、『春秋』。春秋学は、八世紀末には三伝そのものを批判的に検討する形式で新たな展開を見せた。十一世紀中葉、欧陽脩の『新五代史』や司馬光の『資治通鑑』は、春秋学を実地に応用した歴史書だった。胡瑗をはじめ、何人もの学者が三伝にではなく経に直接依拠した解釈体系を構想した。その最高峰が、二程（程明道（程顥）・程伊川）に私淑していた胡安国の「伝」である。そこでは公羊伝ふうの大義名分論が唱えられたが、公羊伝の思想とは異なり、中華と夷狄の文化的な弁別が強調された。これは宋という時代の環境による性格だろう。朱子やその門人に専著がなかったこともあって、明代における公定注釈書には、この胡伝が選ばれた。

ただ、『春秋』はその長大さと難解さが嫌われて、科挙試験の選択科目としては人気がなかった。そうした事情を反映してか、すぐれた注解は胡伝以降は生まれていない。春秋学がふたたび経学の中心的地位を回復するのは、十九世紀になって今文公羊学派が勃興してからのことになる。

最後に、孝経と四書。唐の玄宗は儒教の中心的経書として『孝経』に自ら注解した。『孝経』は北宋でも一部の学者によって神聖視されつづけ、とりわけ司馬光は『孝経』の注解を著わしてその国家秩序構想を盛りこんでいる。

しかしながら、すでにそのころ、『孝経』の地位をおびやかす書物が経書として新たに脚光を浴びはじめていた。『大学』である。この書物はもともとは『礼記』の一篇であったが、北宋になると当の司馬光によって独立した注解が著わされているのをはじめ、にわかに注目を集めるようになる。それはその八条目（格物・致知・誠意・正心・修身・斉家・治国・平天下）が修養論と政治論を一貫する教説として重宝がられたからである。王安石系統の法治路線に対抗する人治路線の支持者にとって、この教説は都合のよいものだった。だが、『大学』のテクストは構成上通読しにくかった。程氏兄弟は錯簡があるとしてそれぞれ改訂版を作成し、やがて朱子が独自に配列を改めたテクストを作成する。以後はこれが定番となり、明代にはもっぱらこれが流布していた。もっとも、朱子の改訂が絶対的権威をもっていたわけではなく、宋から明にかけて多くの学者が自己流の改訂版を作成している。

朱子の改訂には配列変更のほかに、二つ特徴があった。一つは、程伊川にならって、最初の「親民」を「新民」の誤字だとし、「民を新たにす」と読んだことである。これは朱子学流の統治者意識を示す重要な文言となった。陽明学はここをもとの「民に親しむ」に戻して、実践面で被治者とともに歩む為政者の姿勢を示すように解釈を変更した。

もう一つは、格物致知の解説文を自ら作成して挿入したことである。朱子の見解では、格物致知についても説明の文章があったはずなのに、現行のテクストにないのは途中で失われてしまったためであった。そこで、自分が意をもって補うと宣言して、百四十四字の文章を作成している。そこでは『大学』の格物と『周易』の窮理とを結びつける作業がなされた。朱子の学術的良心によれば、これこそが孔子の本意だったのであろうが、それが捏造であることは否めない。陽明学では格物を自己内心のこととして正心の同義語と見なし、外物の理を追究しようとする朱子学の修養論を批判する。朱子学と陽明学の基本的相違は、親民と格物の解釈という、この二点に存在していた。

そのことは、朱子学において『大学』が中核的経典であったためであるが、逆にむしろ陽明学側の朱子学批判の文脈で、『大学』の意義が強調されすぎる傾向もある。朱子学において『大学』はたしかに修養論を説く聖典ではあったけれども、それは四書として一括された他の三つの本、『中庸』『論語』『孟子』への導入としての位置づけであり、また、四書はいわば中級者向きで、上級者用教科書である五経学習へのステップにすぎなかった。科挙において四書は必修だが五経は選択必修という制度が、四書偏重の傾向を社会的にもたらし、陽明学における経典軽視の姿勢がそれを増幅したともいえる。明代に経学が衰えたわけではないけれども、宋や清にくらべて注解の水準が低いのは、そうした趨勢による。ただし、元明時代には特有の経学の論理があったと考えられ、これをいわゆる宋学（朱子学）ふうや漢学（考証学）ふうの視点とは別の見方から再評価していく必要があろう。

なお、最後に、『孟子』が単なる諸子百家の書物ではなく、れっきとした経書に認定されたのも宋代であったことを指摘しておこう。その立役者は王安石であった。朱子学の孟子尊重は、王安石とはやや異なる箇所や視線から、孟子という人物を修養の模範に仰ごうとするものであった。唐代までの儒教の別名「周孔（聖人たる周公・孔子）の教え」は、宋代以降「孔孟の道」に代わる。わたしたちが儒教と聞いてイメージする思想体系は、宋代に生まれた新しい経学にもとづくものなのである。

二　君主像の変化

禅譲の消滅と上帝の変質

唐宋変革の王権における現われとして最も分かりやすいのは、王朝交替の方式が変わったことである。すなわち、禅譲（ぜんじょう）の消滅である。

王莽（おうもう）が発明した禅譲は、その後、魏や晋の創設時をはじめとして、唐の滅亡にいたるほぼすべての易姓（えきせい）（姓が易（か）わる）革命で利用された。実質的には有力武将による脅迫や権臣による宮廷クーデターという暴力的な王朝交替が、「天命を受けた有徳者に王位を譲る」という平和的政権委譲を装って演出されたのである。回数を重ねるごとにその方式も精緻になり、唐が禅譲するさいには、大規模な陳情団が「禅譲を受けてください」と唐の都から梁王朱全忠の居所へと旅している。朱全忠はそうした勧進を受けてやむなく即位したことになっているが、それらが芝居であったことはいうまでもない。宋の太祖趙匡胤も軍隊に推戴され、後周からの禅譲によって即位していた。

禅譲は王朝ごとに固有の「徳」の移行をともない、挿図のように漢から宋まで切れ目のない五行の循環がなされていた。それに応じてシンボルカラーも決まっていて、たとえば、漢・隋・宋はいずれも火の色である赤であった。蜀漢最後の年号「炎興」や南宋最初の「建炎」は、衰えかかった火徳の再興を願う意思を表現したものであった。

これに対して、北宋を滅ぼした金、南宋を滅ぼした元、元に代わった明、明のあとの清はいずれも前の王朝から禅譲されたわけではない。「徳」も定まっていない。加えて、王朝名称も元・明・清は美名であって、従来の地名由来のものとは異質である。元は正式には大元と称しており、これは『易』の「大哉乾元」という句にもとづいている。

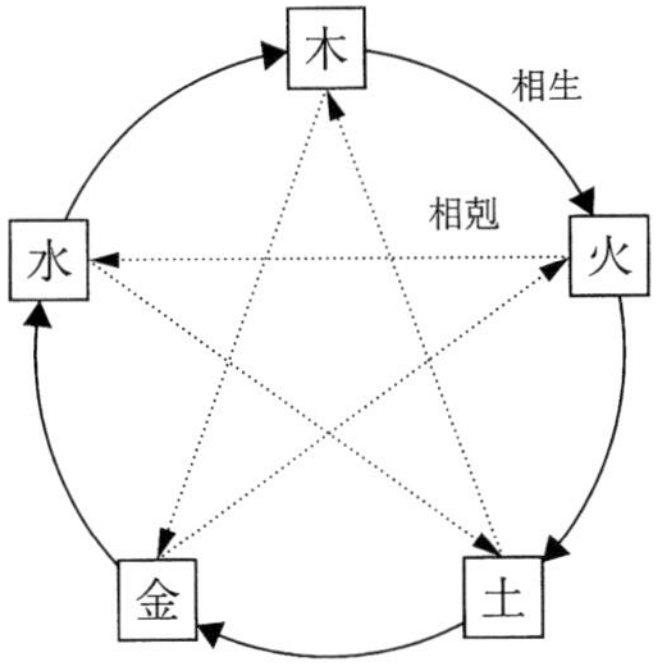

五行の相関

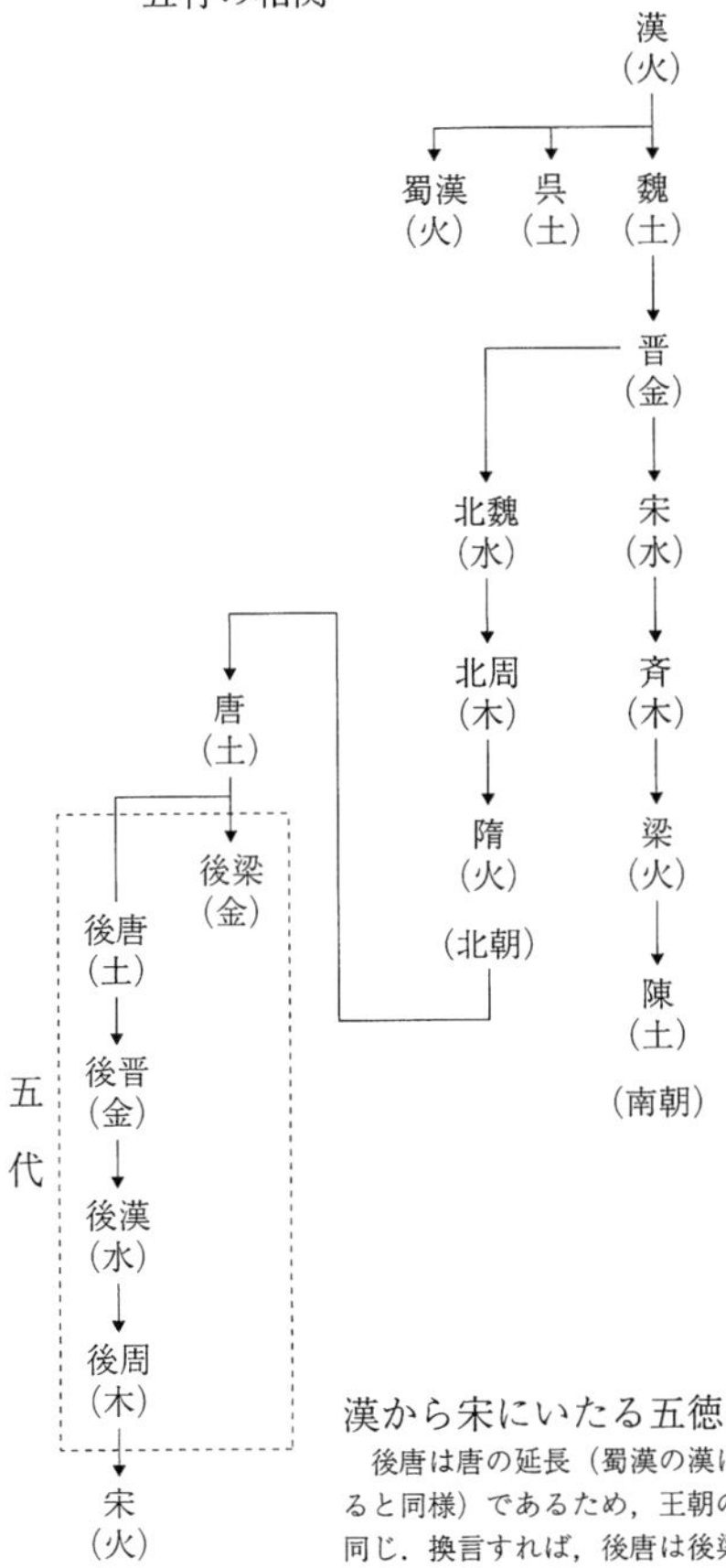

漢から宋にいたる五徳終始

後唐は唐の延長（蜀漢の漢におけると同様）であるため，王朝の徳も同じ．換言すれば，後唐は後梁の正統性を認めないということである．

明の太祖は帝位に即くまでは呉王だったから、宋までのやりかたであればこの王朝は呉と称するはずだった。清も最初は金の子孫としてその名を使っていた。いずれも宋までの命名法から意図的に離脱したことがわかる。塞外民族王朝である元と清の場合にも、先例となりうる遼や西夏が地名を用いていたのとは対照的である。

政治史的には、この変化は塞外民族の力が強くなって漢族王朝と交替するようになり、従来のような宮廷内部の権力闘争とは様相を異にするからだと説明されるのがふつうである。たしかにそうした一面はあるが、逆にいって、では宋や明のような長期の王朝でなぜ禅譲方式の革命が起きなかったのか、明の滅亡が農民反乱軍の李自成によるのはどうしてかということを十分説明できない（ちなみに、李自成の国号は「順」という美名であった。唐末の農民反乱の首領黄巣が出身地にちなんで「斉」の皇帝となり、唐の次の金徳を称したこととの相違は明白である）。

禅譲方式から民族抗争へ。その裏には、表向き平和的な政権交替を達成できる易姓革命理論が力を喪失したという思想史的な事情があった。そう仕向けたのは宋代に生まれた新しい儒学諸派、なかでも朱子学である。つまり、この変化は思想史上の唐宋変革と連動している。

王安石に始まる新法党政権のもとで、郊祀制度の改革が行なわれる。その結果、昊天上帝と皇地祇は別々に祭られることになった。実際にその制度が完成するのは蔡京政権においてであり、徽宗皇帝は三年に一度、冬至には昊天上帝を、夏至には皇地祇を自ら祭った。朱子学の郊祀論はこれを継承する。明の太祖が最初にそう定め（のちに変更）、世宗のときにふたたびこのやりかたに戻されて、そのまま清に引きつがれる。現在も北京にある天壇・地壇は、明の世宗がそのために造営したものである。

宋までの郊祀との根本的な相違は、王朝の「徳」である五行に対応する感生帝を祭らないことであった。朱子学がその虚妄性を指摘し、明の制度からこれを一掃したためである（実際には元のときにすでに廃止されている）。国都陥落後の南宋亡命政権の年号「景炎」は、王朝の「徳」復興の祈りをこめた呪術的年号としては史上最後のものとなった。

では、なぜ感生帝および王朝の「徳」が不要とされるようになったのだろうか。それは昊天上帝と天子（＝皇帝）との関係づけのしかたが変化したからである。従来は各王朝の始祖が天命を受けて「天子臣某」と自称し、五行の順番にちなんだ「徳」によって王位を得ていた。そのため、始祖のさらなる先祖として、五行それぞれの天帝が必要とされた。この王権理論を体系化したのは後漢末に活躍した鄭玄で、彼の主張が魏によって採択されたのである。ところが、宋代の新しい経学によると、天子が天子でいられるのは、単に受命者の子孫だからではなく、自分自身がすぐれた人格者だからである。すなわち、個々の皇帝たちがそれぞれに天の思し召しに適っているのである。この世には「理」がある。天地もその理にしたがった働きや動きをする。あるいは、そもそも天自体が理である。皇帝は理についてきちんと理解したうえで、その理に沿うように天地を祭る。それが冬至と夏至の郊祀だというわけだ。

その意味では、天自体は非人格的な存在だといってもよい。明末にカトリック宣教師が中国にやってきて中国の士大夫と論議した重要なテーマの一つが、天主（God）の主宰性だった。創造主の意思や三位一体を説く宣教師たちの目には、昊天上帝はいわば理神論的に見えたのである。そもそも「理神論」というこの翻訳語自体、「理」という単語の意味するところをうまく伝えている。

三教の上に立つ王権

上でも言及した徽宗は、中国における王権の歴史を考えるうえで大変興味深い人物である。一般には、芸術に溺れて政治を忘れ、権臣を野放しにして社会を疲弊させ、無謀な戦争をしかけて国を滅ぼし、最後は金の捕虜として死んだ暗君と見なされている。結果的にはたしかに彼は失敗した。しかし、それは彼が無為無策の凡庸な君主だったことを意味しない。彼には確たる政治理念があった。政治史ではなく思想史においては、その意図は結果いかんと区別して評価されるべきであろう。

その政治理念をひとことで表現すれば、「三教の上に立つ王権」だった。徽宗は儒教・道教・仏教を一元的にまとめ、それらを統括することで、中国社会を一つの秩序体系に統合しようとしたのである。

もちろん、三教の統制を試みた皇帝は彼以前にも少なくない。なかでも唐の玄宗はいろいろな意味で徽宗と比較しうる存在だろう。最後に王朝を滅ぼしかけたという点まで含めて。玄宗は儒教の『孝経』、道教の『道徳経（＝老子）』、仏教の『金剛般若経』という、当時におけるそれぞれの根本経典（しかもいずれも短篇であるもの）に注釈を著わし、その教義を自分の解釈によって縛った。また、各教団（儒教の場合は貴族社会）への制度的な統制を強化し、王権の相対的地位上昇に成果を収めた。

だが、玄宗と徽宗との大きな相違点は、三教をそれぞれ別個に統制しようとしたか（玄宗）、三教をまとめて統括したか（徽宗）にある。徽宗の場合、三教の質的な差異をなくし、王朝全体の国教的なものを構築しようとしたように見える。たとえば、彼が道教に入信して自称「道君皇帝」と称したのは、真宗のときに国家祭祀として導入された玉皇（儒教経学上の昊天上帝と同一視された）の後継者として儒教・道教の神々を一元的に支配しようとしたためと解釈できるし、彼の仏教抑圧政策と評されている改称措置（仏教を「徳教」に、僧侶を「徳士」に改めさせた）も、仏教を「道教」と対をなす同質のものに改編してしまおうとする試みであった（もっとも、この措置はすぐに撤回される）。さらには、国家儀礼の書物である『政和五礼新儀』に、道教的な諸祭祀も掲載させている。それは玄宗の『開元礼』にはなかったことであった。これも、儒教とそれ以外という区別を取り払って、一元的な祭祀体系を構築しようとする意思の現われと見ることができる。

徽宗の視線の及ぶ範囲は、単に宮廷儀礼にとどまらない。民間で旧来信仰されてきた雑多な神々を序列化し、施設名や称号・爵位を授与して政府の管理下に置いた。その一方で、政治秩序のうえで好ましくないものについては「淫祠」として暴力的に破壊する措置も辞さなかった。ふつう、宋代になると民間で多様な神々が叢生してくるといわれる。だが、おそらくそれは史料上の話にすぎないのであって、以前は朝廷の関心をひかず、自由放任で祀られていたためにその存在や名称すら記録されなかった神々（そもそも、記録されうるきちんとした漢字名称をもっていたかもおぼつかない諸神格）に対して、熱い視線が注がれるようになった結果が、記録の出現という事態になったのではないかと思われる。「淫祠」として記録されるということは、それを「淫祠」として意識したからであり、記録がないから存在しなかったということにはならない。神々の戸籍まで朝廷が管理するのが、徽宗の政策だった。

こうした秩序化への志向は、「数」への崇拝に向かう。中国では古来、音響理論が重視され、ある特定の高さの音を発する楽器の長さ・大きさを基準にして度量衡が定められていた。徽宗はその改定も手がける。その基準として彼が用いたのは自分の手の指の長さだった。一見、とてつもなく非合理的で迷信じみたこの行為も、じつは当時の文脈におけるきわめて合理的な理屈にもとづくものだった。彼が二十四歳のときの指の長さ、しかもそれぞれ君主・官僚・制度を象徴する三本を使い、その長さの合計九寸を音律や度量衡の基準としたのである。

人間の指は関節によって三つの部分から構成される。三×三で九というわけだ。年齢の二十四は宇宙の聖なる数とされた十二（二の自乗×三）の二倍。古代ギリシアのピタゴラス教団や近世初期のネオプラトニズムを思わせる、この聖数的な教説は、中国古来の数理学に根ざして北宋で発展した思考であった。このほか、邵雍は『易』の二進法を、司馬光は五行による五進法を、宇宙の仕組みを解き明かすマジックナンバーとしていた。

南宋になると徽宗たちのこうした考え方はほとんど葬り去られる。かわって登場した朱子学では、「理」による一元的統合を邵雍の数理論・時間論をも取り込みながら進め、王権を支える新たな宇宙論を構築していく。

その後、音律学では十六世紀に朱載堉(しゅさいいく)によって十二平均律が発明される。十四世紀に数量革命によって近代文明への扉を開いたとされるヨーロッパの音楽理論家たちでさえ、十七世紀にいたるまで考えつかなかったアイデアであった。もちろん、それがヨーロッパ流の近代化に貢献したわけではなかったが、中国の思想文化には別様の近代の展開が存在したのである。

専制にして自由な社会

ここで、中国王権の近代化ということについて考えてみたい。十九世紀ヨーロッパで主流となった理論で中国史の流れを見た場合、中国は秦の統一以来、皇帝一人が万民に君臨する専政体制が採られていたことになる。そこには西欧のような議会も社団もない(商業ギルドに相当する組織があることは古くから気づかれ、またその後の実証的歴史研究でもその機能が解明されているが、今は問わない)。しかし、国のすみずみまで皇帝の威令が届いているかというとそうではなく、各人の行動様式や行為規範は官僚機構とはほとんどかかわりなく選択されている。その意味では中国には自由があふれていた。「専制と自由」を二項対立図式で見ようとすると、この矛盾に悩まされることになる。しかし、そもそも東アジアの思想伝統では、専制と自由は二律背反しない。正確には、そうした軸を立てて思考しない。そこで問われたのはつねに「礼」の有無であった。

唐宋変革をへて誕生した朱子学では、各人の本来性を同じものとする。その差異は天理と人欲の割合という数量で説明される。聖人は百パーセント完全に天理のみで人欲はなく、極悪非道の大悪人は天理＝良心のひとかけらもない。

その中間に、天理と人欲の割合を千差万別に違える人々がいる。ただし、人は本来的には天理をそなえるべく生まれており、この点が禽獣との決定的な相違点である。努力すれば誰でも天理の割合を増やせる。極悪非道の大悪人さえも、人である以上は自己の誤りに気づけば人欲を減らし天理を増すことができる。逆に、聖人が天理のみであるといっても、それは何も努力せずにそうなったわけではない。古来の修養法に従って人格陶冶に努めた結果として、聖人になっているのだ。「聖人学んで至るべし」。朱子学ではこれを標語として掲げる。

陽明学になるとさらに直截的である。「満街聖人」、すなわち道行く人はみな聖人だというのだ。陽明学のなかには、今のありのままの姿が天理の現われで、修養などという人為的なさかしらは必要ないと説く流派も生じてくる。三教一致の潮流に乗って、儒教の教説を相対化する考え方も出てくる。とりわけ明末期にそれが顕著で、清の人たちからは「礼教の瓦解」と批判され、近代になってから「人間解放の思想」と賞讃されることになる。

朱子学にしろ陽明学にしろ、「人間はみな同じ」という前提に立っているのが重要である。それは人の生まれつきの平等を説く近代ヨーロッパの思想と通じるところがあり、それゆえ中国における近代的思惟の自生的発展として評価する見解もある。

たしかに、人を生まれつきで差別化していた唐代までの貴族制の人間観とは大きな相違である。その典型が孔子で、彼は「玄聖素王」ではなく「万世師表」すなわち永遠の教師となった。誰もが孔子にならえば人格者になれるというわけである。ただ、そこでは思想信条の多様性という意味での「自由」は認められていない。朱子学者は朱子学の、陽明学者は陽明学の、しかも自分がそう見なしている表象どおりのその教説の、そして、他の三教一致論などを奉じる者たちは彼らなりの、教説の普遍性を信奉する。

ここには、見解の対立は対立として認めたうえで話し合いによる妥協点を模索し、互いに住みよい社会をつくっていこうという志向はない。議会や社団がないのは、必要が意識されてこなかったからである。こうした序列化の頂点に立つのが聖人としての皇帝であった。皇帝のもと、帝国の秩序は一元的に構築されている。議会や社団が皇帝の恣意を掣肘（せいちゅう）するということはない。あらゆる法は、究極的には皇帝の意思として発布・施行される。

その帝国の秩序を大きく逸脱しない範囲で、人々がどのようにふるまおうとそれは当人の「自由」である。ただし、それは自分が聖人から遠く離れた存在、未完成の人格者であることを対人的に表明してしまうという代償のうえに立った「自由」にすぎない。どうふるまっても法的・制度的に不利益をこうむらないという意味での「自由」ではないのだ。たとえば、ある訴訟に巻きこまれた場合に、裁判官（多くの場合、儒教理念を信奉する行政官僚でもある）から人格的に好印象をもたれる人物のほうが、有利な判決を得やすい。「法のもとの平等」はここには存在しない。礼規範にどれだけ適っているかという割合、すなわち天理・人欲座標でどれだけ天理の側に近いかという基準で、すべての人々が序列化される。

陽明学の聖人観が朱子学と異なることを示す例としてしばしば引き合いに出される、次のような王陽明（王守仁）の発言がある。「堯舜（ぎょうしゅん）は一万の重さの黄金、孔子は九千の重さ、凡人は一両。だが、純粋な金という点では互いに遜色はない」と。人々の器量に応じて天理・人欲座標のスケールを変え、誰もが聖人でありうると強調することにこの発言の主眼があるわけだが、器量の大きさの違いはすでに前提されてしまっている。見方を変えれば、堯舜の黄金はやはり巨大なのだ。

中国の皇帝制秩序は礼による統治、すなわち礼治システムだった。だからこそ、西洋流儀の政治学の目からは「専制なのに自由」という一見奇妙なことになるのである。そして、そこには「教師としての王」が君臨していた。

明の太祖は里甲（りこう）制と呼ばれる精密に組み立てられた郷村（きょうそん）秩序を構築し、そこで遵守されるべき道徳的訓戒として

『六論(りくゆ)』を発布した。父母に恭順であれ、諍(いさか)いを起こすな、相互に助けあえ、といった説教を垂れている。ここには、人々の内面的精神生活にまで干渉し、一元的な基準で社会を統率していこうとする彼の方針が如実に示されている。これはきわめて専制的だったとされる彼の体質に適合するが、その「専制的」には「啓蒙」の二文字を冠するのがふさわしかろう。

近年、翻訳によっても紹介が進んでいるドイツ国制史研究の成果によれば、近代ヨーロッパの開始を特徴づける思潮は、かつていわれた「自由と平等」でもなければ、マックス・ウェーバーの「合理化」やノルベルト・エリアスの「文明化」ですらなく、むしろ新ストア主義に見られる「紀律と選抜」だという。君主のなかでは、三〇年戦争の英雄グスタフ＝アドルフ王や、啓蒙絶対君主の代表フリードリヒ大王が、まさにその典型だとされる（エストライヒ『近代国家の覚醒』創文社）。明の太祖・成祖や清の聖祖・世宗には、こうした近代ヨーロッパの王たちに近い心性や行動様式がうかがえる。ヨーロッパの「紀律と選抜」はまずは十七、八世紀における軍隊において行なわれたが、中国では科挙官僚制度がそれにはるかに先行していた。宣教師たちが母国に感動をこめて綴った聖祖の行状記や、全地方官宛に直接指示を下していた世宗の朱批には、「紀律と選抜」の礼治システムを運営する王者の風格がにじみでている。

世宗が「満州人は夷狄(いてき)だ」とする朱子学者呂留良(りょりゅうりょう)の著作に反駁して著わした『大義覚迷録』は、合理化・文明化された社会を統率・運営する王者こそ最も忠実に朱子学の政治学説を実践しうるという論旨が理路整然と語られている。被告（呂留良の門人）がその論理に心服して自らの過ちを認めるという政治的ショーをともなって、この満州族皇帝の「聖人」ぶりが帝国全土に示されることになった。その子高宗の治世、乾隆の六〇年間は、中国史上空前絶後の繁栄を謳歌したとされており、礼治システムが最も有効に機能し、多民族帝国のなかで最大人口と文化伝統を誇る漢族たちをうまく統制できていたことを示している。フランス革命が大陸の反対側で起こり、王が断頭台の露と消えたころ、中国では啓蒙君主の文人皇帝が未曾有の栄華を誇っていたのであった。

宋代以降は君主独裁制なのか

宋以降の政治制度を君主独裁体制と呼ぶ学説がある。唐までの貴族の時代と異なり、政治的決裁をすべて皇帝が取りしきるようになったからである。明清時代には、正式な宰相職すら廃して置かれることがなかった。地方官からの直接の上奏文書を通じて帝国全土の状況を掌握し統治した清の世宗の場合は異例であるにせよ、制度的に死刑判決は必ず皇帝自身が出すとされていたように、皇帝から委任された地方官の権限はそれほど大きなものではなかった。帝国のすみずみに皇帝の目が光るように、一応は制度設計がなされていたのである。

だが、この場合の「独裁」という語には注意が必要である。それは「皇帝一人が決裁する」という意味であって、「皇帝が好き勝手にできる」という意味ではない。死刑判決も含めて、中央・地方のあらゆる政治案件は文書の往復によって処理された。皇帝が地方に収監されている被告を実見するはずもなく、地方官からの報告書と死刑判決の許可願いに目を通して裁可するだけのことである。それも、中央の司法官庁での先例故実調べを答申として受けたうえでのことであった。科挙官僚制度はまさしく官僚制度として機能し、前例の積み重ねのうえに、皇帝個人の恣意が介入する余地をふつうは与えていなかった（その意味では、上で列記した明清の専制君主四人は例外的な事例である）。宋の場合については、「皇帝機関説」という用語で説明しようとする試みもある。

大日本帝国憲法の解釈学説からの比喩的表現がはたして適切であるかどうかは議論の余地があるにせよ、中国の皇帝が同時代のヨーロッパ人が思い描いていたほど強大な権限をもっていなかったことは事実である。何かの指令を発するにしても、その勅命を伝える文書は、科挙を優秀な成績で合格した連中が勤める翰林院（かんりんいん）で起草してもらわなければば発布すらできなかった。上の『六諭』にしたところで、わが『教育勅語』同様、太祖自身が作文した勅語ではない。文書行政である以上、こうした「御祐筆」的な秘書官僚たちが、皇帝の意思と称する通達文書を代作していたのである。皇帝にできる抵抗は、せいぜいが「不可」として官僚側の提案をはねつけるくらいだったろう。明の神宗は寵愛する皇子に封土を与えるために、政府高官たちと何年もの間やりあわなければならなかった。もし皇帝が真の意味での独裁者だったなら、そのような手続きは不要だったはずである。明の皇帝は、議会対策に翻弄されたイングランドやフランスの王たちと、じつは似ていたのかもしれない。

皇帝は天子として天命を受けていた。それは彼が天理の体現者であることを意味していた。しかし、同時にそうであるからこそ、彼は天理を逸脱するような恣意的な統治を行なうことは許されていなかった。易姓革命によって王位を逐(お)われる不安はすでになかったにせよ、この境遇を窮屈に感じる皇帝もいた。明の武宗について伝えられる、宮中の一室にこもって何年間も官僚の謁見を許さなかったという暗愚ぶりは、がんじがらめの君主がなしえたささやかな抵抗だったのかもしれない。

三　政治秩序の源泉

王権の変質

漢代以来、儒教の政治理論は皇帝支配を正当化する論理を用意してきた。それは哲学的には天の至高性にもとづいていたが、儀礼面では郊祀に代表される国家祭祀の体系として視覚化され、君主の権威を荘厳していた。

唐でも宋でも、さらには明や清においても、この基本形に変更はない。その点で、漢代に制定された皇帝支配の体制は清朝倒壊まで存続していた。一九一一年の辛亥（しんがい）革命による共和制樹立が、中国の政治体制に質的な変更をもたらした点で秦の始皇帝による「皇帝」の創設と並び称されるのもそのためである。政体上の変化は、二千年間たしかに生じていない。

しかし、唐と宋との間で「王」のありかたをめぐる政治理論には質的な変化が生じていた。一部これまでの記述と重複するが、もう一度整理しておこう。

⑴王朝交替の様式。漢から宋までは禅譲。以後は軍事的制圧。これにともない、緯書（いしょ）にもとづく五徳終始説は有効性を失い、感生帝祭祀も消滅する。

⑵国号。宋（および遼・金）までは創業者ゆかりの地名。「大元」以下、大明・大清は美称。皇帝として君臨するにあたって地名由来の呼称を避けるかのように、明は呉から、清は金から、それぞれ改称している。

⑶王権理論の中核をなす経書の、『孝経』『周礼』から『周易』『大学』への移行。『孝経』は君民を一貫する倫理道徳の基本として六論・聖論を発布する「教える王」の経典に、『周礼』は官僚システムの原型として回帰すべき規範としての六部制として、それぞれ効果をもつ次元を縮小し、後二者の補助的役割を担うようになった。

こうした政治理論上の変化は、宋代以降のいわゆる「君主独裁体制」確立に見合うものであった。ただ、従来の研究では、「君主独裁体制」を実際面での王権の強大化として評価する傾向が強く、この説を擁護する側も批判する側も、権力の量的変化を実証的に証明しようとしてきた。そのため、相反する見解が並立して今日にいたり、論争自体がすれ違いの様相を呈している。しかし、じつはこの変質は政治理論上の問題なのであって、実際に君主権力（もしくは国家権力）が大きくなったか小さくなったかという問題ではない。ヨーロッパの政治思想で、王権は神から与えられているという宮廷国家の理論から、王は国土・民族・宗教を政治的に統合する存在だとする国民国家の理論への変質こそが、中世から近代への変化を示すものであって、実際の個々の国王の支配力の強度が問題ではないのと同様に、中国においても現象的な側面と理論的側面とは区別して捉えられるべきだろう。その意味で、唐宋変革は、ヨーロッパの中世から近代への変化に相当する出来事であった。

天譴論の意味するもの

ヨーロッパにおいて、宗教改革などに見られる神観念の変化が近代の指標であるのと同じく、中国において王権理論の変質を背景で支えていたのが、「天」についての思考の変化であった。これを「天観の転換」と呼んでおきたい。天観の転換は、理論面では天譴(てんけん)論の変化に、儀礼面では郊祀制度の改革に、最もはっきりと見ることができる。

天譴論は天人相関説によって支えられている。自然界(と仮に西洋起源の用語で呼んでおく)と人間界とは別個のものではない。天の神は地上の統治を皇帝に委任しているが、つねにその監視を怠らず、失政を責めるために異常現象による警告を下す。あるいは、自然界の運行に逆らう施策をすることが、そうあるべきはずのものとは異なるありかたを自然界に生じさせる。日蝕・彗星・地震・蝗害・旱魃・洪水…。これらは人間界の政治に間違いがあったために生じた「人災」である。これを天からの警告と受けとめて反省すること。天譴論はそうした理論構造をもっていた。

漢代には個々の災異に対応する精緻な一覧表が五行思想にもとづいて作成され、マニュアル化していた。それはその時代の実践的科学であった。もちろん、こうした発想の迷信性を笑う、一見「近代的」な思想家は古くからいた。たとえば、荀子(じゅんし)や王充は近代になってから「天人非相関」を説いた思想家として高い評価を与えられ、「中国思想史」という、近代になって作りだされた物語の枠組のなかで重要な役柄を担ってきた。しかし、実際には彼らが近代的な意味での「自然界と人間界の分離」を主張していたわけではなかった。彼らに対する近代の研究者側からの期待が、彼らを「先駆者」という英雄に仕立てあげたのである。

とはいえ、五行思想にもとづく天人相関論を誰もが心から信じていたかというと、そうではあるまい。たとえ理論的に虚偽だと多くの為政者が感じていたとしても、それが統治上有効な言説であれば実効力をもって通用する。あたかも、現代の「民主主義」のごとく。

こうした状況に対して、宋代の思想家たちは批判の矛先を向ける。重要なのは個々の災異にいかに対応するかのマニュアル作りではなく、為政者がきちんと反省するかどうかだと、彼らは皇帝に向かって説きつづける。「至誠」と「正心（心を正す）」が強調される。この新興教義の論者たちは、天譴論自体に無効宣言するつもりはなかった。この枠組を残しつつ、事柄の要点を外在的な政策レベルにではなく、王の内面的改心に求めることが、その目的だった。それは後述する「理」をめぐる議論とも連動している。

かたや、郊祀における昊天上帝祭祀でも、漢代の緯書思想的な人格神崇拝による方式を批判し、自然界を統御する神としての昊天上帝を祀る方式への変換がなされる。具体的には、皇地祇（天の最高神、昊天上帝と対をなす地の最高神）の祭祀を独立させることで、それまで夫婦として表象されてきた両神を、季節や方角によって陰陽二気を代表する存在へと変えた。標語的にいえば、ここでも天と人との結びつきが「孝から理へ」と変化した。

西洋政治思想史では、中世カトリック世界における神と教会の支配から政治が自立し、「政教分離」路線のなかで国民国家が登場する筋道が近代化だとされてきた。それをそのまま中国思想にあてはめれば、天人相関を否定する思想こそが合理的・進歩的であり、天人相関説を補強再編する方向に作用した朱子学・陽明学の思潮は、結局は思想面での近代化を妨害したと評されることになる。しかし、こうした表層的な分析ではなく、より深い次元に目を向けると、「天人合一」の枠組を強化したことは、それまで天（自然界）に包摂されて存在してきた人（人間社会）がその範囲を拡張し、外枠としての天と一致するにいたったわけで、むしろ人間の主体性が拡大したと見なすことができる。皇帝は自然界の運行をつかさどる立場にもなったのであり、その点は「君主独裁制」論とも調和する。

しかも、「君主独裁制」が専制とは異なっていたように、この場合の王権の強化も、逆に個々の王に対してはきつい制約を課するものだった。それは、君主各人が個々に天の意思を把握・遵守する名君であることを要請されることになるからである。

極端にいえば、唐までの皇帝は創業者の余得で生まれながらに君主たりえたのであるから、王朝を滅ぼすような愚行さえしなければ何をしようと勝手であった。皇太子教育の重要性を説く儒者はおり、実際に国家的制度になっていたけれども、皇帝は天命を受けた血筋に生まれた貴種なのであった。

ところが、朱子学などの新たな王権理論によるならば、個々の皇帝は自己修養して天人合一に努めなければならない。天が外からの監視者ではなく、人の心のうちにある性だとされることによって、個々の君主の内面が問われるようになる。そのことは、時代的に過去の王朝と比較して現王朝（宋なり明なり）がすぐれているとする論拠にされただけでなく、空間的に並存する外国の「皇帝」たち（遼・金・元あるいは明代の長城以北の遊牧国家）との競合関係についてもいえる。

「天」は古くから王権を支える根拠であった。周王は天命を受けて王者となり、地上の統治を行なっていた。そこには、「中華民族」というような統一体を想定したうえで、それを統合する政治権力が必要だから王を置くというような、西洋ふう国民国家の理論は存在しない。秦以降は、特定地域の統治者にすぎない史料用語としての「王」と区別される存在として、天命を受けた「皇帝」が地上に君臨することになる。ときに複数の「皇帝」が並び立ち、実際には互いの存在を認めあうということもあったが、理念としては「皇帝」は同一時間には唯一絶対の存在であるはずだった。それは、ヨーロッパにおける（翻訳語としての）皇帝と同じである。われわれが通常、「神聖ローマ皇帝」とか「ビザンツ皇帝」とか「ロシア皇帝」とか呼んでいる人たちは、正式にはどれも神の祝福を受ける唯一絶対の「ローマ皇帝」だったのである。ヨーロッパで皇帝同士が理念的にも平和共存するようになるのは、一六四八年のウェストファリア体制以後、つまり近代になってからであろう。

中国の場合、ある種、ウェストファリア体制に似た様相を呈するのは、大唐帝国崩壊後の状況である。それまでに例のないほど多くの自称皇帝が登場し、東アジアにおける皇帝と王との区別を示す独自年号で見てみると、十世紀なかばには日本のも含めて九つもの年号が同時並存している。彼ら相互は対等意識をもって相対していた。

その後、いわゆる中国本土では、後周とその後継王朝の宋とによる統合が進み、宋遼対立の形成となる。五代十国と呼ばれるこの時代が、ヨーロッパやイスラム世界のように経済的・文化的同質性をもちながらも政治権力（国家）が並存するかたちを切り拓かず、なぜ南方の十国がふたたび華北王権のもとに政治統合されてしまったのだろうか。これまで中国の一国性を自明の前提としてきた歴史学では、問題にすらされてこなかった事柄であろう。五代という時代が「分裂」ということばで形容される点に、そうした視点が如実に現われている。ヨーロッパではローマ帝国の「分裂」がフランス・イギリス・スペインなどといった国民国家の「独立」をもたらしたと評価されるのに、中国史では宋による「再統一」が前向きに評価される。十九世紀後半以来の「中国という国民国家」確立のために実践的に必要だったこの歴史観を、そろそろ相対化して見ることも許されるのではなかろうか。

正統論と華夷思想

宋による「再統一」は、唐という帝国全土の継承ではなかった。西方シルクロード沿いの東西通商路は終始、宋の勢力範囲外で、やがてここにタングート族の西夏が建国されて軍事的脅威となる。また、北方には契丹族の遼があって宋と対峙しており、現在の中華人民共和国の首都北京は宋の領域外にあった。遼はやはり唐の後継者をもって自認しており、この時期をつづく宋金対立期とあわせて第二次南北朝時代とする見解もある。

宋が遼に対抗して、自分こそが唐の後継者であると主張するさいに用いた理論が、正統論と華夷思想であった。どちらも経学のなかの春秋学に由来する。

現在、正統論というとふつうは史学思想の範疇で扱われている。歴史観の理論化であり、またこれから見るように具体的には歴史記述によって表現されることからして、この扱いは間違いではない。しかし、そもそもは経学としての春秋学がその基盤にあった。

宋代の正統論を示す歴史記述の代表作として並び称されるのが、欧陽脩の『五代史記』（『新五代史』）と司馬光の『資治通鑑』である。以下、この二書に即して見ていこう。

『新五代史』は正史としていわゆる二十四史の一つに数えられている。しかし、すでにそれ以前、宋のはじめに国家プロジェクトとして五代の歴史をまとめた『五代史』（いわゆる『旧五代史』）が編纂されていた。欧陽脩は、原史料をそのままつなぎ合わせたにすぎないとして『旧五代史』を批判し、自分の個人的著作として新たな書物を編纂する。その意味で、これは分類上「野史」であって「正史」ではない。ところが、欧陽脩の死後、宋朝政府はこちらを五代の正史と認定し、その結果『旧五代史』は明代には散佚するにいたる。十八世紀になってから、『永楽大典』に引用されていた抜き書きを再編成したものが、現在通行している『旧五代史』である。いいかえれば、十一世紀後半からの七百年間、欧陽脩のものだけが正史としての『五代史』だったわけだ。事情は唐の正史についても同じで、こちらは当初から国家プロジェクトとして従来の唐書に代わる正史編纂が欧陽脩らの手によってなされた。十八世紀になってから古いほうの『旧唐書』が復活して、この『新唐書』と併用されるようになる。

欧陽脩がかかわった二つの正史、とくに『新五代史』は、正史の歴史のうえでの一大画期だった。正統論を説いたからである。

正史の元祖である『史記』や『漢書』の著者たちにとって、漢王朝が世界の中心であることはわざわざ証明する必要のないことであった。『三国志』の陳寿は、三つの並存する王朝（三人の対立皇帝）に優劣をつけて魏を中心に据えたが、それはその時点で彼が魏の系譜を引く晋王朝の官僚であった以上当然で、むしろそうであるにもかかわらず、呉と蜀とを対立皇帝として処遇したことは、欧陽脩の史観と相違する。その後、南朝（晋・宋・南斉）の正史編纂事業は南朝（宋・梁）の、北朝（北魏）の正史編纂事業は北朝（北斉）の政府が行なった。唐の初期に南北朝時代を総括する正史編纂がなされたさいには、南北を対等に扱い、南朝後半の『梁書』『陳書』、北朝分裂後の『北斉書』『北周書』、そして統一王朝としての『隋書』の五つが並行して編纂される。通史としての『南史』『北史』もつくられた。唐が本来は北朝系であることを考えると、政治的に南方に配慮したことになり、すでに述べた経学上の南方優越ともあわせて唐の思想文化を考える重要な手がかりである。とにかく、対立皇帝たちをみな「皇帝」として認定するのが、それまでの正史編纂の論理だった。

華北王朝の流れを汲む宋は『旧五代史』編纂にあたって華北中心主義をとり、南方の自称「皇帝」たちを皇帝として認定しなかった。陳寿のようには扱わなかったのである。だが、それはその時点で宋がまだ「再統一」を実現しておらず、むしろ華北王朝の流れを宣伝することにその編纂意図があったと考えれば不思議なことではない。むしろ、そのあと、南方の「皇帝」たちを屈服させてからも、唐のときとは異なり、それらを単なる諸侯として扱った点に

『新五代史』の新しさがある。しかも、欧陽脩は南方出身者なのだ。

『新五代史』は俗に「嗚呼史」とも呼ばれる。編者欧陽脩が各巻の末尾に記す感慨が、多くこの二文字で始まっているからだ。班固が前漢を讃えるために『漢書』を著わしたのとは逆に、欧陽脩は五代をおとしめるために『新五代史』を編んだ。そうすることによって、今現在、すなわち宋代がいかにすぐれた時代であるかを浮かび上がらせる構図である。その模範とされたのは、やはり乱世の批判的記述を残すことによって未来の王者に期待を託した（と春秋学において語られている）孔子であった。欧陽脩は「正統論」という独立した論文を書いて、自身の史観を表明している。それによれば、「正」とは道義的に正統性をもつ王朝、「統」とは現実に中国を統一している王朝のことであった。五代とはその両者が危機に瀕した非常事態であり、それを超克して「正統」を回復した宋は、誇るべき正統性をもつことになる。たとえていえば、ローマ帝国分裂のあと再統合を果たした王権を理論的に顕彰するようなものである。

一方、通史としての司馬光『資治通鑑』は、歴史叙述のスタイルとしても『春秋』（厳密には『春秋左氏伝』）を継承している。『春秋』のあとを受けて、春秋時代の晋国が三人の大臣たちによって分割された事件をもって書きはじめられ、後周から宋への禅譲で終わる（その点は『新五代史』と同じ）。そのなかでは当然、三国時代や南北朝時代のような対立皇帝たちの時代を記述せざるをえない。司馬光は三国では魏を、南北朝は南朝を正統王朝とする。春秋学の手法にのっとり、本来「崩」とすべきところを対立皇帝たちには「殂」と表記するなど、細かな差異を設けているのだ。

朱子は、南宋人の立場から、三国時代の正統は蜀だったとして一部司馬光の史観を修正し、『通鑑綱目』を編纂する。江戸時代の日本で広く読まれた『十八史略』も、この史観に立っている。こうした書法がのちに「大義名分論」

と呼ばれるもので、日本では水戸学において決定的な役割を果たすことになる。水戸学が生んだ『大日本史』は、日本における南北朝対立において、実勢としては明らかに北朝優勢で、しかも武家政権も現皇室も北朝方であるにもかかわらず、大義名分から南朝が正統であったとする史観を打ち立てた。

欧陽脩や司馬光、さらには朱子の正統論は、理念的には「正にして統なる王朝」が存在すべきだとする。だが、実際にはそうでないことが多い。唐の為政者たちは、自分たちが南北を再統合したことを、両者並列のかたちで鷹揚に包摂した。しかし、宋の思想家たちは、ことさら正統論にこだわる。その背景には遼の存在があった。われわれはごく常識的に、宋が五代のあとの再統一に成功したと思いこまされている。しかし、それは宋人が作りあげた虚構なのであって、再統合は決して成功していなかった。そのことを宋人自身はよくわかっており、それゆえ徽宗は燕雲十六州奪還のため、平和条約を一方的に破棄して遼に進行したのである。その結果は金の侵入という最悪の事態を招くが、仮に成功していれば、宋の人たちの屈折感は一掃され、大義名分論も一時的なもので終わったかもしれない。

一方の華夷思想は、この正統論とも連動して宋の遼に対する屈折した優越意識を形成する。世界帝国であった唐は、華夷の別に厳格ではなかった。胡や夷はエキゾチックな物事として、唐の人たちにもてはやされた。それにくらべて、西方・北方に広がる領土をもたず、胡漢融合体制ではなかった宋において、自他の区別はかえって厳正になされた。遼を夷狄とし、自身を中華とするためである。南宋と金の関係ともなると、さらにいっそうそれが増幅される。漢族ナショナリズムが生まれてくる。

ただし、それを西洋近代的な意味でのナショナリズムと同質のものと捉えてはならない。彼らが中華の人間として他者に対する優越感を抱くのは、自分たちが先王の教えを忠実に継承する由緒正しき集団であるという自意識にもとづいていた。遼や金が夷狄なのは、彼らが先王の制度とは異なる風俗習慣を固守しているからであって、彼らもそのつもりになれば中華に同化できるのである。もっとも、その場合、彼らの政治体制を放棄して有徳な宋の皇帝にひざまずくはずで、つまりは宋による世界制覇が実現することになるのであって、それをエスノセントリズム（自民族中心主義）の一例と見ることはできよう。普遍的な真理に照らして自分たちこそが唯一絶対であるとする考え方。中華思想とはそういうものであった。そこでの自他関係は（現実の力関係はともかく、理念的には）対等ではありえない。このことは、モンゴル世界帝国に代わってできた明王朝にもあてはまる。

この華夷意識を支えるものこそ、天の思想であった。天は全世界を覆っている。したがって、いつでもどこでも一様である。中華は地（＝天下）の中心にあって、四方の夷狄に優越する地位を占める。軍事的に劣勢であればあるほど、理論的には過激になっていく。漢・唐や元・清と違って宋や明については「世界帝国」の呼称がなしえないのも、そのあたりに原因があろう。

四　心をめぐる教説

「理」字の愛用

朱子は『大学章句』の序文のなかで、夏・殷・周三代の教育方法について、礼儀作法や読み書きを教える小学すなわち初等教育と、大学すなわち高等教育とがはっきり分かれていたと述べる。大学で教えるのは、「理を窮め、心を正し、己れを修め、人を治める道（＝方法）」であった。今ふうにいえば、科学と倫理学と応用倫理学と政治学ということになろうか。このうち、あとの三つは『大学』の経文に見える用語にもとづいている。「正心」はそのままで、

「修己（しゅうこ）」は「修身」の、「治人」は「治国」の言い換えと見なせる（厳密にいえば、朱子は格物から修身までの五つの条目を修己、斉家・治国・平天下の三つの条目を治人に分類している）。『大学』という経書は、古（いにしえ）の大学で教えていた内容の原論だと、彼は解釈していた。

それでは、最初の「窮理」とはなんだろうか？　この語はもともと『易』の繋辞上伝に「理を窮め性を尽くす（窮理尽性）」というかたちで見える。上の正心は尽性と似た意味内容の語であった。朱子は『易』から窮理ということばを持ち込んで、『大学』の趣旨を説明したのである。繋辞上伝は孔子の著作だと考えられていたし、『大学』は孔子晩年の見解を曽子系統の学者がまとめたものという前提に朱子は立っていた。しかし、『大学』経文には一回も登場しない「理」という字を使ってこの書物全体の趣旨だとする論理は、外側から冷静に眺めてみれば、きわめて強引である。

『大学』のテキスト改変のことは、すでに一の節で述べた。じつは「理を窮める」という言い方は、朱子による格物致知補伝のなかに見える。彼はそれにつづけて「理」字を頻発し、わずか一四四字のこの補伝において四回も「理」を使っている。

補伝によれば、格物とは「物に即して理を窮める」ことだった。「格」字を「至（いたる）」と訓じる説を採っているのも、朱子にとっては、この「窮める」という意味あいを出すためである。彼は『朱子語類』のなかで弟子の質問に答えて、「旅の目的地まで行きつくことが〝格〟だ」と述べている。格物とは単に物を扱うのではなく、その「理」を窮めるためなのであった。

『易』の窮理尽性を『大学』の趣旨説明に流用したのもそのためである。というより、道学の流れに属する朱子にとって、理という概念をこういうところに用いる行為は、とくに意識されることすらないほど自然なことであったにちがいない。『大学或問（わくもん）』の該当個所で、朱子は二程（大半は程伊川）の語録を列挙引用して、ここの自分の補伝の内容を正当化している。補伝でも「程子の意図を汲みとって作文した」と明言している。

大学教育において重要視されたという窮理。理こそは、道学派の最重要語であった。南宋末期になると、朱子学のことを「理学」と呼ぶ例が現われ、元明時代にかけて一般化する。朱子学を批判して登場した陽明学も、理学の範疇に含まれるのがふつうで、中国語では今でも朱子学・陽明学など宋以降の新たな儒学（英語のNeo-Confucianism）を総称して「宋明理学」と呼んでいる。

それでは、理ということばはいつから思想界で重視されるようになったのだろうか。

宋明理学の起源さがしは清代にはすでに行なわれており、批判的意図も含めて、『荘子』のなかの「理」字の用例や魏晋玄学での「理」の哲学がその源流として紹介されてきた。たしかに、字自体としては古くからよく使われ、れっきとした経書でも熟語レベルで朱子学が愛用するのと同型の場合がある。たとえば、「窮理」が『易』にもとづくことはいま述べたとおりだし、「天理」は『礼記』の楽記篇に見える。しかし、それらが朱子学におけるのと同様の深い意味あいをもつ重要な概念であったかというと、そうではない。「理」という概念が尊重されるようになる転機は、唐代に訪れる。

かつて、仏教の華厳（けごん）教学において「事」の対概念として用いられた「理」概念が、朱子学に影響したと論じられたことがあった。そうした側面を実証的に否定するのは難しいが、単に華厳教学の用語であったというよりも、より広い基盤においてこのことばが日常的に愛用されるようになっていた事情があり、そのほうが重要であるように思われる。それは皇帝の御名を避けるという慣習に由来する事件であった。

唐の第三代皇帝高宗は、本名を李治という。そのため、「治」字はその後使用禁止となり、他の字による言い換えが行なわれる。代用として使われたのが「理」であった。たとえば「政治」を「政理」と言い換えるたぐいである。こうして政治の根幹をなすことばとしての役割を担って、理の使用頻度は飛躍的に増える。その語用慣行は宋代にも踏襲され、理は日常語と化していた。二程が「天理」をはじめとして、理という語をよく使ったのは、こうした経緯によっていた。

しかも、それは二程だけのことではなかった。むしろ彼らに先行して、その政敵王安石の文章において、「理」字をしばしば目にすることができる。たとえば、現存する数少ない経書注解である「洪範伝」において、王安石はこう述べている。「天下の志に通じるのは窮理によってであり、天下の徳を同じうするのは尽性によってである」と。ここでも『易』の例の文言が使われているのだ。念のためにいえば、『尚書』洪範篇にもともと「理」字は出てこない。あとのほうでは、君主が天地を助けて万物をおさめるというくだりで「理」を動詞として用いている。これは上で述べた、唐代に一般的であった「治」字の言い換え用法である。

朱子は実際にはそうしていないけれども、「修己治人」を「修己理人」と表現してもよかったわけだ。こうした言語環境のもとで、「理」概念を根幹に据えた朱子学が成立する。

天理という考え方

二程の思想を解説するさいに必ずといってよいほど引き合いに出される、次のような程明道の発言がある。「私の考え方には先人から受けついだものが多いが、天理の二文字については自分で考えついたものだ」。前に述べたように、天理という熟語自体は経書にも見えるわけだから、ここで彼がいっているのは、この熟語がもつ意味内容について説得力をもつ説明のしかたのことであろう。天理とは何かということについては、誰の手を借りるでもなく、自分自身で苦労した結果たどりついた結論だというわけだ。

ただ、現存する程明道の文章を見るかぎり、彼がこの語をそれほど愛用したようには見えない。弟程伊川になると使用頻度が増すが、それでも「理」単独の用法のほうが多く、かつ重要でもある。彼らにおいて天理は天（＝自然界？）と人（＝人間界）に共有される「天の理」というにとどまっていた。

じつは天理とは、例えば王安石が「天地の理」「理の自然」などというのを受けて、それをより直截に表現したものであった。理という語の使用は一般化していたが、ではその理とはいったい何に由来するものなのか。理の正当化根拠に天地や自然（この場合、「自然」は現代語の意味のように自然界という実体を指すのではなく、オノズカラということを示す形容詞的な語である〔第一章、二五ページ参照〕）を置いて説明する流儀が広く見られるなかで、二程はこれを端的に「天理」といいきったにすぎない。朱子学の源流さがしで思想史を語ると、程明道の上述の発言が思想史的な大事件に見えてしまうが、じつはそれほどのことはない。それが証拠に、朱子はこの発言をさほど重視せず、『程氏遺書』ではなく『程氏外書』のほうに編入している。

二程の理の思想は、同時代の他流派から突出するようなものではなかった。彼らの門流が南宋において批判的に「道学」と呼ばれ、「理学」と呼ばれていないのは、反対派（党派的には王安石に近い）も理の思想は肯定しているからだろう。自分たちと異なる点を捉えて他者のレッテルを貼るのは古今東西の通則である。二程の門流は、過激なまでに孔孟の道の担い手としての意識を表明しており（朱子によって「道統」という語が発明される）、そのことによって攻撃対象となったのであって、理によって宇宙と人間をつなげようとする発想によってではなかった。くり返しになるが、そういう発想は宋代の新興儒教流派に共通していた。南宋末期の「理学」という呼称は自称である。反対派を圧倒し、理の思想を独占的に語る段階にいたって、彼らは自信をもってこの名称を使いだしたのであろう。

二程のあと、道学のなかで天理という語がほとんど使われないのも、そのためかと思われる。彼らが主題としたのは「心」であり、「理」は心のありかたを説明するために利用される補助的な概念だった。程明道の上掲の発言を記録して後世に伝えた謝良佐でさえ、現存する著述を見るかぎり、天理についての思索を師以上に深めた形跡はない。その作業を続行するのは朱子であった。おそらく、二程の語録整理作業によって、彼は天理に開眼した。そして、これを人欲の対概念として定式化することによって、性善説の人間観を説明する座標を手に入れたのである。

朱子は『礼記』楽記篇の記述を拡大解釈し、あらゆる人に生まれつきそなわっている天理が、これまた人がみな持っている欲望によって妨害され、表に現われてこないのだと説いた。だからこそ、性善であるはずの人間が悪事を行なうのである。あらゆる悪の起源はこの欲望にある。欲望に打ち勝ち、本来そうあるべき姿で人と接し、よき人格者として生きていくこと、それが孔子のいった「克己復礼」の意味である、と朱子は述べる。人々の欲望を抑え、内面陶冶に導いていく手段として、礼が持ちだされる。孔子の発言の解釈という場を通じて、朱子は、性善説論者でありながら、荀子に近い内容の修養論を説くことになった（「少年老いやすく、学成り難し」）。

性説は宋代新興儒教の中心的テーマであった。唐代後半には韓愈が「原道（道とは何か）」ほかの諸論文を通じて仏教に対抗したが、その理由は一つには儒教側に個々人の内面に踏みこみ訴えかける魅力的な教説がなかったためである。儒教は漢代以来、政治思想として深化・発展していた。だが、個々の士大夫の心のケアについては、仏教・道教に大きく遅れをとっていた。韓愈はそれをつなげる試みとして、「原性」のなかで過去の性説を整理し、自らは三品説に立つことを表明したのである。宋代には、この韓愈の立論が前提として共有され、孔子の正しい性説を継承したのは誰か、孟子（性善説）か荀子（性悪説）か揚雄（性善悪混説）か、それとも韓愈（性三品説）かというかたちで議論が展開する。歴史的には韓愈は性三品説の創唱者というわけではないけれども、「原性」の効果でこうした位置づけが定着したのである。また、董仲舒や鄭玄をさしおいて、この四人が孔子の後継者であるとする見方が一般的になった。四人は、神宗のときに孔子廟に新規に従祀される（ちなみに、孟子は徽宗のときにさらに一段階昇格して顔淵に次ぐ地位を得た）。

欧陽脩も王安石も、性説をこの文脈から熱く論じた。二程もまたこれに参戦した。とくに程伊川の場合の特徴は、欧陽脩・王安石にまして孟子の教説護持を旗印に掲げ、彼の性善説を定論にしようとしたことである。ただ、彼の段階ではまだ私欲の起源や、その克服法についてのまとまった提示がなされてはいなかった。

それをなし遂げたのが朱子であった。という書き方をすると、あたかも事柄ははじめから朱子の登場を待ち受けていたかのように見え、朱子学の勝利が歴史の進むべき必然的な道筋であったかに見えてしまう。従来の思想史はこうした欠陥をもっていたように思われる。そこで本書ではあえて「そうならなかったならば」という仮定法過去完了のかたちで問いを立ててみたい。朱子の路線以外に可能性はなかったのか？

最も有力な対抗馬は、王安石である。実際、一時期の主流は王安石系統の経学だったわけで、道学がこれに抵抗して奪権していくのは、まさに朱子の活躍時期と重なるのである。朱子学が葬らなければならなかった、そして実際に葬ったのは、王安石の思想だった。

王安石にも韓愈と同じ「原性」という論文がある。また、「性情」「荀揚」といった、やはり性論を展開した関連論文もある。それらは執筆年代も異なるため、相互に矛盾するように見える記述もあり、いまだに研究者をとまどわせている。だが、通観していうならば、王安石の立場は基本的に性善説であった。ただ、朱子のものとはやや趣を異にする。彼を性善説と認めない研究者があとを絶たないのは、そこに原因があると思われる。彼らは朱子の性善説を基準として見ているからだ。

だが、思想史的には話は逆なのであって、王安石の性善説が先行し、朱子は程伊川の所説を継承しながらそれに対抗したにすぎない。換言すれば、南宋中期段階におけるスタンダードな性善説は王安石流のものであった。上掲の文集所載の諸論文のほかに、王安石には『論語』や『孟子』の注解を含む多くの経学的著述があった。それらが現存しない以上、精確に彼の思想を復元することは不可能だが、限られた史料をもとにその特質を俯瞰してみると、彼の性善説は次のような構造をもっていたと思われる。

人は万物の霊長であって、善なる資質をもって生まれている。しかし、それを十全に発揮することができる者はきわめて稀れである。その選ばれた者こそが聖人で、彼らによって礼をはじめとするさまざまな制度が作られている。これら諸制度は、聖人が自らの体験にもとづいて、「こうすれば人々を教化し、社会に秩序をもたらすことができる」と判断した結果であり、したがって統治に有効である。とりわけ、『周礼』の官僚制度は周公の傑作であり、これを模範にした国制を定めるべきである。そのためにも、制度を担う有能・優秀な官僚を養成する必要があり、学校で経学を教え、その成果にもとづいて試験によって選抜する仕組みが欠かせない、と。

これが一貫して治者・為政者の論理であることは明らかであろう。主体はあくまで君主もしくは彼を補佐する（王安石のような）高級官僚であって、彼らが道具として中下級官吏を使役し、民を一定の枠組に当てはめて矯正していく。制度すなわち「法」を王安石が重視した理由もこの点にあった。それは性善説とはいうものの、民自らが自己の善性を発揮するという性質のものではない。

これに対して朱子は視点を逆転させた。もちろん、彼がというよりは二程がというべきであろう。その拠りどころとなったのが『大学』である。

『大学』もともとは治者のためのテクストだった。「明徳を天下に実現するためには」という設定で、いわゆる八条目が並ぶからである。格物はその最後に「致知は格物に在り」として出てくるにすぎない。したがって、そこの箇所に解説がないのは経文本来の意図からすれば当然だし、韓愈が「原道」で平天下から誠意までしかいわないのも、当時としてはふつうのことだった。経文が八条目を二度目にくり返すさいに順序を逆にして格物から始めるのは、修辞上よくある手法である。ところが、そこに目をつけて、朱子はこの順序による修養を説く。八条目の階梯性が重視された。かくして、「なぜ格物致知には解説がないのかというと、かつてあったものが失われたからだ」とする朱子の理解が成立する。

いったん自分の論理枠組に引き入れてしまえば、あとはそれを体系化し肉づけすればよい。格物とは窮理のことだとする前述のような解釈が、こうして生まれてくる。その場合、主体は君主に限られない。なぜなら、格物段階ではその人物が平天下を達成できる大人物かどうかまだ定かではないからだ。というより、性善説によって全員にその可能性が与えられている。格物に苦闘する段階では、その差はほとんどない。問題はこのさき、致知・誠意・正心と、数あるハードルをきちんと乗り越えられるかどうかにかかっている。人欲によって曇った心をもつ者は、この競争において順次脱落していく。したがって、最終ゴール、平天下の実現を担うのは、人欲のかけらもない人物、すなわち聖人ということになる。もっとも、彼がそうなったのは、生まれつきの面よりは後天的努力によるところが大きい。程伊川がいったごとく「聖人学んで至るべし」なのである。格物は、聖人となって天下に号令するためのレースの第一段階として重要なのであった。

これが、天理という考え方が朱子学においてもつ意義である。それは聖人への道を万人に解放するとともに、政治秩序の担い手を、君主と高級官僚の寡占状態から、すべての学習者に拡大する役割をも果たした。道学が中央政府における権力闘争で劣勢にありつづけながら、地方にじわじわと支持者を拡大し、南宋後半にいたって奪権に成功する結果になったのも、結局はそのことが大きく作用していた。程伊川も朱子も皇帝のそば近くで自分の教説を実現させようと試みながら挫折したが、彼らの意図は別のかたちで実現していったわけである。

朱子学の勝利によって、「理学」の名称は道学系によって独占使用される。王安石や蘇軾（そしょく）の学派も「理」を教説の中核に据えていたにもかかわらず、彼らは宋代儒学の傍系として扱われるようになる。黄宗羲（こうそうぎ）の構想にもとづいて全祖望が完成させた『宋元学案』では、彼らの流派は巻末に付録として紹介されるだけである。こうして、宋代儒教史は「朱子学形成の物語」として語られることになった。

理気論の誕生

そもそも、第一章で述べられているとおり、「理」という概念は古くから存在しているのであって、宋代になって新たに発明されたものではない。しかし、朱子学における理の思想の特徴は、「気」という、これまた古来存在する別の概念と結びつけたことにある。

宋代以前においては、気としての物がそうあることの根拠として道という語が使われ、この二層構造において説明することが多かった。これは他方に、物はミズカラ・オノズカラこうなっているとする思想が存在し、これとの対抗を意識した言説であった（第一章、二三―二七ページ参照）。朱子学における新しさは、かつては「理」の総和が道とされてきたその構造を利用しながら、理の一字によって総和と個物を通貫し、個物の多様性を「理が気質に覆（おお）われてしまうため」というかたちで説明したことにある。

すなわち、宇宙に遍在する理は、そのまま個物のなかにも同じ本質を保ったままでそなわっており、個物それぞれのあるべきありかたとして現われる（理一分殊（ぶんしゅ））。そこには本来は秩序攪乱の原因となるものはない。しかし、現実には万物は気によって構成されている。そして、気はその置かれた状況のなかで、澄んだ正しい気のままである場合と、濁り偏った気として表出してしまう場合とがある。そのため、万物には本来的な秩序からの逸脱現象が生じてしまう。人間の場合、それが性という用語で説明される。「本然の性」は理そのものであり、したがって善なのであるが、「気質の性」には偏りがあるため邪悪なる事柄の原因となってしまう。この気質の性を本然の性の状態に戻していき、本来の正しい秩序を回復することが、各人の修養の目的となる。こうして、朱子学は性説の説明原理として理気論を構築し、宇宙・世界と人間とを同一原理によって説明しつくすことを試みたのであった。

やがて、朱子学は国家公認の学説となり、科挙試験などの場を通じて広く浸透していった。朱子学的な世界観が常識化した時点でその前史を回顧した場合には、「理学」ははじめから朱子学成立のための運動だったように見なされ、理と気の関係も儒教成立の当初から朱子学が説く枠組で思考されていたかのように思いなされた。『論語』や『孟子』のなかに理気論はないにもかかわらず、経書解釈のなかでそうした読み込みが反復されていった。朱子学成立後の儒教思想は、理気論という新設された場をめぐって展開することになる。

陽明学の理観

元明時代においても、「理」を中核に据えた道学系の思想が主潮でありつづける。そのなかから、朱子学の修養論を批判するかたちで陽明学が登場する。朱子学と陽明学の相違を端的に性即理と心即理の違いとして説明する教科書が多いが、厳密には正しくない。朱子学でも「理は心に宿る」というし、陽明学でも性即理というからだ。

両者の相違は、同じ用語を使っていてもその意味あいが異なる点にある。朱子学では個別概念の差異を精密に捉えようとする。聖人が違う用語を用いた以上、そこには違いがあるはずだという考え方である。これはそもそも朱子の性格に由来するところが大きく、彼に先行する道学系思想家たちは開祖の二程を含めて、そうした面にはあまりこだわっていない。むしろ、王安石のほうに、個々の文字の相違を思想概念的に区別する発想が強い。道学系の思想家たちにとって主要な課題は、自己の心の修養をどのようにするかという実践面にあって、個々の概念整理という理論面にはなかった。上述したように天理概念の発展がなされなかったのも、こうした性格によるものであろう。

陽明学は、その意味では道学の祖型に近い教説であった。あるいは、俗に陸王心学として一括されるように、朱子の論敵であった陸象山（陸九淵）の思考様式とよく似ている。すなわち、朱子学のように個々の概念の異同を整理して壮大な哲学体系を組み立てるのではなく、自分自身の修養方法の問題として、性・心・理といった諸概念を捉えようとする。そのため、性即理説（それは上述のように、道学の性善説を支えるテーゼだった）を肯定しながら、かつ、心の働きそれ自体が理の現われであるとする心即理説を唱えることになる。朱子学では「心は性と情とを統べるもの」という言い方で、心のなかに性を包摂するため、理は心に宿るものの、同様に理ではない要素（気質の曇り）も心に宿ることになる。ところが、陽明学ではそうした静態的な把握は修養に無益であるとして、実際の行為のなかで理を発揮していくこと（事上磨錬）を強調する。

ただ、その場合、自分が理だと判断したことが妥当であるかどうかを、より高次元において客観的かつ冷静に評価する自己の存在余地はない。朱子学の心の理論が、自分の心を外側から見つめるもう一つの心を措定していたことを、陽明学は批判したからである。つまり、朱子学が性即理として普遍的真理を定立し、それを間違いなく把握することができるようになるために、居敬窮理の修養・学習を要請するのに対して、陽明学では自己の良知を発揮すること（致良知）が、万人に共通する天理の実現であると信じる楽観的人間観によっているのである。そのため、その教説をさらに一歩進めると、ありのままの姿が聖人なのだからいっさいの修養は本来無用であるとする「現成良知」説となる。

このように、朱子学と陽明学とは、ともに人間に生まれつきそなわった天理としての性（『大学』の明徳。陽明学では良知とも呼ぶ）を修養論の根拠としながらも、それをどのように高めていくかという方法の点で相違する。陽明学で「格物」を「物をただす」と解釈するのもそのためである。

こうして、陽明学では格物・致知・誠意・正心の四条目すべてがじつは同じことの言い換えにすぎないことになり、その延長上に斉家・治国・平天下も自己の心の問題として捉えることになる。もちろん、王陽明にしても、自分の心さえ正しければ世界平和が実現するという夢想論を説くわけではなく、実際の諸政策に相応の関心を払い、その実践もしているが、要点は個々の政策の当否にではなく、政策を実施する為政者の心がけの次元に置かれる（「山中の賊をやぶるはやすく、心中の賊をやぶるは難し」）。陽明学では、諸行為の妥当性が結果によって判断されるのではなく動機の次元で判断される点で、精神主義的な色彩をもつことは否めない。その点が、対立者たちによって、先王の教えを軽視し独善的であると批判されることになる。

このように、唐宋変革の哲学的・倫理学的側面においては、理の重視と、その心との結びつけかたが主要課題となり、近代になってから学術的にその教説を整理するさいに、とくにこの面が強調されることにつながった。たしかに、心の問題はこの時期の主要な思想的課題ではあったけれども、その議論が何のためになされていたかを見失った分析は、思想史的に偏っているといえよう。彼らは純粋に学術的な関心から人の心の働きを分析しようとしたわけではなく、あるべき社会秩序の実現のための方策として、心の問題を考察していたのであった。

五　秩序の構想

郷里空間

王安石の新法政策の一つに青苗法がある。政府が農民に金銭を貸し与え、利息をつけて返納させるもので、自立小農民の経営を保護する社会政策であった。王安石はこれを『周礼』のなかの泉府という官僚の職務内容から考案したとされるが、彼以前から一部の地方官が独自に実施していたし、彼自身も最初の任地明州（寧波）で施行している。しかし、この青苗法を運用するさいに、官吏の不正や強制が生じ、旧法党によって廃止される。

これに対して、朱子は社倉法を提唱・実施した。その文章のなかで彼は、「青苗法は政府が上から強制的に行なう事業であったため無駄が生じやすく弊害をもたらしたが、社倉法は民間で自主的に運用されるので実情に見合って適切に実施される」と論じている。政府主導の王安石の改革に対して、朱子学の秩序構想はいわば民間活力の利用ということができよう。これは王安石およびその流派の政治思想と朱子学との大きな相違点であった。在地の社会秩序が形成される場、それを本書では「郷里空間」と呼ぶことにする。

「郷里」も古くからのことばだった。律令制度のもとでは税役を徴収するために上から組織された地縁的集団の単位呼称であり、八世紀後半以降の両税法体制（各戸の収穫量・資産額に応じて夏または秋に徴税するシステム）のもとでも自然集落の単位として使われていた。宋代になると、思想家たちが秩序構想を語るさいに「郷」の字が多用されるようになる。

その場合もやはり典拠となるのは経学だった。『儀礼』には郷飲酒礼と郷射礼という儀式の儀注が載っている。『礼記』にはそれぞれの意義を説いた篇もある。戦国時代から漢代にかけて、儒家が考案した理想の在地共同体のありかたを示したテクストであろうが、もちろん宋代の経学者たちにとっては、周の時代に実在した儀礼と見なされ規範化されていた。この二つを経書に明文規定をもつ中核儀礼として、「郷礼」という分野が構想される。

十一世紀後半に活躍した陝西省出身の呂氏兄弟は、宰相まで務めた呂大防や、張載・程明道の門人呂大臨らからなるが、その共同作品として「呂氏郷約」なるものを生みだした。のちに朱子が改訂を加え、朱子学普及にともなって広く規範として作用することになり、例の六諭にもつながっていく文献である。「呂氏郷約」は家族道徳や近隣の友誼を説いた四箇条からなる。これを郷里空間において合意誓約し、違反者には譴責などの罰則を与える仕組みである。もともと確固とした在地共同体がないため、こうして郷里空間を創造し、社会秩序の底辺を支える機能を果たす役割をもたせたのであった。朱子がこれを高く評価したのは、上述した社会倉法とつながる性質をおびていたからである。ずっと時代が下って十六世紀になるが、黄佐という朱子学者は、里社（祭祀施設）・里学（教育機関）・郷約・社倉・保甲（自衛組織）を一体化した複合組織を考案し、『郷礼』という書物で体系的に叙述している。これらが典範となって、清代の礼教社会が形成されていく。

もちろん、他方、上からの秩序化構想として、王安石の流れを継ぐものもあった。明太祖の里甲制は、その最も完成した形態と評することができる。だが、全国一律に政府が管掌する制度というものは、時間とともに形骸化していく。いま述べた黄佐の『郷礼』も、その形骸化を受けて郷里空間の自治的組織として構想されたものであった。あるいは、同時期に地方官が主導して郷約保甲制というものが施行されるが、これも地方行政単位ごとに運用される点で、全国一律の制度の失敗に学んでいる。王陽明も任地で保甲制に相当するものを実施した。

朱子学・陽明学の、この郷里空間への注目は、これらの思潮の担い手たちが在地社会で生活する知識人で、彼ら自身の生活空間をきちんとしたものに整備しようとする意図に根ざしていた。彼らの理想は、自分が科挙に合格して官僚として活躍し、『大学』にいう治国平天下を担うことであった。だが、現実に科挙に合格して挙人や進士の称号を得られる者は限られている。大多数の科挙受験生は一生涯を在地社会で過ごす運命にあった。そうした人たちにも、天下国家のお役に立っているという満足感を与える場として創造されたのが郷里空間であった。彼らは在地社会の指導者、ローカルエリート（local elite）として、秩序の担い手になったのである。

経学と社会

二程の段階、もともとの道学においては、目標は官僚として皇帝を補佐し社会を教導することにあった。しかし、その後、徽宗のもとで長らく新法党政権がつづき、道学派は朝廷で意を得なかった。南宋になっても、講和派の秦檜（しんかい）が、対金強硬論を唱える道学派に対抗する手段として新法党系の人脈・施策を採用し、そのため道学派のホープとして科挙首席合格者（状元）になった張九成ですら、中央官界での昇進を遂げられなかった。そのため、好むと好まざるとにかかわらず、道学は地方に逼塞することになった。道学は当初から旧法党の反王安石路線を政治的に採っていたため、政府主導ではなく民活導入政策に親和的であったから、地域社会の指導者たちに受け入れられやすい教説であった。『大学』八条目の修養を、君主に特定することなく、学問に志す者全員に開放していたことも、こうした階層への浸透を容易にした。王安石の学術は科挙試験への参加を通じて学習対象となっていた。これに対して、道学は政府が推奨したわけでもないのに、広い裾野を自力で獲得した。朱子はこの趨勢に棹さして、科挙に合格できない人たちにも、社会に役立つ途を指し示すことに成功した。八条目は五番目の修身のあと、斉家・治国・平天下とつづく。ここには郷里空間にあたる文言がない。というより、『大学』のテクストがもともと想定していたのは、封建制の王者であって郡県制の「皇帝」ではない。治国の国は空間的規模としては漢代以降の郡県に相当するし、斉家する家とはそれぞれ封地をもつ多くの分家をつき従えた一族であって、それ自体が一種の在地社会であった。わざわざ郷里の語をもって呼ぶ空間を間に挿入する必要は、その著者には感じられていなかったにちがいない。

『大学』と同時期の文献には、家・郷・国・天下という階層構造を述べたものもある。『老子』である。ただそこでは、『大学』とは異なって、この階層相互の有機的な関連性はむしろ否定されている。『儀礼』に規定された家での冠婚葬祭の上の次元としての、郷飲酒礼・郷射礼は、このテクストが国・天下規模の国家礼制に関心をもっていないために、それ以上の拡がりをもたなかった。

郷里空間を朝廷の官僚機構と有機的に結びつけ、社会秩序の体系化を果たしたのが、『周礼』であった。その地官の部には、地方行政のありかたが事細かに記載されている。唐以前の国制ではもとより、王安石あるいは明太祖にいたるまで、上から地方を組織化しようとする為政者にとって、『周礼』は聖典であった。

これに対して、在地社会にあって生活する士大夫が、自らの周囲を郷里空間として組織化し、いわば秩序を積みあげるかたちで天下国家の下支えをする構想を『大学』の八条目にもとづいて考案したのが朱子学であり、それを継承したのが陽明学であった。そこでは郷里空間の核になる存在として、人格的有徳者が要請される。郷里空間は原初的に存在するのではなく、彼の首唱に対して周囲の人たちが唱和することによって形成される。その人格的有徳者は地方官であってもよいし、その土地の名士でもよい。そもそも、ある人物が官僚になれば地方官だし、服喪や引退で帰郷すれば名士になる。つまり、両者に質的な相違はない。これを前者は官僚だから国家を代表し、後者は資産家だから社会を代表するとして、そこに矛盾抗争を見ようとするのは、西洋近代において理念化された二項対立「国家と社会」を中国に当てはめただけである。中国自体にもともとこうした対立観念はない。「国家と社会」を前提とすれば、ローカルエリートは両者を橋渡しする媒介者、もしくはその中間領域の担い手という位置づけになるが、おそらく当人たちにとっては、それは士大夫として当然の役割であって、理念的には天下国家のためであった。領主であるとか一円的大地主であるとかいった、政治的・経済的な制度保障があるわけではない以上、彼らが郷里空間で指導者としてふるまうことができるのは、郷里空間の構成員から指導者として認定されているからである。そのための資格認定書の役割を果たすのが、科挙の学位であった。学校の学生（生員）に始まって、地方試験合格者（挙人）や最終合格者（進士）にいたるランクは、そのまま郷里空間での彼らのステータスに直結した。学位が上の者ほど有徳な人だ。人々がそう思念するからこそ、科挙制度は社会秩序を構築する効果をもおびて機能した。ただ、もちろん、なんら学位をもたない者であっても、人格的に信用できるという理由で、周囲の人々を惹きつける名士は存在する。それを理念的に、朱子学・陽明学においては修身という標語で表現する。自己の利害を離れて、みなのため、当時の用語で「公」とか「義」のために行動する人士ということである。

ある人物が郷里空間の指導者としてふさわしい内面性をそなえているかどうかの試金石として、斉家という徳目が機能する。朱子の注解によると、修身までの段階をクリアーした人物は、次に自分の家族に相対する。この場合の「家」は単婚小家族ではない。当時、家計単位としては大家族が一般的だったわけでは決してない。八条目でいう家とは、朱子の解釈ではむしろ宗族を指していると思われる。

「宗族」という語も、古くから存在する。しかし、これに新たな意味あいをこめて再生させ、郷里空間における秩序単位として育成していったのは道学だった。張載と程伊川は、世襲貴族のいない宋王朝の安定のために、科挙制度のもとでも事実上代々官僚を輩出する名門（世族）が必要であるという見解を述べている（じつはどちらか一方の発言が、両様に伝えられたものかと思われる。両者と関係をもっていたのは前述した呂大臨なので、郷約同様、宗族も彼らの発案になるか）。

同じころ、范仲淹は同族の共有資産として義荘を設け、一族内部の個々の家計単位のなかで貧窮化する者があった場合の救済策を講じた。いわば同族での相互扶助である。また、欧陽脩や蘇洵（蘇軾の父）は、自分の一族の家系図を作成した。この系図作成は、そうした作業の模範づくりという試行の意味ももっていた。後世盛んになる族譜の範型である。朱子は『家礼』を著わして、『儀礼』の冠婚葬祭規定を実践可能なものに改変し、あわせて宗廟の代用物として、儀式・祭祀の場として祠堂を提唱する。

十三世紀以降、これらを模範に宗族（男系血縁組織）の形成があいつぐ。その運動は、モンゴル統治のもとで自治的に秩序維持にあたる必要が増すとともに増幅し、明代には一般的となる。義荘・族譜・祠堂は、宗族の三要件と見なされた。そして、こうした宗族の力を背景にした人物が名士として郷里空間の指導者になる。十六世紀ころから、その人物が科挙を通じて官僚になっている場合に「郷紳」と呼ぶようになる。「里紳」でも「県紳」でもなく、郷紳であったところに、当時の人々が社会秩序をどう認識していたかが如実に現われている。

祠廟政策

郷里空間において、礼教秩序構築にあたって宗族とならんで重要な位置を占めたのが、祠廟であった。

神――この概念自体、慎重な検討を要するものだが、今は問わないでおく――を祀る施設は、中国でも古い時代から設けられていた。それを現場で一般の人々が何と呼んでいたかは定かではないが、経学上は「社」と表記されてきた。国家の法制としても、「里」には「社」が一つずつ置かれる決まりであった。

「祠」とか「廟」という語は、元来は「社」と区別されていた。在地にある神を祀る施設を、識字層がどう表記するかにきちんとした決まりはないが、一般には屋根をもつ建物のことを祠や廟、露天のものを社と呼んで区別する傾向にあった。経学的にそう認識されていたからである。その結果、地方志をはじめとする宋代以降の文書資料を見ると、社にくらべて圧倒的多数が祠廟として記載されることになる。おそらく、経済事情の好転や建築技術の向上により、実態として屋根つきの施設が増加したものと推測される。こうした史料上の変化を、「古来の社が衰え、祠廟が叢生した」と解釈する研究もある。たしかにそうした一面はあろうが、むしろ史料記録者の視線の変化を重視すべきではなかろうか。

つまり、こういうことである。従来、文字史料を残す人たちにとって、民間でどのような神が祀られているかはあまり関心をひかなかった。彼らが祭祀について記述する場合、その多くは国家の礼制であり、あるいは自分たちの階層の祖先祭祀についてであった。ところが、宋代になって郷里空間への注目がなされるようになると、そこでの祭祀の実態を記録する機会が増加する。史料的に宋代の地方の実情を伝える文献で現存するものが増えるということもあって、われわれの目には、あたかも宋代になって祠廟が叢生したかのように見えることになる。もちろん、実数もかなり増加したではあろうが、思想史的にはその記録を残す心性が生じたという面のほうが重要である。

しかも、そうした記録は単に事実を書きとめるためになされたわけではない。そこには評価がともなっていた。記録者の目から見て祀るに値するものなのかどうか、ということである。祀るに値しない、むしろ排除すべきだと判断された祠廟は前にも述べたように「淫祠（淫祀）」と呼ばれた。唐以前にも淫祠は存在したし、それを排斥する文章もあった。しかし、上述のような理由から、宋代以降、その事例が激増する。いうまでもないことながら、祭祀の当事者たちは自分たちの祠廟が淫祠だとは考えていない。そう判断しているのは観察者としての士大夫知識人である。彼らの郷里空間への注目が淫祠を生みだしたともいえよう。

淫祠かどうかは評価・判断によるものだから、評価者や時代が異なれば実態としては同じ神が違う位置づけになることも多い。象徴的な例が城隍（じょうこう）神と媽祖（まそ）神であろう。どちらも宋代には淫祠と判断された事例があるのに、明代ともなると国家祭祀の一角に揺るぎない地位を得るようになっている。

淫祠排斥は古来地方官が単発的に行なっていた。戦国時代の魏（ぎ）の西門豹や唐代の狄仁傑（てきじんけつ）が有名で、宋代以降にも名官の例としてしばしば言及された。これを国家規模で政策的に実施したのは、すでに述べた宋の徽宗である。彼のときに都開封の淫祠千箇所以上を破壊したほか、全国に祀るべき祠廟のリストを提出させて統制を強めている。

これは神宗時代の方針を受けつぐもので、新法政策の一環と見なしてもよかろう。淫祠排斥はその裏側ではそれ以外の祠廟を淫祠ではないとして正式に認定する作業と一体のものだった。祠廟に国家から名称を授与したり、そこに祀られている神に爵位・称号を与えたりする作業が行なわれた。

天命を受けた地上の統治者である天子＝皇帝が、地方の神々に爵位・称号を授与することは、以前からあった。代表的な例でいえば、泰山の神には仁斉帝という帝号が与えられている。その意味で、神宗・徽宗の政策は新しいものではない。しかし、全国規模で祠廟のリストを作成し、正式に祠廟として認定したところには廟それ自体や祭神に国家が名称を与えるというこの新しい政策は、祠廟全体を中央政府が掌握しようとする意図にもとづくものであり、郷里空間を政治システムのなかにきちんと位置づけようという発想によっている。そのモデルを彼らは『周礼』に求めたし、たしかに『周礼』にはそうとも取れる記述がある。机上の機構プランであった『周礼』を郷里空間統制のための典拠として活用し、すべての祠廟を淫祠かどうかふるいにかけるという政策は、このときはじめて考案された。それだけ郷里空間が中央政府から重視される存在になっていたということである。

郷里空間への礼教秩序の浸透は、このようにはじめは国家主導で進められた。それが南宋になると在地知識人に主導権が移る。その理論武装を手助けしたのが、上述のように道学、なかでも朱子学であった。というより、むしろ、在地知識人が自らを教化の主体として捉えたときに朱子学が誕生したというべきであろう。朱子自身、そうした士大夫の一人であった。

以上、五節にわたって、思想史上の唐宋変革の意義を述べてきた。もちろん、理気論・心性論の成立は思想的にきわめて重要な事件である。だが、それはより大きく世界観の地殻変動の一端として生じたことであって、当事者たちがこれらの理論を生みだすことそれ自体を目的として思想的営為をなしていたわけではないということを強調しておきたい。唐宋変革は社会全体の変質であった。それは実態の変化もさることながら、世界を解釈する枠組が変わったという点においてこそ重要なのである。

〔参照した文献〕　諸橋轍次『儒学の目的と宋儒の活動』(著作集1、大修館書店、一九七五)。島田虔次『朱子学と陽明学』(岩波新書、一九六七)。内藤湖南『シナ近世史』(日本の名著『内藤湖南』中央公論社、一九八四)宮崎市定『科挙』(中公文庫、一九八四)、『東洋的近世』(中公文庫、一九九九)。溝口雄三『中国の思想』(放送大学教育振興会、一九九一)。土田健次郎『道学の形成』(創文社、二〇〇二)。市来津由彦『朱熹門人集団形成の研究』(創文社、二〇〇二)。木下鉄矢『朱熹再読』(研文出版、一九九九)。余英時『朱熹的歴史世界』(台湾：允晨文化、二〇〇三)。小島毅『宋学の形成と展開』(創文社、一九九九)、『東アジアの儒教と礼』(山川出版社、二〇〇四)。

第三章　転換期としての明末清初期

『清俗紀聞』（巻 7,「婚礼」より）

十六、七世紀は世界史的な規模での歴史の変動期であるが、中国でもこの時期すなわち明末清初期は、単に王朝の交替（一六四四年）のみにとどまらない、さまざまな新しい変化が顕著に現われ、かつそれが清代に継承され発展していった、その変化の節目の時期である。

ただしここで追おうとしている変化とは、いわゆる西欧型近代に類似するとされる変化ではない。それは宋代以降の思想史上の流れのなかから抽出された変化であり、しかも明末清初の変動をへて清代に継承されつつ清末の激動を生みだすにいたる、中国独自の変化の長途の軌跡である。われわれが知りたいのは、中華という多民族・多文化混淆の、しかも元代以降は統一的な王朝統治の歴史世界で、唐代から宋代にかけて何が新しく生まれ、古いものがどう変化し、その変化が元代・明代にかけてどう継承され、明末清初期にいたってどう新しい局面を生みだし、展開し、清末の激動を招来したか、というその軌跡であって、その軌跡を明末清初期における資本主義の萌芽とか初期ブルジョア啓蒙思想とか、ヨーロッパ基準の歴史現象や原理で説明しようということではなく、ましてそこにヨーロッパに類似の断片を探索することではない。

ただし、この明末清初期における変化の軌跡を、ヨーロッパ型の近代過程とは異なるもう一つの過程として弁別するという立場から、それを中国「独自の近代」（竹内好「現代支那文学精神について」『全集』14、筑摩書房）過程と呼称するとすれば、それも一つの立場ではあるだろう。しかしわれわれは現時点ではそう呼称しようとは思わない。理由の一つは、その過程がヨーロッパ近代の過程とあまりに大きく異なっているため、「近代」概念につき人々を困惑させ、よけいな混乱が生じかねないから。二つには、その混乱を防ぐためには、中国の歴史上のさまざまな概念やそれらの展開の筋道がいかにヨーロッパのそれと異なるかということについて、あらかじめ最低限のコンセンサスが成立していなければならないが、残念ながらそのコンセンサスの成立までにはまだ相当の時間がかかる、と考えられるから。そしてそれに関連して三つめとして、いかに「中国独自」といおうと、いったん「近代」という用語を用いてしまうと、「抵抗の近代」であれ、「巻き返しの近代」であれ、その独自性なるものは、ヨーロッパ近代との関連にあらかじめ束縛され、「独自」が語本来の実質を失う、あるいは「近代」という定型化された名の障碍によって中国の自立した世界像がその自立性を阻害される、と危惧されるからである。

思うに現段階では、アヘン戦争（一八四〇―四二年）以後を中国における近代過程とする、既定の分期のままにしておくのがよい。そしてそのアヘン戦争以後の既定のいわゆる中国近代過程の視座上の偏りを、十六、七世紀以降の中国内部の変化の軌跡を媒介にして、あぶりだすのがよいであろう。

例えば、アヘン戦争＝近代視座によれば、その西洋中心主義的な視座のため、共同主義的・相互扶助的な宗族制や儒教倫理は近代化の阻害と映る。一方、十六、七世紀視座によるならば、宗族制や儒教倫理に含まれる共同主義的あるいは相互扶助的な側面は民国期の社会主義運動のなかに回収され現代にも生きていると映る。あるいはもっと基柱的なこととして、アヘン戦争視座では不徹底なブルジョア革命としてしか評価されない辛亥革命（一九一一年）が、十六、七世紀視座によれば、二千年来の王朝制を倒壊に導いた画期的な革命という評価を得ることになる。

この十六、七世紀視座は、その変化が辛亥革命と脈絡づけられることを必須とする。その脈絡づけは、まず十六、七世紀に見られるその変化が一つの歴史時代を画するほどの変化と見なしうるものであり、そしてもう一つにその変化の実態が清代を通して連続的につながり、辛亥革命にいたるものでなければならない。すなわち、旧来の、十六、七世紀に萌芽した初期ブルジョア思想が、清朝の抑圧により地下にもぐらされ、清末に辛亥革命として噴出した、といった類のいわば苦しまぎれの地下水脈構図ではなく、清代を通じて変化が地表で持続し、かつ成熟を遂げるものとして捉えられるものでなくてはならない。

というのは、明末から清末までを一つながりの連続態として俯瞰できてこそ、明末の様相が清末の辛亥革命の意義を規定し、逆に清末の革命的様相が明末の変動の意味を規定する、すなわち中国の歴史像がトータルに塑造される、いいかえれば、中国の歴史が、王朝によって変化が規定されるのでなく、変化によって王朝が規定される、つまり中国の歴史がその歴史像を自らのものにすると思われるので。もしわれわれが強いて望むならば、ヨーロッパの歴史像が、近代像を塑型として古代ギリシアの歴史像を生みだし、古代の様相から近代が意味づけられることによって、ヨーロッパが一つの歴史物語に仮構されたように、われわれも中国についてもう一つの歴史物語を仮構することも可能なのである。

一　政治観の転換

民本観、君主観の変化

明末清初期には政治観に新しい変化が見られる。史料としてまずあげられるのは、黄宗羲の『明夷待訪録』に見られる新しい君主観であろう。有名な「原臣（臣とは何か）篇」のなかで、「われわれが出仕するのは、天下のためであって君のためではない。万民のためであって君主一家のためではない。われわれは天下万民のために政見を立てる。それが道に適っていなければ、たとい君主が怒り顔や荒らげた声で自分に強いようとも、決してそれに従わない」と述べられている。

ただし、こういったいわゆる民本主義的な言説は中国では古代以来どの時代にも見られることで、そのかぎりでこの言説もとくに珍しいとはいえない。例えば「天が民を生じたのは君のためではない、天が君を立てたのは民のためである」（『荀子』大略篇）、「天下は一人の天下ではなく天下の天下である」（『呂氏春秋』貴公）、あるいは「君は船で庶民は水である。水は船を浮かせるが、また覆しもする」（『荀子』王制篇）といった言説は、ことばを変え表現を換えながら清末期までえんえんと語りつがれている。そういう古来の民本主義的な語句の流れに対して、ここでのいわゆる新しい君主観は、どの点が歴史的に新しいと評価できるのかが問われる。

それには二つのポイントがある。一つは、明末清初期には、君主のありかたについての原理的な論説が当時の批判的な儒家知識人の間にとくに大量に見られること、二つにはそれらの言説の背後には、民本主義というだけにとどまらない新しい時代的な特質がうかがわれること、である。

一つめの、大量の新しい君主観というのは、明末期の東林派とか復社とかと呼ばれる批判的知識人グループの言論*のなかに見られるが、それらの声を代表したのが黄宗羲の『明夷待訪録』あるいは顧炎武の『亭林文集』、唐甄の『潜書』などである。なかでも明末の政治的言論を総合し体系的にしたものが黄宗羲の書であり、そのなかには明末の声が集大成されているといっても過言ではないので、ここではもっぱら『明夷待訪録』を中心的な材料として取り扱う。

では、二つめのそこに見られる時代的な特徴は何か。まずそれは「民」の側に政治の基点を置いた、いわば民衆的観点の確立という局面である。元来、民こそが政治の根本だという民本主義のテーゼは、もともとは君主の側に政治の基点を置いたものである。すなわち君主に対して、民の安定こそが政治の安定の要諦であると教えたもので、その政治をとる主体はあくまで君主であり、民は政治の被体にすぎない。つまり古代以来の「民本」というのは「民が本である」というのではなく、君主が「民を本と見なす」というにすぎない。ところが明末に発言される民本的言論は、是非は民間あるいは地方の公論のなかにある、皇帝や官僚は民衆の是非に従うべきである、と「公論」の尊重を主張するものである。つまりそれは秩序形成の主体は民の側にあるということで、それは原理的に政治の主体が民の側にあることをいう。では、この公論尊重という新しい風潮は、時代のどういう局面を反映しているのだろうか。

結論をさきにすると、この公論の興起の背後には、前章（一三二ページ以下）で述べた「郷里空間」の成育という新しい社会変化がある。明代は里甲制という徴税のための行政システムを村落のすみずみにまで設けていたが、これは各戸各丁（丁は成人の男）をひとしく徴税の対象として掌握する、いいかえれば万民を平等に皇帝の民として、官僚体制を通じて掌握するという一君万民体制の原理に依拠したものである。ところが明末になると田土の所有関係など経済関係の流動化（均分相続制と人口増加、貨幣経済の進展などにもとづく）にともない、都市や郷村で社会秩序上の矛盾が増大しはじめ（こういった傾向は明代中葉から萌しはじめ、それが朱子学の民衆化や陽明学の興りをうながした）、郷紳（きょうしん）と呼ばれる、官僚経験のある地方エリートを中心とした富民の発言力が増大しはじめた。これにともない官僚の行政力量が相対的に弱まり、在地の富民・知識層の影響力が強まった。それがつまり「公論」の背景なのである。上記の「民本」との関連でいえば、従来のように皇帝の仁政が一君万民体制下の万民に上から一方的に施されればよいというのではなく、官僚をはじめ在地の為政層がいかにこの公論を尊重するかが重視されるようになった、ということである。

こういった状況は当時の政治構図上の対抗を反映したものである。それは、旧来の一君万民的な官僚統治を重視するか（例えば宰相張居正（ちょうきょせい）の書院抑圧策）、あるいは地方公論を重視するか（例えば後述の東林派人士の主張）、という路線上の対抗である。明朝も爛熟期の万暦年間に入ると、里甲制の破綻などのため税の徴収が円滑に進まなくなったうえ、日本の秀吉の朝鮮出兵や北辺女真（じょしん）族の侵攻などの外圧やそれにともなう出費もあって、国庫はしばしば不足を告げる事態となった。

こういった事態に対し、万暦帝の神宗は張居正とともに中央権力のいっそうの強化と徴税の徹底を図る方針をとり、張居正亡きあとは宦官（かんがん）に依拠して、官僚らの反対を押し切り、宦官の直接派遣による徴税収奪まで行なうようになった。たとえば鉱税と呼ばれる新税を設け、宦官らが鉱山でもない一般の富裕層の邸宅に押し入り、鉱石が出たと称して家財を強奪するということさえあった。これに正面からの批判を加えたのが東林派グループなどの文化的結社で、彼らは地方の公論を背景に、中央権力に対抗して地方重視の政策を求めたのであった。ちなみに黄宗羲の父は東林派グループの一員として宦官と闘い、投獄のうえ惨殺の憂き目に遭っている。

＊　以下に、地方の公論重視を主張するいくつかの例をあげる。

「天下は一人で治められようか。…一人の英断に頼って、諸大夫や国人（官僚や郷紳、土地の有力者たち）の是非の判断を封じれば、陛下の意見はときとして脇にそれる。」（劉宗周）

「国の是非は、群衆の心の自然から出、世論として形成される。人主一人がこれを操ることはできない。…天下の匹夫匹婦がこれを操る。匹夫匹婦が是とするところは主も臣もこれを改めて非とすることはできず、匹夫匹婦が非とするところは主も臣もこれを改めて是とすることはできない。」（繆昌期）

「官僚の意見に耳を傾けるよりは細民の声を聴く。首都の人士の声よりは地方の人の声を聴く。まさか首都にだけ公論があって地方にはないということではあるまい。官僚や郷紳の噂話こそが実録で、細民の声はでたらめだというのではあるまい。」（顧憲成）

「国家が〝元気〟（宇宙根源の気）として依存すべきものは公論である。」（華允誠）

民の「自私自利」と皇帝の「大私」

明末清初期の君主観における新動向を示す史料として、前掲の原臣篇にならんで有名な「原君篇」があげられる。そのなかで、黄宗羲は、天下の公とされているものが、そのじつは皇帝一己の「大私（大いなる専有）」であるにすぎず、その大私によって民の「自私自利（民の私的な収益活動）」は抑圧されていると批判し、「とすれば、天下の大害たるものは君主にほかならない。もし君主というものがなければ、人々はみな、自私や自利を遂げることができたであろうに。ああ、君主を設けた理念とはこんなことであったのか」と述べている。

ここで留意すべきことは、「私」という観念が、一つの文章のなかで肯定的と否定的と、両方の評価を受けながら用いられているということで、ここには転換期におけるある種の混乱が露呈している。もともとそれまでは、宋代以来の「天理の公、人欲の私」というセットフレーズに見られるように、天理が公正な条理、調和の共同性（「天理＝

公」）であるのに反し、私は条理はずれの恣意や我意（「人欲＝私」）として、長い間否定の対象とされてきた。ところがここでは皇帝の「大私」のほうは大いなる専有として、すなわち旧来の私＝利己＝専有の観念を踏襲して否定的に扱われているのに対し、民の「自私自利」のほうは、民の私的な収益活動というそれまでになかった新しい意味を含み、それが肯定的に扱われている。「私」がそのような新しい意味を含みながら肯定的に扱われるようになったのはこの時期の変化の一つとして注目されることだが、それについてはあとでまた述べるとして、ここでは、皇帝の大いなる専有が民の私有財産保有を含む私的収益活動の障害になっている、という黄宗羲の認識のほうに注目したい。

ただし、この認識の背景には以下のような具体的な事例があり、おそらく彼の脳裡にもそれはあったと思われる。すなわち、神宗は寵妃の子の常洵（じょうじゅん）を溺愛して、彼をくり返し皇太子にしようとしては宰相らの反対にあってついに実現できず、結局、彼に四万頃（けい）（約二三〇〇平方キロ、神奈川県一県分にほぼ相当）の封土（ほうど）を与えることで決着をつけようとしたが、当時の統計による中国の全耕地面積が七百余万頃（約四〇万平方キロ、ちなみに日本の総国土面積は約三四万平方キロ）であったとはいえ、全体の〇・六パーセント近い田土を一王子に与えるというのにはさすがに宰相らの反対が強く、最終的には二万頃に減らして一件を落着させたという経緯がある。その二万頃の封土とは具体的には王府といわれる王族の荘田（そうでん）のことであり、このような荘田の増加は国家の税収を逼迫させ、ひいては周辺の農民の増税をもたらす要因の一つになっていた。もともと明の太祖はこういった王府や皇荘（こうそう）（朝廷直轄の荘田）など、朝廷の私有地の増大には強く規制を加えようとしていたが、王朝も末期になると、皇荘や王府あるいは勲戚の荘田などは年々増大するばかりで、そのうちの極端な一例がこの常洵の例であった。

黄宗羲は『明夷待訪録』田制篇のなかで、官田を含めた全耕土の全戸への配分を主張しており、それによれば官田は全耕土の三分の一にのぼるとされているが、この皇荘や王府とはその官田の一部にあたるものである。彼の念頭に少なくとも増大の一途をたどった皇荘や王府に対する批判があったことは推定でき、皇帝の「大私」が民の「自私自利」を抑圧するという彼の批判の背景には、こういった朝廷の私産が「民土」の伸張を阻害しているという事態があった。朝廷の私産を「大私」というのは、一方の極にそれを大私と感ずるだけの、民の私有財産に対する何らかの「権利」意識の増大があった、とも考えられるのである。権利といっても西洋流の個人の私有権とは異なるのだが（それについては後述）、この権利意識に関連して興味深いのは、以下に見られるような王土観念に対する民土観念の出現である。

王土観と民土観の変化

明末清初期には、黄宗羲にかぎらず、王朝政府の「横徴暴斂（税のほしいままな暴力的徴収）」を批判する発言が多く見られる。ただし横徴暴斂を批判する言説は、どの王朝もその末期にはよく見られることでそれ自体は珍しいことではないが、それが「民土」観と結びついて出てきているところに明末清初に固有の特徴が見られる。

「先王のとき民はお上に養われ、その後、民は自ら養うようになった。その後、横徴暴斂のため、民は自らを養えなくなった。…田が王から民に授けられるから、それを王土という、後世の田は民が買ったものであるから、民土であって王土ではない。…民が自分で買った田である以上、漢代のような三十分の一の税率であったとしても、有難いとはいえない。」（黄宗羲「破邪論」賦税）

「五穀が生じて以来、民が先祖より耕してきた田を、王者がどうして占有したり税をかけたりできよう。…土地を勝手に一人が専有できないというのは天と同じだ。天が分割できないように土地も分割できない。王者は天の子であるとしても、どうして天地を独り占めできようか。…（土地に）税金をかけるなど、妄挙である。」（王船山『読

通鑑論』巻一四）

これらの言説で特徴的なのは、批判が単に「横徵暴斂」に対するものだけにとどまらず、徵税そのものの不当性を民土という観念を軸に主張していること、またそのことと交錯するかたちでイデオロギーとしての王土観がその根源について問いなおされていること、そしてそれらが「王土」対「民土」の対抗という図式をとってなされていることである。

ここで王土というのは、もともとは『詩経』の有名な「普天の下、王土にあらざるなく、率土の浜、王臣にあらざるなし（天の下あまねく王の土地であり、地の果てまで王の臣下である）」（小雅、北山）にもとづく語で、事実的にいえば文字通り王者の土地、つまり「それ土地は乃ち朝廷の有するところ」（金文榜「減租辨」）といわれる朝廷の所有地であり（稀れに朝廷の支配領域という意味や夷狄の地に対して文明の地という意味で使われることもあるが、ここでの論旨とずれるので今は取り上げない）、理念的にいえば、覇者ではない王者の土地、すなわち天下に「公」たる土地である。

明末には「（民の害となるものとして）皇荘および諸王、勲戚、中官の荘田よりひどいものはなかった」（『明史』巻七七）とふり返られるように、皇荘以外にも皇帝の王子、建国の勲功者、皇帝の姻戚、宦官などが所有する荘田が、民田を圧迫するものとして批判の的になっていた。「普天の下、王土にあらざるはない。どうしてその上に皇荘を必要とするのか」（同、巻一八五）というのは、天下に公であるべき皇帝がどうして「私」有地を求めるのか、という文脈から出たものである。

われわれはここで、中国の王朝が倒されるとき、人心を失った皇帝一族がしばしば「天下の公」に対して「一姓一家の私」として指弾されたことを想起しよう。朝廷の所有地としての「大私」はここでは指弾の対象でしかない。

このように王土には、前述のように事実的な朝廷の所有地のほかに、もう一つ理念的な「天下に公たる」土地の意味があるが、この「天下公」の土地とは、当時の中国の通念では、「王から民に授けられた」井田(せいでん)制の田土のことであった。井田制の田土とは、『孟子』に出てくる古代にあったとされる理想の制度のことで（くわしくは次節参照）、理念として、絶対に公平に配分され誰にも独占されることのない天（＝公）有の田土、いいかえれば朝廷をはじめ誰によっても専有されることもないとされた、いわば天下公共の田土のことである。

「王土」に含意されるこの二つの意味は、「民土」にも反映している。一つは個別の民の私有田土、一つは天下の万民が均(ひと)しく所有する田土の二つの意味を含意するものとして。つまり「民土であって王土ではない」というのは、「個々の民が先祖から継承し、あるいは自らが購買した私有の田土である以上、しかも朝廷が一姓一家の私にすぎない以上、どうしてそのような朝廷に税を納める必要があろうか」という意味と、「元来、田土は天下公共すなわち天下万民のもので、特定の誰かが専有し、徴税できるものではない」という意味を同時に含んでいる。前者は「私（＝私有）」対「大私（＝専有）」の対抗であり、後者は「公（＝公共）」対「私（＝専有）」の対抗である。

前項の「民の自私自利」対「朝廷の大私」の構図が、上の二つの対抗を構図化したものであることが、ここに明らかであろう。つまり、明末における民土と王土の対抗は、単純に民の私と朝廷の私との対抗、あるいは民の私と朝廷の公との対抗ではなく、「万民の私（すなわち私の総合としての公）」対「天下公を標榜する朝廷の大私」との対抗だったのである。「天下公を標榜する朝廷の大私」というのは、仮面を剝がれた天下公ということである。「公だけがあって私はないというのは後代の美言（きれいごと）」（顧炎武『日知録』巻三、言私其豵(きそう)）といわれるように、明末には「公」には陰影が生じていた。批判的知識人の目には、朝廷が標榜する公は、大私の隠れ蓑にしか映らなかった。では真の公はどのようなものか。「天下の私を合して公となす」（同）ことである、と顧炎武はいう。この「天下の私」

こそが民の自私自利、すなわち「万民の私」にほかならない。

「万民の私」とは、個々の私の単なる集積でもなければ、個々の無制約な私でもなく、すべての私が充足し調和しあう、私の調和態としての真の天下公である。一方「朝廷の大私」の含意は、真の天下公ではない、ということである。彼らが考えた真の公は、万民の私が合したもので、私のない公ではない。私のない公は、実質を隠蔽した虚偽のスローガンでしかない。まして、民の私を圧迫する「大私」が真の公ではとうていありえない。

結局、万民の私と朝廷の大私を通貫している思想史的な時代意義は、朝廷の所有地としての平板な王土観念が変革され、新たに「万民の私の均等充足」という観念が導入された点にある。すなわち、万民の私を「合し」たところに成り立つ天下公共の「王土」という観念が創出された。

彼らは個々の私的所有の各自に無制約な貫徹を主張していたのではない。また一方、王が民に公平に仁恵を施すという建て前に立った道徳スローガンの公ではなく、民自らが主体的に参加する万民の私を主張している。その万民の私、天下公共の私が「民土」なのである。

こういった民土と王土の対抗は、神宗の鉱税、商税の恣意的な徴収や、それにつづく皇子の一人への莫大な荘田授田問題などをめぐる抗争を反映しているが、しかしだからといって、これら黄・王・顧の発言を、単に神宗皇帝個人に対する個別的な批判と見なしてはならない。たといこの批判の背景に個人的な事例があったとしても、問題はその事例を通して、民の所有意識が鮮明にされていること、すなわち皇帝の恣意的な土地所有が民の私有に対する侵害と受けとめられるような私的所有意識が顕在化しはじめている、ということにある。

ただし、民の田土の私的所有はすでに宋代から一般化している（ちなみに朱子〔朱熹（しゅき）〕にも「民が自分で買った田に税金をかけるとは何事か」という発言がある〔『朱子語類』巻一一六〕）ことであるのに、明末清初期になってはじめて私的所有意識が表面化しはじめたということは、どう考えたらよいか、一つの疑問である。おそらく宋代からの民の私的所有は、事実としては存在しながら、観念あるいはイデオロギーとしてはいまだ定着せず、それが観念の世界でも「民土」観として表面化するには明末清初期まで待たなければならなかっただけの、何らかの理由があったと思われる。

一つの理由として、里甲制という明の太祖が創始した徴税システムが明末清初期には機能を弱めていたという事実がヒントになる。このシステムは民が皇帝の民であるというイデオロギーのもとで、民戸をある定数ごとにグループ分けをし、納税について連帯保証させ、各戸にグループ内の徴税を輪番で請け負わせるというものであり、基本的な前提として、各戸は基本的に自営農であり、田土の所有も建て前としてほぼ均等であるとされていた。そのシステムの機能が弱まったというのは、各戸の土地所有に不均等が生じ、均等を前提としたグループ編成に無理が生じ、官がこのシステムを掌握できなくなったということで、裏返していえば、一君万民のイデオロギーによる君―官―民のヒエラルヒー・システムが十全には機能しなくなり、郷村の秩序は郷村にゆだねなくてはならなくなった、そのうえ均分相続制という制度的な特質も加わって、田土所有に関して上昇下降の変化が激しくなった、つまり経済関係としての土地所有関係の矛盾が激しくなり、そのため土地所有関係が民間のむきだしの経済関係に転移し民間の活動空間が広がった、その変化を反映して「民土」意識が強まった、その民土意識の高まりが、皇帝一族の大土地所有を「大私」として、つまりあるべからざる専有として批判の対象とするにいたった、と推測される。

このことは、同じく『明夷待訪録』田制篇の言説によって傍証される。すなわち黄宗羲はそのなかで、当時の、官田・屯田(とんでん)を含む全耕地(当時の王朝の公式統計で約四三万平方キロ)を全民戸(同じく約一〇六〇万戸)に平等に配分するようにと主張している。この場合、官田は全耕地の三分の一を占めるとされ、そのなかには皇荘・王府なども含まれているから、この田土配分論は、皇族私有地の解放の要求という側面をもっている。すなわち王土を解放して全耕地を民土にせよ、というのであり、その「民土」観に立脚すれば、民土の均等配分にとって王土は障害であり、また均等の「民の自私自利」にとって「大私」であると観念された。視点を変えていえば、皇帝の土地所有が障害と見なされるだけの民土意識の高まりがあった。

この場合、この民土意識、いいかえて私的土地所有意識の高まりが、私的所有の無制限な貫徹という方向に向かわず、逆に抑制の方向に向かうであろう均等配分化の主張と表裏していることに留意する必要がある。なぜ、彼らは私的所有を貫徹しようとせず、かえって均分化の道を自ら選択しようとするのか。これについてはあとで述べるとして、ここでは均分化を志向せざるをえなくさせるだけの田土所有関係の不安定な流動的状況が背後にあった、そしてその不安定な流動性が私的所有意識を強める一方でそれの共同保有を志向する作用をもたらしたであろう、ということを述べるにとどめる。

なお、ここまで「私的所有意識」というあいまいなことばを使ってきたが、これは私的所有権ということばを避けるためである。これまでの社会史や法制史の研究に依拠して考えると、中国社会における田土の所有権というものは、ヨーロッパや日本と非常に違うように思われる。例えば江南に多く見られた一田両主制が好例となる。これは一つの田土を田皮（でんぴ）・田面（表層部）と田根・田底（深層部）に分け、田皮部分を耕作する農民と田底部分を所有する農民を、いずれも業主と呼んだりするもので、一つの田土に「主」が二人いるから一田両主という。日本人が考えると前者は小作人、後者は地主で、所有権は地主に帰属するが、一田両主制の場合はそれでは説明がつかない。前者は田土に施肥、灌漑、耕作などの手を加えて増収を企てる農作営業主であり、後者は田土をより収益率の高い農作営業者に貸与してその賃料をとることを業とする田土営業主であり、前者も後者もどちらも（契約の内容いかんによっては）その田皮や田底の営業権を互いの承諾なしに第三者に売買することもできたという意味で業主である。こういった営業の権利の重複共存は、湖池での漁業（湖池の領域占有者と漁業者）など多岐にわたっており、これらの営業の権利は所有権というよりは業権というのが実態に近い。だから田土の「私的所有」というのは実態からいえば、私的利益取得のための業権を保持し行使しているということで、これは農業だけでなくおそらく商工業全般にいえることなのである。

またここで「私的」ということばを使っているが、この「私」も必ずしも個人に限定されない。大家族の財産がおおむね「共同」財産であることを想起すればわかる。大家族の様態はしばしば「同居同財」という語で形容され、この同財というのは「共有」財産を意味するが、この共有は個人各自の持ち分が明確にされた共有ではない。事実「同財」において財産の管理は家長のもとにあり、家長の裁断によって「公平」に扱われるが、その公平は例えば困窮者救済を第一義とする式の相互扶助原理にのっとることが通例であり、各々の「私」が平等に扱われるという意味での「個人」平等原理が前提にされているのではない。にもかかわらず「同居」は夫婦単位の私房と呼ばれる私的な居住空間を単位に行なわれるので、そのかぎりの私的生活は存在する。一方、この大家族も外部との関係でいえば一つの「私家」であって、「同財」の財産も私有（同族有）財産ということになる。したがって私的・私有といってもその「私」は絶対的・個的ではなく、相対的・連携的であることに留意する必要がある。

以上、ここで民土観の主張というのは、こういった「私権」としての業権の行使やその他さまざまな「私」的権益取得のための経済活動が活発化したところから出てきたのであろうと考えるのである。叙述の都合上、所有意識とか所有権意識とかという語を使うが、上記の事例をも包括した語として理解していただきたい。

二　新しい田制論と封建論

井田論の伝統

中国では、古来、井田・封建・学校が、上古の三代（夏・殷・周）の遺制とされ、ユートピア時代とされるその三代にはこの三つが理想的に完備していたと言い伝えられていたが、井田についてその言い伝えを解説したのは孟子である。『孟子』滕文公上篇によれば、例えば周代には、九〇〇畝の田土を一井としてそれを九区画に等分し、そのうちの真ん中の一区画を公田として税糧にあて、周囲の八区画を私田として八家で分配し、まず公田を八家共同で耕作したのちそれぞれ私田の耕作にあたり、八家は平常から共同で盗賊を防いだり相互に扶助しあって生活していた、とあり、田土を均分に所有しあった平等の共同体関係が理想の状態とされていたことがわかる。

田土所有を均等化するというこの理想は、現実離れした空論に近いと思われるが、しかし、古来これの実現を求めてさまざまな議論が展開され、また実際の政策にも試みられたりしていて、中国における田制問題の重要性をうかがわせる。

実際の政策に試みられたものとして、たとえば前漢の董仲舒の限田論は、田土所有の上限を決めて豪族の所有田に制限を加えようと図ったものであるし、前漢の皇位の簒奪者とされている新の皇帝王莽が実行しようとしたのは文字通りの井田法であり、これらはいずれも実現されなかったが、それ以後も西晋の官品に応じた限田政策とか、北魏の均田法とか、唐の戸口に応じて一定の田を終世貸与する授田制とか、下って南宋の賈似道の大土地所有の上限以上の田土を国家が低価で買収するという公田策など、普及や実現の度合についてはともかく、限田や均田の試みは言説上のものまで含めて、さまざまに継承された。明末清初の田制論はそういう伝統的な論議のさきにあるものである。

民土観に立った新しい田制論

伝統的な田制論議を受けついだものであったが、しかし明末清初のそれにはそれ以前のものと決定的に違う点があった。それはそれ以前の限田・均田は、『詩経』の「普天の下、王土にあらざるなし」という王土観に立った、すなわち中国の全土を皇帝の所有地であるとする考え方に立った上からの施策であるのに対し、明末のそれは、前節に紹介した民土観、すなわち田土を民間の所有にかかわるものとする考え方に立った下からの主張である、という差異である。

前者の基本的な考え方は、皇帝の仁慈によって民の財を公平に分配してやるという恩恵の思想、および特定の有力地主や豪族の台頭を抑制するという王朝支配本位の思想にもとづいているが、恩恵の思想も究極は民の貧窮化による反乱を防ぐという反乱予防策につながるものであるから、この上からの均田・限田策というのも結局は、皇帝の支配を貫徹することを目的としたものである。これに対し後者の場合は、黄宗羲の田制篇に示されるように、まず民の私的権益の安堵を前提としたもので、基本的にこれは「民土」所有の安定的な発展を願う当時の民の要求にそったものである。

では、明末清初に見られる田制論とは具体的にどのようなものか。

さきに黄宗羲の田土配分論が官田解放を内包したものであることを述べたが、その詳細は、万暦六年（一五七八）の丈量（田土測量）にもとづく当時の官田・屯田を含む全耕地面積の約七百余万頃（けい）（約四三万平方キロ）を、全戸の約一〇六〇万戸にまず五〇畝（〇・五頃）ずつ均等配分し、残りの一七〇万頃を富民に再配分するという均等配分論である。一方、王船山（王夫之）の田制論は一種の限田論で、各戸の田土所有の上限を三〇〇畝とし、それ以上の所有田は小作田と見なして税率を自耕田の倍とし、かつ水旱害時に自耕田の税は免除される場合にも小作田は免除されない（『読通鑑論』巻二）というものである。これに対し清初の顔元の田制論は一種の均田論で、地主に一〇頃（一頃は一〇〇畝）の田土があり、そのうち一頃を自耕し、九頃は小作に出すとしたとき、三〇年を限りとして小作の田土は小作農に授与される、すなわちこの地主は一世代三〇年を過ぎれば一〇頃の地主から一頃の自作農へ転ずる、というような地主・小作の自作農化を提言している（李塨『擬太平策』巻二所収）。

このように、明末清初の田制論は、一方で民土を主張しながら、もう一方では均等配分や限田策を主張するという特質をもっている。もし「民土」の主張が個々の私的土地所有の安堵をめざしたものであったとのみ考えるならば、その私的所有に自ら制約を加えようとするこの矛盾は、解けないであろう。

この疑問に答えるには、まず中国における均分相続の歴史を考慮しなければならない。中国では宋以降、均分相続が基本になっており、このことにより土地所有が流動的になっていた。父祖が一〇〇〇畝の土地所有者であったとして、相続する子息が二人であれば五〇〇畝ずつに分割され、その子息にまた二人ずつの子息がいれば、五〇〇畝は再び二等分されて二五〇畝になる。つまり三代目には四分の一になる。子息が仮に五人ずつとすれば同じく孫の代には二十五分の一にまで激減する。中国に「先祖代々の土地」という語が存在せず、逆に「貧は三代つづかず、富も三代つづかず」という語があるゆえんである。思うにこのような均分相続の慣習に、明末期には、貨幣経済の進行、人口の増大などの要因が加わって、田土所有の不安定な流動化が顕在化しはじめた、それが上記の配分論の背景にあったと見なされるのである。

さらにもう一つには、先述の中国における「私」的所有の特質、とくに大家族制の組織形態としての宗族制を考慮する必要がある。

田土所有の流動化という現象に実効的に対処したのは、知識人の均分論議ではなく、宗族的結合による相互扶助のシステムであった。宗族制は古代から見られる制度だが、唐以前のそれは、門閥保持のための結合であったのに対し、宋代以降のそれは血縁的な結合を重視し、宗族のなかの貧窮部分を救済するなど、血縁間の相互扶助を目的にしていた。この宗族制は明末ころから清代を通じて華南を中心に広範に普及した。このシステムにおいて、構成員たちは私有田の一部を割いて同族の共有田に寄付し、子孫が貧窮化したときに備えた。その意味では相互保険の役割も果たした。ここでは「私」はつねに共同性のなかにあり、共同なき私は存立できないという、「私」間における共同性が発揮された。民土主張というのは、その意味では「共同」的な「私」の主張であり、一方、均分や限田も「共同」化を志向したものであるから、両者の間にはもともと矛盾は存在していない。

明末清初期には、均分相続による田産の細分化のため、地主が小作人に転落し、あるいは朝廷の税収奪のために一代で破産したり、逆に横暴な特権的地主が民衆の打ち壊しにあったり、また王府・皇荘などの門閥一族の増大により一般の地主の利益が圧迫されたりなど、社会状況は不安定な流動のなかにあった。宗族制が明末以降にとくに穀倉地帯の華南に広がりを見せたのは、以上のような状況を背景にしてのことであった。

ただし、宗族制的な秩序が浸透と広がりを見せた清代中葉には、均田や限田に対する批判や反対意見が強められ、やがては皇帝すら、例えば乾隆帝が「たとえ均田が善政と称せられ、窮儒がしばしばこれを希望して必ず実行すべきだといおうと、これは今日にあっては断じて実行困難である。富家から奪って貧家に与えるということが万々不可であるのはもちろん、たとえ多きより減じて少なきに加えようとしたとしても、富人の剰余部分で貧人の不足部分を補うこと自体が不可能なのだ」（『乾隆東華録』巻三六）という勅論を下すなど、変化が生じるにいたった。これはおそらく宗族制の安定という状況のなかでは、再分配はむしろ宗族内の「共同」紐帯を断ち切り、各家族をばらばらの「私」にふたたび分解させる危険があるという判断が働いた、そしてその判断の背景として人口の急増にともなう耕地の絶対的不足という事態が進行していたのではないかと推察される。里甲制を再現するにはあまりに人口が増えすぎ、耕地面積の絶対量の不足にともなう土地所有関係もまた前代とは比較にならず流動化していた、ということであったのだろう。

以上、明末清初期には、民土の主張と並行して均分論が主張されるという一見矛盾した様相が見てとれるが、その矛盾を縫合したのは「共同」性という共通項であった。ここで留意すべきは、均等配分の主張が従来は皇帝の上からの施策（例えば唐代の均田法）としてなされてきたのに対し、明末には民土意識の確立を前提あるいは基盤にしてなされているということである。このような「民」の所有意識の確立と私有と私有の間の水平的な共同性への志向こそがこの時期の歴史的特質である。民は、自らが遭遇する困難に自らの力で対応するというだけの主体的な力量をそなえつつあったのである。この民の力量の増大という変化は、「封建」観念にも及ぶものであった。

明末清初期の新しい「封建」

秦漢帝国の成立期以後には、田制論とならんで、郡県か封建かという政治体制上の論議がくり返し議論されてきているが、その場合の封建は、具体的には皇帝の一族である王族に、たとえば辺境に封土を与え、いわゆる藩鎮として辺境を守護させることの可否など、要するに封土を与えることを主眼とした中央権力本位の議論であった（第一章の三、参照）。ところが、明末清初期にはこの伝統的な封建論議のうえに、新たに、過度に中央に集中したと見なされる皇帝専制体制のなかで、「民間」の力量の増大にともない、どのように地方あるいは民間がもつ力量を容認しそれの発揮を認めるかという方向での論議が加わった。

まずその一つとして、いくつかの議論は、皇帝権力の絶対性を否定し、その権力を相対的に低めようとする方向に向けられた。その議論は『孟子』万章上篇の、周代の封建制を解説した部分に依拠して行なわれた。すなわち古代封建制下にあっては、「君一位、卿一位、大夫一位、上士一位、中士一位、下士一位、全部で六等級ある。…君は卿の禄の十倍、卿の禄は大夫の四倍、大夫は上士の倍、上士は中士の倍、中士は下士の倍、下士は庶人で官に就職している者と同じ。その禄は〝農〟（農民）の一年分の収入にあたる」とあるのに拠った。つまり、下士の年俸を一とすると、大夫はその八倍、卿は三二倍、君は三二〇倍となるから結局、君主の年収は一般の農民の三二〇倍ということになる。

これをうけて、黄宗羲は『明夷待訪録』置相篇で、周代では「独り天子だけが超然と等級の上にあったのではない」と述べ、皇帝が官僚の上に超然たる権力をもっていることを批判した。また顧炎武も『日知録』のなかで、天子に「絶世の尊貴があるのではない」（巻七）とし、その俸禄も「農」を基準にするのである以上、皇帝が民から厚く税を徴収して自らに奉ずるのはおかしい、と皇帝と一般の民との隔絶を批判した。さらに清初の呂留良（りょりゅうりょう）は「およそ俸禄の制度はみな〝農〟を起点とし、…俸禄は〝農〟にもとづき、俸禄は〝農〟から出る」（『四書講義』巻三九）と述べ、官僚制を支えている「農」すなわち在地の民の存在をクローズアップしてみせた。

こういった権力の絶対性への批判に見られる在地勢力の自負を背景に興ったのが、地方官の在地化の主張であった。中国では宋代以降、県知事ら地方官の任期は長くて三年、早ければ一年前後（不久任制）、任地もその人物の出身地を回避し千里以上離れた遠い地方に赴任させる（回避制）というのを原則としていた。これは地方官が地方に盤踞して在地の有力者と結託し反乱のもととなることを警戒してのことであるが、例えば顧炎武は、そのような「回避」

の法を、それでは赴任地の風俗や慣習もわからず、ことばさえ通じず、役所に群がってくるのは狡猾な吏ばかりになると批判し（『日知録』巻八、選補）、千里以内の人を選び賢才であれば終身その地を治めさせることを提議し、それを「封建の意を郡県のなかに寓する」と称している（『顧亭林文集』巻一、郡県論）。そして、「もし県知事に百里の地を私させたならば、県の人民をわが子のように、県の土地を自分の田土のように、また県城の城郭は自分の家の垣根のように大切に扱うだろう」と、ほとんど世襲的な封土に近い考え方を示した。一方、黄宗羲も、『明夷待訪録』学校篇で、地方の学校において地方の政治について討論し、地方官の施策に問題があれば糾正しあるいは弾劾する、校長はその地方で選び、中央から派遣される地方官はこの校長の下位に置かれる。討論においては、「天子の是としたことが必ずしも是とされず、天子が非としたことも必ずしも非とはされない。天子も自分ひとりで是非を決めず、その是非を学校で公開討議して決める」ことが指標とされた。この黄宗羲の学校論は、顧炎武の封建論とともに、清末に盛行した「地方自治」論の源流と見なされてきた。

こういった地方自治的な封建論議は清初にも受けつがれ、たとえば李塨（りこう）は、地方官の任期を長くし、かつ権限も大幅に委譲して、「ただ大綱だけを上で統（す）べ、細目はことごとく下に任せ、郡県の害を除いて封建の利を兼ねる」（『平書訂』巻二）べきことを説いた。

ただし、こういった議論が清朝中葉まで何ごともなく続けられたわけではない。雍正（ようぜい）六年（一七六二）に曽静なる人物が雍正帝批判のかどで捕らえられたのをきっかけに、その師の呂留良の反満的な言論が問題になり、すでに死去していたが反逆罪のかどでその墓をあばいて罰せられるという事件が起こった。その呂留良の言論のなかに封建の主張が含まれており、曽静もそれにならっていたこともあって、雍正帝はこれを危険視し、「おおよそ反逆者、呂留良・曽静・陸生枏（りくせいだん）といった流輩は、みな封建復活論を主張している。思うにこれら悖乱（はいらん）の輩は、自分たちが姦邪で郷国に容れられないと知り、そこで策士遊説の風に倣おうとしている」（『東華録』巻三〇）と指弾した。

このことは、雍正帝自らが批判しなければならなかったほど、民間の封建論議が中央権力にとっても重要事と見なされていたことを逆に示す。ところがその一方で、翌雍正七年には、ある御史が、各県を東西南北の四郷に分け、それぞれに郷官を設置して県知事の補佐とすること、およびその郷官はその郷の出身者を採用すべきことを、雍正帝に上奏している。この上奏は、知事の補佐役としてその地方の出身者をあてるとしている点で明らかにかたちを変えた封建論であるのに、結局採用されなかったとはいえ、こういった上奏が官僚の間から出てくるというのは、どう考えたらよいか。

同じく明末清初以来の封建論の時代思潮の流れにあるとされる動向でありながら、一方で呂留良の封建論は弾圧され、一方で郷官設置の上奏は、認可はされなかったけれど危険視されることもなかったその分岐点は何か、である。これまで、こういった地方自治的な思潮はおしなべて中央権力vs地方自治（すなわち体制vs反体制）という対抗図で漠然と理解されてきたが、その対抗図だけでは事態は説明しきれない。問題は封建を地方自治の語に翻訳するときに生じる概念上の齟齬にある。雍正帝が抑圧しようとした「封建」は、おそらく彼がいういわゆる封建復活論、すなわち伝統的な地方割拠的な封建論議であり、これは異民族統治者としては最も敏感になるところであっただろう。一方、曽静らの「封建」の主張や郷官設置の請願は、不久任制や回避制への批判や、地方官の在地化の主張と同じく、〝地方の公事は地方の手で〟という意味での「地方公事」的な封建であり、これはわれわれのいわゆる郷里空間、すなわち「官・紳（郷紳）・民」共同の空間のなかで、地方の公事が郷官設置を必要とするほどに着実に進行していたのを反映したものである。

ここで、これまで「封建」を地方自治と読みかえてきたとき、その読みかえから生じる齟齬の問題に触れておきたい。「地方自治」という概念は近代になってヨーロッパから入ったもので、それは中世封建領主制下、ある領域における通行の自由、商業の自由、関税の免除など、法的契約にもとづくいわゆる市民的な権利、あるいは法的に保証された（体制から自立した）自治の制度を含意している。ところが封建領主制の中世をもたない中国では、古代以来、通行の自由や商業の自由は保証されており、あらためて権利の獲得を必要としていなかった。そのため中国では、「自治」といっても、官体制＝「官治」から制度として自立した「民治」の領域が建立されるという方向に向かうのではなく、ただ地方の公事（すなわち道路の修理、運河の浚渫（しゅんせつ）、病院・孤児院・養老院の設置など）を地方の官と紳および民が共同して実施する、その公共の営為を近代になってさかのぼって民間の「地方自治」と称しているのであって、ヨーロッパの地方自治とは歴史の文脈を異にしている。われわれが便宜的に用いている「民間」という語も、官から自立した民の空間領域を指すのではなく、官・紳・民が共同して地方公事を処理する、その地域空間を指しているのであって、本来そこには意味上のずれがある。われわれが「郷里空間」という用語を用いようというのは、民間という語がもつその語義上の不全を防ぐためにほかならない。同じく「自治」という語にも問題があり、この語は暗黙のうちに「官治」ではなく「民治」であるという限定を受けていて、中国の実態に即していない。中国にはもともと「郷治」ということばがあり、この語には自ずと、官・紳・民が連合して地方の公事を処理するという趣旨が含意されているので、明末清初以来の「封建」は、民治を含意する自治の語に翻訳されるよりも、この郷治という語に置きかえられるのが実態に対してより正確である（郷治については次章の一に再述する）。

以上の整理をしたうえで、清代における封建論のゆくえに改めて思いを致すと、清代には「封建」は地方分権あるいは地方の行政制度として制度化されるということはなかった。というよりは清朝の満族政権はそういう伝統的な意味での封建（＝分権・割拠）には敏感に反応し、それを積極的に弾圧した。

しかし、郷治を意味する明末清初の新しい「封建」は、例えば善会、団練、あるいは宗族制など、最初は県規模であった組織やネットワークが清代後葉には省規模にまで発展し、やがて辛亥革命における省の独立をもたらすにいたるほどに盛行した。

これまで、明末清初の封建論議は、「地方自治」の初期的な議論（早期ブルジョア啓蒙思想）として、清末の地方自治論議の源流と目されてきた。そして、その中間における雍正帝の弾圧を地方自治への弾圧と見なしてきた。しかし実際には、雍正帝が警戒したのはおそらく地方割拠的な旧来の封建論であり、一方、明末清初の黄・顧らの「封建」とは、厳密には〝地方の公事は地方の手で〟の「郷治」の主張であったので、彼らの先駆性はまさにこの郷治の重視という点にあった。

三　社会秩序観の転換

ここでいう社会秩序観とは、社会科学的な分析による社会秩序についてのことではなく、社会関係上の倫理観から捉えられた秩序観のことである。例えば天理人欲観、あるいは公私観、仁観をめぐって示される秩序観であり、変化とはその天理人欲観、公私観、仁観に見られる変化のことである。

朱子学・陽明学・礼教を見る視点

〔道徳修養の学へ〕　その変化を見るにあたり、あらかじめ心得ておきたいことがある。それは儒学の歴史的な流れについてである。具体的にいうと、宋代から明代まで儒学の何がどう変化したかということであるが、その前に、中国で儒教は時代ごとにどのように変化しながら現在にいたっているか、最初にその変化の道筋を俯瞰しておく。

大雑把にいうと、儒教は、漢代に国教化されたとはいえ、それはいわゆる諸子百家との関連においてのことで、道教や仏教が成立して以後の儒教は、唐代までは道教・仏教とならんで、単に貴族や知識層にとっての学問、教養あるいは経世のための文化資源であった（第一章の**四**、参照）。大きな変化が現われたのは宋代になってからで、宋代に科挙試験制度が確立し、試験科目に儒教経典が採用されるにいたって儒教の社会的位置に変化が現われた。道教、仏教とならんで貴族の文化資源とされていた儒教が、道教・仏教に対し儒教を優位にした官僚の道徳修養の学に変わったのである。官僚の道徳修養の学とは、修己治人（しゅうこちじん）（己れを修めて人を治める）すなわち自己の道徳修養によって民を感化し、秩序を安寧にすることを目的にした学ということで、秩序の安寧という目的に視点を置けば、それは教養としての学から広義の政治の学へと変換したことを意味する。広義の政治の学というのは、やがて朱子学が主流になって以降のことを念頭にした言い方で、朱子学にあっては社会秩序は法よりも道徳に依拠することを基本としていたため、道徳秩序によって安寧が得られているということは、つまりそれによって広義に政治秩序が維持されているということを意味した。このように道徳イコール政治、政治イコール道徳という中国世界の秩序形態は、近代に入って政治（国王）と道徳（教会）とを分離させたヨーロッパのそれとは大いに異なっている。

宋代においては、この政治＝道徳の学としての儒教は、主たる担い手を科挙官僚およびその周辺の士人層あるいは地方有力層としており、民衆にまでは及んでいなかった。元代以降、科挙試験における経典解釈を朱子学に統一するに及んで、全国の官僚層・士人層・地方有力層における秩序（＝礼）理念やイデオロギーは朱子学によって統一されることになり、その状況は清末の科挙の廃止までつづいた。

なお、この科挙の経典解釈における朱子学への統一という局面が、しばしば朱子学の体制教学化という語句で表現され、やがて体制教学の語が独り歩きを始め、朱子学イデオロギーによる体制側の抑圧が清代社会をおおっていたように錯覚する人がいるが、結論からいうと、そんな社会全体をおおうような抑圧は存在していない。朱子学への統一というのは、科挙試験の場で出題される経典の語句解釈を朱子学による解釈に統一したというだけのことで、その統一された解釈を前提に、明清代の知識人が自己の哲学的、思想的、経世学的、あるいは文学的な著作の営為において、朱子学を批判する事例は多く見られることである。

〔官僚層から民間層へ〕　儒教が主に官僚層、地方有力層に担われるという宋代以降の状況に変化が現われたのは、明代になってからである。明代には道徳秩序の学という朱子学の性質もあって、徐々に民間に浸透しはじめ、さらなる浸透をはかる陽明学を生みだした。逆にいえば、明という時代はもはや官僚・士人層だけを秩序の担い手とするには社会状況があまりに多岐化し複雑化しており、庶民層にも主体的に秩序を担わせる時代の必要が生じていた。その役割を演じた一つの目立った例が浙江省に生まれた陽明学であった。陽明学は、第二章で既述のように朱子学のテーゼを次々と改変した。例えば朱子学の「聖人、学んで至るべし」を「満街の人がすべて聖人」へ、「民を新たにする」を「民に親しむ」へ、「格物窮理」を「致良知」へ、「主敬静座」を「事上磨錬」へと改変したが、それらはすべて修養のテーゼをわかりやすく、また実行しやすくしたものである。朱子学の「主敬静座」というのは静座によって心の流動を静め、心が動く前の静謐な状態のなかで天理を発現しようとするものであり、「格物窮理」とは読書や宇宙万物への観察を通じ、あらゆる物事に貫通していると見なされる理を洞察し、その理を自己実現しようというもので、この修養法は一般庶民に適応的ではなく、あくまで官僚・士大夫などの為政層、知識層を対象にしたものである。それに対して陽明学の「事上磨錬」というのは、日常生活の諸事諸活動のうえで自己の道徳性を磨くというもの、また

「致良知」のほうは自己に生まれつきそなわっているとされる道徳性（良知）を発揮せよというもので、一般庶民にも可能な方法であり、事実、陽明学は庶民の間に教義を広めようとし、また庶民の間に共鳴を広げるものであった。

当時の中国において道徳は社会秩序の根幹に置かれていたから、道徳の担い手が為政層から庶民層へ拡汎するということ（いいかえて、為政者による道徳感化の被体としての民から自らが道徳性を発揮する道徳主体としての民に拡汎するということ）は、秩序維持の担い手が為政層から庶民層へ拡汎するということを意味した。この変化は儒教が官僚の修養の学から庶民の道徳実践の学へと担い手の対象を拡汎していく過程でもある。そういった変化は、元末から明初にかけての朱子学に始まり、やがて明代中期には朱子学の鬼子ともいうべき陽明学を生みだし、民衆化はいっそう加速して、朱子学でも日常道徳の実践の部分に力点がおかれ、例えば『朱子家礼』や『小学』など冠婚葬祭や日常生活上の礼法が一般家庭に浸透するようになった。

その民間浸透の儒教は清代に「礼教」と呼ばれた。明代中期から清代中期にかけて朱子学は、学理面では理気論哲学への批判（理重視のリゴリズムへの批判）にさらされながら一方、実践面では、民衆化を推進した陽明学とあいまって、ともどもに礼教として庶民層にまで広げられ、その礼教としての実践面での拡汎は清末までつづいたのである。後述する善書の普及や善堂の活動とは、まさにその意味で民間道徳としての礼教の実践であった。ここで民間道徳と一概にいうが、明の太祖が公布した「六諭（りくゆ）」が郷村に広められ、それが清代には康熙（こうき）帝に継承され「聖諭広訓」としてさらに広汎に郷村に流布したように、皇帝が民間道徳の流布に尽力していることに留意する必要がある。善堂の活動に見られた官と民との入り組んだ結合はこういうところにも、いわば国家規模で見られることであった。これを、皇帝による民の体制内への取り込みとか、皇帝の道徳名目による巧妙な支配とかと評することもできよう。たしかに客観的な作用面ではそういえるかもしれないが、一方、当事者の感覚をもとに見れば、主観的には皇帝を頂点とした道徳国家共同体の維持活動とも見なされうる。今後、皇帝＝専制支配者といった先入観を棄てて、皇帝のありようにつき実態に迫る研究が待たれるだろう。

明清期の中国では社会秩序は、法だけではなく、法・情・理の三局面から基本的に道徳重視の次元で処理された。社会秩序の担い手が民間庶民層に拡汎したということは、秩序の自治的担い手が、そして清末の革命の局面においては政治秩序の担い手が、郷里空間に拡汎したということを意味する。

宋代以降の儒教の歴史は、その意味で政治秩序の担い手の拡汎の歴史として捉えられる。そして、そこに近世儒教の総体の流れとしての歴史的本質が見てとれる。この観点に立つとき、われわれは清朝期に民間文書に広く見られる礼教という語に含有される歴史性に気づくのである。すなわちその歴史性とは、明代後期に一種の精神運動として庶民層に広がりはじめた道徳秩序が、清代には宗族や郷約といった社会システムを通じて制度化され、庶民は制度化された道徳秩序体制のなかに主動的にあるいは被動的に参入していったということである。

ちなみに、明末に朱用純という人士が『朱子治家格言』という日常倫理の実践書を著わした（これは江戸時代の日本にも流布した）が、その「黎明にはすなわち起き、庭除（にわ）を灑掃（さいそう）す」から始まる具体的な日常倫理実践の項目は宗族の族譜のなかにも広く取り入れられ流布した。なかには筆者の朱用純を朱子と勘違いし、この書を朱子の教えと称している例も見られる。彼らにとっては朱子の学とは、理気の学というよりは、日常倫理を広め実践する手引きと見なされていたことを示す。

儒教研究の専門家にとっては、朱子学、陽明学、礼教というのは、そのテーゼや存在様態を、近くを見る地上の眼でくらべるかぎり、さまざまな相違点や対立点が強く目につくだろう。とくに陽明学と礼教とは誰の目にも相反発しあう水と油の関係と見られているのだが、しかしそれらを遠くを見る高空からの眼で俯瞰すれば、宋代から元・明代さらに清代までは、儒教道徳が一部の為政層から庶民のすみずみまで浸透してゆく長い拡汎の過程であったと知ることができる。そしてその儒教道徳とは社会秩序の根幹であると同時に、社会治安の政治秩序を担うものでもあり、その観点からいえば、その過程とはまた政治秩序の担い手が為政層から一般庶民層まで不断に拡汎していく過程でもあった、と見なしうるのである。

新しい天理人欲観

天理と人欲とがセットで用いられているのは古く『礼記』楽記篇のなかに「人の好悪に節度がなければ人は物に化す。物に化すとは天理を滅ぼし人欲を窮めることである」とあるのにさかのぼるが、この場合「天理を滅ぼし人欲を窮めること」とは、「人に悖逆詐偽の心が生じ淫泆作乱のことが起こる」などの「大乱」状態を指している。その後このセットフレーズは、程子（程明道・伊川）になって、各個人間をつらぬく宇宙的な条理としての天理に対して条理から逸脱したものとしての人欲という構図として用いられ、のちに朱子によって同じ意味で用いられたことにより、明代には朱子学とともに広がり、さらに王陽明（王守仁）も「人欲を去って天理を存する」という道徳修養のテーゼとして頻用するにいたって、広く一般化した。

変化はこの陽明のテーゼにおいて、明末期以降、人欲の概念規定の変化として発生した。一つには人欲を「去る」ものとしてその存在を否定的に扱うのではなく肯定的に扱うこと、もう一つは人欲を生存欲や所有欲の意味で用いることである。

もともと人欲という語は「天」（自然の条理）に対する「人」（人間作為、打算）という構図のなかの語で、条理に反したあるいは外れた作為や意図をいうのであって、いわゆる人間欲望をいうのではない。人欲を去るといっても人間欲望を去るというわけではない。人間欲望の一つ「飲食男女」と表現される本能欲そのものは古来否定されたことはなく、例えば朱子に、「飲食（の欲）は天理であり、美味を（過度に）求めるのが人欲だ」（『朱子語類』一三―二二）とあるように、本能欲については過不及を戒めてきたにすぎない。もともと「人欲を去る」というときの人欲とは、過度の本能欲や名誉欲、利己欲あるいは恣意的な作為、私意打算などを指している。

では、明末期に肯定的に扱われるようになった人欲とはどのような欲望を指しているのか。

一例を呂坤の言説にとると、「世間万物にはみな欲するところがあり、その欲は天理人情であり、天下万世に公共の心である。しかし憐れむべきことに万物にはその欲が遂げられないものが少なくない。…思うに天地が多くの人や物を生じるのは自らそれらを養えるからなのに、その欲が遂げられないというのは、正に不均等のゆえにほかならない」（『呻吟語』巻五、治道）とある。ここで、人を含めて万物に均しく遂げることが認められた天下公共の欲というのは、生存を遂げるための生存欲あるいは物質欲であろう。

同時代の馮従吾の「貨色はもともと人欲だが、公貨公色ならば天理だ」（『馮少墟集』巻一、弁学録）や、やや下って王船山の「人欲が各々遂げられるのがすなわち天理の大同である」（『読四書大全説』巻四）などの発言も、貨色すなわち物質欲も「公」すなわち均等・共同に遂げられるなら、あるいは生存欲、物質欲としての人欲がすべての人に遂げられるなら、その状態は天理の状態だというものであり、明末期のいわゆる欲望肯定の風潮というのは、生存欲や所有欲、物質欲に関するものであることがわかる。

ただしそれは無制約な肯定ではない。欲が肯定されるのは、「均」「公」「各々」に遂げられるということが絶対の前提とされてのことである。もちろん、当時、この欲望肯定の風潮を浅いところで受けとめた知識層の間に「酒色財気」について放縦な行為が見られたり、現実の社会関係のなかで利己的な財物追求が行なわれる例は多かったろうが、思想史の言説上の流れとして俯瞰したとき、欲はあくまで均・公・各々の枠のなかで肯定されたのである。

ここで留意しておきたいことは、欲が均・公・各々という枠内で肯定されたというのは、欲の問題が社会関係のなかで把握されるようになったということである。これまで述べてきたように、「去る」ものとされていた欲とは名誉欲とか過度の本能欲などだが、それらはすべて個人の内部で制御できるものであり、要するに朱子学においても陽明学においても「欲を去る」というのは個人の道徳修養の課題であった。朱子学においてはそれは為政層の人士の「修己治人」の課題であり、陽明学においては庶民における道徳的な自己覚醒の課題であり、いずれも個人の努力により個人の内部で完成するものであった。欲の問題が社会関係のなかで把握されるようになったというのは、そういう個人の自己修養としての儒教思想に位相上の変化が生じたということである。すなわち儒教が個人修養の道徳思想から社会相関の関係倫理へと転じたということである。

前掲の呂坤に「人は穿衣吃飯（着ること食うこと）の位相で自分がどうすべきかどうあるべきかを論じないで、五常百行の位相ばかりでそれを論ずる。だから何も成就しない」（『呻吟語』巻四、聖賢）とあるが、五常百行すなわち個人の日常道徳項目をいかに実行しようとも、穿衣吃飯すなわち物質欲・生存欲の問題を考慮しないかぎり、社会の現実にコミットできない、というこの言説は、朱子学以来の道徳修養の学としての儒教のうえに、社会相関の関係倫理としての儒教という局面を加えるという、新しい転機をもたらしたものである。

公私観、仁観の変化

すでに自私自利のところで述べたように、明末清初期には私有財産意識が確立しはじめたが、この変化は「私」観念にも及び、この時期には「私」が肯定的に扱われるようになった。中国では、私観念は私門とか私田、私淑とかのように単に個人的な領域を指す以外に、私曲、自私など、エゴイズムや邪悪などの意味が含まれ、道徳的な位相では私は否定的に扱われることが多い。朱子学以来「天理の公、人欲の私」といわれるゆえんである。その私が私的所有欲の意味で肯定的に用いられた例は、すでに自私自利のところで見たことだが、それに先立って李卓吾（李贄）がすでに「そもそも私とは人の心である。人は必ず私があってはじめてその心が現われる。…耕作にたずさわるものは私に秋の収穫があってはじめて耕作に努め、農業経営にたずさわるものは私に積倉の収穫があってはじめて治家に努める」（『蔵書』巻三二）と述べている例があるが、ここの「私」は私的所有を含む私的収益活動の意味である。ちなみに、中国思想史のなかで「私」が肯定的に用いられるのは、六朝期と明末清初期、および清末期の三度であり、その場合、六朝期には人の私的な内面世界、また明末清初期には私的所有、清末期には個人の政治的・社会的な権利が「私」の名目でそれぞれ肯定的に扱われている。

なお、明末清初期において最も早く私を肯定したのは李卓吾であるが、この李卓吾は欲望の肯定においても早くに「穿衣吃飯こそが人倫物理である。穿衣吃飯を除いて人倫物理はない」（『焚書』巻一、答鄧石陽）という発言を遺し、最晩年に危険思想のかどで投獄され獄死した。そこで二十世紀前期の中国思想研究者の間で、李卓吾は、この私と欲望の肯定という面から、「異端」の進歩的な思想家と目されたが、彼が当時、危険思想視されたのは、彼の秦の始皇帝の礼讃に見られる歴史観、すなわち道徳性よりも政治能力を重んじる実力主義的・功利主義的な歴史観に対してであって、私や欲望の肯定によるものではないと付言しておきたい。ちなみに李卓吾の次世代の顧炎武、黄宗羲、王船山らのいずれも彼の歴史観に対しては激しく批判するが、私、欲望については肯定的に彼を継承している。

ところでこの私的所有としての私であるが、この私も無条件的に肯定されているわけではない。顧炎武が「天下の私を合して公となす」といっていたように、各々の私がそれぞれの私的所有を主張しつつ、それらが均等に充足された状態を前提にしていることは、すでに黄宗羲の自私自利と均田論の両立に見られることで、この私的所有と均等配分との調合に中国における所有観念の特性が見てとれる。

以上の人欲や私の均を前提にした肯定という構図は、「仁」観念にも見られることである。

仁については『論語』顔淵篇のなかの「己れに克って礼に復ることを仁と為る」をめぐって議論が交わされた。問題になったのは「己れに克つ」について朱子が「己れとは身の私欲をいう」と解釈したその「己」解釈についてであった。すでに述べてきたように、朱子学にあっては為政層が自己の欲望を節制し、道徳的に自己を向上させることによって民を教化しようというのが学の基本であった。その立場からすれば「己れに克つ」を自己の欲望を節制することと解釈するのは自然であった。それに対して、私的所有を容認しつつすべての私的所有が充足できることを課題としていた明末清初期には、私的所有の主体としての己れを否定的に扱うということはすでに考えられないことであった。そこで例えば、『論語』のこの、「克己復礼を仁と為す」のあとに「仁を為すは己れに由る」とあることから、同じ己れが一方で私欲、一方で自己の意味となるのはおかしい、したがって「己れに克つ」は「己れを克くす（自己を発揮する）」の意味であるべきだとか、「克」は古代には「勝」の意味であり「克己」は己れが悪に勝つことだ、などの議論がつづく。

こういった議論は『四書集注』を共通の材料にして行なわれた。『四書集注』というのは四書（大学・中庸・論語・孟子）について朱子が自己と同意見の先人の注釈を集め、あるいは自身の注釈をつけたもので、これが科挙の試験にテクストとして用いられたから、およそ当時の知識人で科挙の試験をめざした人士はすべてこの書を読んでおり、期せずして共通の議論の広場が形成されていた。多くの士人が自身の意見をこの広場に向けて発表した。とくに明末清初期は、これまで見てきたような思想史上の転換期にあったため、朱子の解釈への異論は少なくなく、そのため多くの個人やグループが自分たちの考えに沿って自分たちの四書注釈を行なった。明末期における四書学の盛行とはこのような事情から生まれたものである。清代になって考証学が盛んになると、すでに時代思潮との間にギャップの生じている朱子学の解釈は、考証学的な方法によって批判にさらされるようになった。

ここの仁思想では、清代中葉の考証学者、戴震（たいしん）によって、「己」や「克」の古義に復（かえ）るという実証的な方法によるそれまでの明末清初期の解釈をさらに進めた新解釈がなされた。

戴震はいう。『論語』のこの箇所は顔淵が仁について問うたのに対する孔子の解答である。顔淵ほどの人に私欲が問題になるはずがない。そもそも聖賢は無私ではあっても無欲ではない、と。そこで彼は仁についての自己の議論を展開する。

「人に欲のあることが天下の欲と通貫していること、これが仁である。…〝飲食男女〟は生養の道でありこれによって天地は生生するのである。…生養の道を除去しようとするのは道を害するものである。…己れの欲を遂げようとすればまた人の欲も遂げようとする、そうすれば仁はあり余る。しかし己れの欲だけを満足させて人の欲を忘れるならば、私であり、不仁である。」（『原善』下）

「人として生まれながら、その生を遂げられないことほどひどい話はない。自分の生を遂げようと思えば人の生も遂げさせる、それが仁である。」（『孟子字義疏証（そしょう）』上、理）

彼は生存欲、所有欲を「生養の道」として、己れの欲と人の欲とがともに遂げあうことを前提にして容認するが、一方でその個人の欲が天下の欲と通貫しているのが仁だという。自己の生存欲や所有欲が天下のすべての人々とともに達成されることが仁だというのである。つまり、人の生存欲や所有欲は私的に追求されるのではなく、公的に、いいかえれば均等・平等そして共同に達成されるべきだというのである。この考え方は後世の孫文（そんぶん）の以下の呼びかけを連想させる。「発財（富を得ること）についていえば、人々は誰もがそれを欲する。…ただ常人は個人の発財を求めるが、わが党は人人発財を欲する。…もし諸君が真に発財を欲するならば、必ず人人発財であってこそはじめて発財の目的は達成される」（「党員応協同軍隊来奮闘」）と。

ここにあるのは「己」と「人」が、自由な個人と個人として互いの「私」を認めあうという私本位の秩序観念ではなく、「私」を認めあいながらその各私が「公」（日本の「公」と違うことに留意）と通貫している、すなわち「私」は共同性の枠のなかでのみ容認されるという、公本位の秩序観念である。孫文のこういった秩序観念は、田土の均分（均等配分）あるいは公有（共同所有）を論議してきた清代社会の課題を反映したものと考えられる。

以上、明末清初期において、仁観は、古来の仁慈、他人への思いやりといった個人の道徳的な内面性をもっぱら含意してきていたのに対し、原理的に対立しあう個欲と個欲の間の調和のすじめ、つまり個人内面の道徳ではなく社会相関の社会倫理としての面を新たに獲得するにいたったこと、また個人（私）と全体共同（公）の関係については公本位の原理を志向していることなどを見てきた。

四　人間観・文学観の変化

人間観の変化——二元的観点から気質一元の観点へ

朱子学が元代以降、科挙試験の統一テクストにされたことにもとづき、性の善悪についての議論は、明代には朱子学の人性論を共通のテクストとして展開された。この「性」の善悪についての議論は『孟子』の性善説以来、えんえんと議論されてきたものであるが、議論の目的は時代や議論者の立場により必ずしも同じではない。例えば古代には、統治者が民を統治するのに民の本性を善と見るか悪と見るか、つまり善と見て徳治主義をとるか悪と見て法治主義をとるかという、いわば統治戦略の基本の策定に議論の主たる目的があり、六朝から唐代にかけては貴族的な知識人の、人の本質への探求の一環として、宇宙の絶対的な意志と自己の運命とをいかに通達させるかといういわば自己の魂の救済に目的があり、宋代には「性即理（性は理である）」というテーゼに沿って、為政の担任者としての官僚知識人たちの、宇宙の条理をいかに自己の人間的・道徳的本性として自己実現するかといういわば「聖人の道」の実践に目的があった。それに対して、明代の議論は聖人の道の実践という宋代の目的を継承しながら、その目的を為政層だけでなく、社会秩序を担うより広汎な人士に共有させる方向で、いわば聖人の道の民衆化という方向で進められた、ということができる。

朱子学の人性論の特質は、理念的な原理としての性善論に対し現実生活における悪の存在という矛盾を、論理的に整合して一つの構図のなかに収めたことにある。すなわち「気質の性」と「本然の性」という性の二元的解釈による人間解釈がそれである。気質の性とは人間の肉体や感情を形成し流出させている現実の性であり、現実的には気質の混濁すなわち感情や欲望の噴出・流動により人はときとして悪に流れる。一方、あらゆる人は生まれつき理念的な性としての本然の性を宿しており、それが人の本質としての性善の根拠である。しかしそれは通常は気質の性に蔽われているため、気質の性が濁っているときには、本然の性すなわち自己の道徳的本質は顕われない。だから本然の性を顕現するためには、気質の混濁を去るべく、例えば主敬静座などの方法によって、感情や欲望の噴出・流動を抑制し、心を静謐に保ち気質を澄明に澄ませるなどの修養が必要とされる。

明代になると儒家たちの多くはこの性の二元的な認識に修正を加えはじめた。それは別述（第二章、一二八―一二九ページ）の理気論における二元的観点から一元的観点への推移と並行している。例えば王陽明は「性善の端緒は気の働きがなければ実現しない。…気はすなわち性であり性はすなわち気である。性と気とはもともと二つに分けられるものではない」（『伝習録』中、啓問道通書）あるいは「理とは気の条理であり、気とは理の運用（はたらき）である。条理がなければ働きはだめになり、働きがなければいわゆる条理というものも知る手がかりを失う」（同、答陸原静書）という。ここで理や性を本然の性、気を気質の性とそれぞれ読みかえてよい。「理とは気の条理である」における理と気とを、本然の性と気質の性に置き換えていいかえれば、気質の性が正しく運用された（働いた）状態が本然の性が実現した状態である、となる。つまり「感情や欲望の噴出・流動を抑制」するのではなく、「感情や欲望の噴出・流動」を正しく（何をもって正しさとするかという問題は別にあるが）働かせればよい、というのである。

人性論におけるこういった二元的認識から一元的認識への推移は何を示すだろうか。一つには人の感情や欲望を容認しようとする時代の趨勢が背景にあると考えられる。またもう一つには、「肉体の欲望や感情の外に超然たるいわゆる本然の性があるとするのは、仏家の現実遊離の虚無の見と同じだ」（王廷相『家蔵集』性弁）という発言に見られるように、二元的な論点は実践的には観念論に終始するしかなく、日常生活における修養に役立たないという認識が生まれたのであろう。つまり朱子学が明代社会に拡汎していく過程で、担い手が一部の官僚知識人層から在地の有力者層あるいは民衆層にまで広がった結果、修養の方法がわかりやすくまた実践しやすくなったことが、一元化のもう一つの要因と考えられる。

ふり返ってみれば、宋代の二元的な性認識は、それまで圧倒的に力があった性三品説との格闘として生みだされたものであった。その二元的な認識がようやく明末にいたって一元的認識に収斂したのである。

「習」論の登場

しかし人性論の変化はこれだけには終わらなかった。一元化によって確かに名目的には感情や欲望は、抑制されるべきものから正しく発揮されるべきものと見なされるようになったが、善の実現が気質の性を正すこと、裏返していえば悪が気質の不正としてあるという前提に立っていることに変わりはない。つまり、一元的観点においても二元的観点の場合と同じく、原理的に気質に悪の素因を措定しているため、聖人の道の実践という面からいえば、欲望や感情が不正に流れないように不断に警戒をしなければならず、結局、気質の働きに対して抑制的にならざるをえない。欲望の存在を原理的に肯定するかどうかという観点から見れば、一元的な論調は不徹底な哲学なのである。その不徹底さを衝(つ)いて人性論に新たな局面を開いたのが明末にあらわれた「習」論である。

この「習」とは『論語』陽貨篇の「性相(あい)近し、習い相遠し」にもとづくが、この「習い」を援用して、明末期に気質の性に悪を措定すること自体を否定し、気質の性を善と見なし、悪を習いによるとする考え方が見られるようになった。例えば劉宗周(りゅうそうしゅう)は「気質の性はすなわち義理の性（本然の性）である。…善というならばどちらも善だ。…（悪としての）過不及はその（性の）善からもたらされるものだ。…悪は習いのせいであり、性の罪ではない」（『劉子全書』巻一九、答王右仲州刺）といい、その弟子の陳確(ちんかく)はその議論をさらに発展させて「不善があるのは習いによる。清濁によって（気質の性を）分けるなどはでたらめで、これは宋代の議論の弊害だ。気が清なのはその人が聡明で才智の人ということ。気が濁なのはその人が遅鈍で朴訥の人ということ。聡明でも軽易な人があり、遅鈍でも重厚な人もある。どうして（清と濁とを）善とか悪とかに決めて性を誣告してよかろうか。…善と悪との分岐は習いのいかんにあり、…清か濁かに関係なく、善に習(なず)めば善、悪に習めば悪なのだ」（『陳確集』別集、巻四、贅言(ぜいげん)三、気稟(きひん)清濁説）と、悪を気質から解放し、習いすなわち教育や環境・習慣に帰するというだけでなく、そもそも気質の清濁自体を善悪の次元から解き放ち、清濁について善悪の基準のほかに新たに才質の軽重の基準を加えた。こうして、それまで人の気質における道徳的な善と悪とを人性論の基軸にし、道徳的な完成者としての聖人をめざして自己の内面の陶冶に努めてきた宋代以降の単軌的な人間観に新しい局面がもたらされた。すなわち、個人内部の道徳的陶冶とならんで社会的な教育の重視、また人格陶冶とともに才能の開拓の重視という局面への展開である。

清初に入るとこの議論のうえに、例えば顔元の「外物」論のように、性を水の流れにたとえ、源流が善ならば下流も善であり、もし下流が濁であればそれは外物の混入による汚染である（『四存篇』巻一、性理評）とするなど、先天の善に対し悪を後天の所為とするという観点が加わった。

戴震の新しい人性論

清代中葉の戴震（たいしん）はそれまでの到達点に立って、独自の人性論を展開した。まず彼は「欲」という文字に市民権を与え、かつそれに社会的な生存欲という意味を含意させた。すなわち「およそ欲から出るもので生養にかかわらないものはない。（朱子は人欲に蔽（おお）われるというが）欲の失は私であり、蔽ではない」、「もし（生存）欲というものがなければ天下の人が生（生存）の道に窮迫しても、ぼんやりと眺めるだけ。自分がその生を遂げようとしないで人の生は遂げるという話はない」（『孟子字義疏証』上、理）という。つまりすでに見てきたように、戴震によって問題にされている欲望の問題は社会的な生存関係の問題であり、個人の内面的な陶冶によって抑制されたり正しく発揮されたりする個人内の欲望のことではない。彼によれば人には血気と心知とがあり、血気は欲と情の働き、心知は理性の働きをつかさどる。欲が社会的な条理を逸脱すればそれは「欲の失」すなわち利己の私であり、「私ならば貪邪がこれに随（したが）

い」不仁となり、「不私ならばその欲はみな仁」となる。仁の状態はといえば、既述のように、社会的な相互生存の達成が仁の実現とされる。

彼によれば、朱子らは血気心知の自然を「気質の性」とし、これと別に理の必然を想定してそれを「本然の性」としたが、彼の考えでは、「自然と必然は二元的なものでなく、自然が幾微の失もなく明弁に機能している状態が必然の状態であり、…それが自然の〝極則〟すなわち自然の完璧な条理的ありかたである。もし自然に任せて失に流れて自然を喪うならばそれは自然ではない。必然に帰趨してこそ自然はその自然がまっとうされる」(同)。つまり、生存欲が「失」「私」がなく社会全体に充足している状態が、自然がまっとうされる「必然」「極則」すなわち道徳ユートピアの状態で、それが相互的な「仁」の実現でもある。ここには、生存の問題を「私」と「私」の闘争状態、あるいはそれを止揚するための理性による契約というホッブス的な道とはまったく異なり、生存の欲は理性（心知の自然）によって「自ずと」社会的な共同生存に帰趨するのが社会の本来のありかただとする道徳的な理想主義がある。これは戴震が生育した安徽省が宗族制の盛んな土地であったことをその思想の背景として想起させる。おそらく彼の脳裡には、宗族的な結合による生存の相互達成という理念や現実があった。彼には「私」と「私」が闘争するというホッブス的な「自然状態」認識は生まれようがなかった。当時の中国の社会状況では道徳的理想主義がかえって現実的な社会認識であり課題意識であった。

以上、朱子学的な人性論は道徳の内面的確立をめざすもので、官僚・士大夫が民を教化するという治世の構図に適応的であった。明代の人性論は道徳の担い手をさらに民衆の間に広げることをめざすもので、欲望を肯定し、修養の方法も簡易になる傾向があった。明末清初期には、それまで長い間、悪を人間の内部（気質の性）に措定し、悪の克服を内部の修養の課題としてきた考え方に大きな変化がもたらされ、悪を後天的な習慣、環境、教育によるものとし、さらにそれまでの人性論で気質の清澄・混濁をもっぱら善悪の差異としてきたのに対し、才質の差異とする新しい観点を導入した。そして清代中葉の戴震にいたって、個人の道徳性に秩序をもとづけてきたそれまでの人間秩序観に対し、生存欲間の社会的な調和という新しい観点、および肉体の欲情に対する理性のコントロールという観点を打ちだし、これによって中国の人性論は現代の人間観・教育論に接続し、その役割を終えた。

別の評価をいえば、宋代から清代までの人性論の道は、官僚・士大夫を社会秩序の中核層としていた官僚社会から、商人、農民やさまざまな職業の知識人、文化人が活躍した多様な「郷里空間」社会に適応する人間観が形成された、価値観多元化の道であり、明末清初期はその道のきわだった転換点であった。

文学観の変化

明末清初期の価値観転換は文学観についても見ることができる。

〔李卓吾の「童心説」〕　有名な一例として李卓吾の「童心説」の言説がある。ここで彼は、童心からほとばしるものこそが真に「文」（創造的な「文学」営為）の名に値するとして、唐の伝奇小説、元曲（元代に盛行した民間戯曲）の『西廂記』、小説の『水滸伝』などを推奨し、その一方、六経や『論語』『孟子』などの儒教経典を批判して、それらは聖人の語とは限らず、孔子や孟子のことばの断片を門弟たちが自分のことばで綴りあわせた作品にすぎない、とおとしめている。六経や『論語』『孟子』の権威を相対化する言説や作業自体は、例えば経典の本文の改定作業などのかたちで、すでに宋代から見られたこととしても、それらを「道学者のエセ談義の種草」とまでいうのはさすがに激越であった。しかし問題はその批判と並行して、当時の士大夫たちが少なくとも表向きは不道徳な読み物として遠ざけていた『西廂記』『水滸伝』などを「天下の至文」と持ちあげ、その根拠をそれらの作品のエスプリが「童心」

から出ているとしたことにある。

この童心の語は、日本では天真爛漫、純粋、仮飾がないなど、プラスイメージで用いられるため、李卓吾の「童心」もこれまではおおむね封建道徳の仮飾に対する人間性の真実、ひいては封建的秩序に対する近代自我の萌芽、といった文脈のなかで捉えられてきた。実際に「童心説」の冒頭で李卓吾は、生まれたときの童心がやがて年をへて「道理聞見」に侵食され、童心が失われ、ニセの人間になる、といっているので、封建秩序vs「早すぎた」近代自我という構図にはそれなりの根拠があった。しかし、事情はそのように単純ではない。

まず、「童心」は安易に日本的な純粋無垢とか純真の意味だけで捉えられてはならない。中国では当時、陽明学徒の間に流行した道徳概念の一つに「赤子の心」があった。これは『孟子』に「大人（大いなる人）は赤子の心を失わない」とある、生来具有の道徳的な原初の心という意味で、陽明学の主張する「良知」になぞらえられて明代後期にとくに陽明学徒の間で頻用されていた。それに対して「童心」の語は、文献上、用例も格段に少ないうえにその意味としては、例えば子供が菓子を取りあって泣き叫ぶような欲望むきだしの粗野な心を指すなど、それらの用例から語義を定義するとすれば、さしずめ「欲するものをありのままに欲する赤裸々な心」の意味となる。裏返していえば、礼譲を知らない、大人になりきれない、礼儀はずれの童子の欲心という意味である。

李卓吾はこういった「童心」の語のマイナスイメージを承知しながら、やはり当時流行した仏家系の「真心」の語を借りて、論説の書き出しのところで、「童心とは真心のことで、もし童心を不可とするなら真心を不可とすることになる」とこれを真心と同義語として定義している。この「真心」の語は元来仏教の概念で、人の作為をふり払ってぎりぎりのところに出現する人の本質としての仏性のことで、李卓吾はその作為をふり払ったぎりぎりのところを童心の語にイメージさせたかった。一見類似的な「赤子の心」の語を敬遠したのは、それにつきまとう既成の道徳臭を避けたかったからであろう。

ちなみに彼は、この「童心説」の冒頭において、ある出版業者が『西廂記』を出版するにさいし、その序文のなかで「識者よ、私がいまだに童心から脱していないなどとおっしゃらないように」と書いているのを紹介している。つまり「童心説」を書いたその当時には童心の語が世上では悪い意味で用いられていることを承知のうえで、そのうえで童心とは真心であると世間の常識を意図的に逆転させた定義をしているのである。

李卓吾の文学観には、その根底に人の社会的本質に対するぎりぎりの追究があった。彼が登場するまで、中国の思想史のうえでは、主流の通念として、それまで人の本質といえばそれは疑いなく道徳性であった。人の真情を強調した陽明学においても、人のぎりぎりの真情としては「真誠惻怛（そくだつ）」の「良知」までで、道徳性を本質とした「誠」の外に出ることはなかった。その通念に対し、李卓吾はあえてマイナスイメージの童心の語を肯定的に翻転し、中国で、人の社会的本質として欲望の存在を想定した最初の人となったのである。単に欲望を肯定したというのではなく、人の社会的本質は道徳なのか欲望なのかという哲学的な原理追究の一端として、彼は終生、人における「性の真」の問題を課題としつづけていた。

童心vs道理聞見の対抗は、近代思惟か封建秩序かという構図として見るのではなく、人の本質に欲望を認める真の「道理」か、欲望を否定し道徳のみを本質とする既成の「エセ道理」か、端的にいえば、「道」について何が真であり何が「仮偽」であるかという道の真偽をめぐっての対抗であったと見るべきである。

「童心説」で童心を基準にして『西廂記』『水滸伝』などが推奨されたというのは、時代の趨勢が文学においてリアリズム精神を打ち立てる方向に向かっていたことを意味する。ただしこのリアリズム精神は日本の自然主義文学に見られる個人の内面の真実の追究に向かうというものではなく、「道」の真偽のありかた、すなわち人の社会的なあるべきありかた、社会のあるべきありかたの追究に向かうというものであった。それは中国において生存欲や所有欲が、これまで見てきたように、私においてではなく、公すなわち社会相関的に追究されたことと無縁ではない。

〔金聖嘆の『水滸伝』評〕　中国での十世紀ころにおける印刷術の発明を第一次の印刷革命とすれば、十六世紀以降の書物印刷の盛行は、第二次革命と称することができる。中国では一般に書物の印刷には官刻（官による出版）と家刻（自家出版）、坊刻（出版社出版）の三種があり、十六世紀後葉に新たに増加を見せたのは坊刻であった（ちなみに清代になると家刻本の出版が激増し歴史上かつてない盛行ぶりを示した）。坊刻で多いのは科挙試験のための模範答案文や日用百科辞書、および小説戯曲や詩集の類だが、このうち小説戯曲の類は、有名人の編纂により、評釈をつけて売り出されるのがつねであった。例えば李卓吾の没後にその名声にかこつけ、『李卓吾先生批評水滸伝』などと称して出版された書物の数は百種を超えると伝えられるなどがその好例である。

清初になると金聖嘆が出現し、『荘子』『楚辞（そじ）』『史記』『杜詩』『水滸伝』『西廂記』を第一級の作品と評価し、『聖嘆才子書』と名づけて独自の評語を加えた。その評語はユニークで、例えば『水滸伝』についてこれを『史記』よりすぐれているとしながら、「『史記』は文によって事を運び、『水滸伝』は文に因（よ）って事を生じる。文によって事を運ぶとは、まず先に事があらかじめかくかくしかじか生起するということがわかっていて、それにもとづいて文章が書かれる。…文に因って事を生じるというのは、…筆が書き進むのに随（したが）い、高きを削り低きを補うもすべて自己による」と述べている。つまり事の展開があらかじめわかっていることを文章に仕上げる歴史書や記録書と異なり、文学作品の場合は、作者のなかにある創作スピリットが筆に伝わり、登場人物はその筆の動きにしたがって動き、物語はその登場人物の動きに応じて展開する、というのである。ここには批評というよりはリアリズム文学の創作方法が語られているといってよいだろう。

明末清初期は中国思想史上、文学におけるリアリズムが打ち立てられた時期として特定されてよい。このリアリズムが人の社会的本質に通底したものであるということはすでに述べた。その社会性はじつは「道」の探究という伝統にもとづいている。中国の知識人における「道」への希求は、ヨーロッパの知識人に神への希求が見られるのに似ている。

李卓吾が「童心説」で六経や『論語』『孟子』を酷評しているのは前に見たことだが、このことからただちに彼を叛儒の異端者と見なすならば、大きな誤りである。「童心説」が記載されている彼の『焚書』という文集を虚心に読めばわかることだが、彼は孔子の一生かけて行遊した「道」への希求の念を讃嘆してやまない。彼が批判しているのは、その道への念が欠落したか、稀薄であるか、あるいは見せかけの虚飾であるまま、ただ孔子の権威を権威として自分を飾っている儒家人士たちであった。端的にいえば、彼が世間の道徳を仮偽の道として厳しく批判していたのはそれだけ強く真の道を求めていたからこそであった。そしてその真の道というのは、人は社会にどのように生きるべきかを問うもので、その問いから人の社会的本質は何かが問われた。われわれは李卓吾から一世代後れて、フランスで風刺家ラ・ロシュフーコーがキリスト教の堕落を暴露し批判したのは、じつは彼が最も真摯なキリスト者であるがゆえであった、ということを想起したい。

二十世紀になって周作人が『中国新文学の源流』で、中国文学を「言志派（真情主義）」と「載道派（規範主義）」とに分けているのは、儒家の「道」を人間性を束縛する規範と見なしていたからで、その見方は中国の思想史の実際からは外れている。実際は「道」のあるところこそ「志」のあるところであり、言志派と載道派（理念主義）とは一致している。リアリズムがこのように「載道」にもとづいているところに中国の特質が見られる。「志」は「道」への志であり、道のないところに志はなく、志のあるところ、そこに道はある、のである。のちに清代に入って、『儒林外史』『紅楼夢』『官場現形記(げんぎょうき)』などの批判的なリアリズム文学を生みだしたのはこの「道」の伝統に無縁ではないといえる。

五　三教合一に見る歴史性

哲理上の合一

最後に三教について触れておきたい。三教というのは儒教、仏教、道教のことである。三教というと三つの宗教という意味になるが、儒教を宗教とすることには異論もあり、中国でも儒、儒家、儒学などの呼称は多いが儒教という呼称はきわめて少ない。そこでここでは儒教を「儒の教え」の意味で使うことにする。つまり合一というのは、より多く哲理上あるいは道徳実践上のことで信仰上のことではないということである。

また中国ではこの三教以外にイスラム教、ゾロアスター教、マニ教、キリスト教など多くの宗教があるが、影響力の点で上の三教が大きいので、この三教の交流についてとくに「三教同帰」「三教一源」「三教合一」「三教並施」などの用語が生まれた。つまりそれは歴史的に見て、この三教が排斥や対立をくり返しながらも、基本的には相互に交流、浸透を重ねてきたことの証しである。だから一般的に三教合一について述べるだけでは、それがもつ歴史性は明らかにされない。そこでここでは、三教合一に見られる明末清初期の歴史的特質という角度から取り上げる。

明末清初には、合一は哲理上と道徳実践上と二つの局面に分けられる。以下、まず哲理上の局面から。

宋代に太極論(たいきょくろん)（宇宙はどうあり、人は宇宙にどうかかわり、どうあるべきか）などに道教との交流が見られるのに対し、明代に人性論（人の本質は何か、人はどうあるべきか）上の局面で交流が目立つのは儒教と仏教間の交流であり、とくに儒教に対する仏教とりわけ禅の教理の浸透が顕著に見られる。この違いはおそらく、哲学が宇宙論を中心にした宋代と人間論を中心とした明代との歴史時代の違いを反映している。

明代における儒家と禅家の交流は、心即理のテーゼを標榜した陽明学徒と禅家の間にとくに顕著に見られる。まず王陽明自身の言説のなかにそれは見られる。例えば、「天理」の探究に囚われていると見られる弟子に対して、陽明は「君は心のどこかに天理というものが別にあるように探しているが、それが〝理障(りしょう)〟というものだ」（『伝習録』巻下、六）と諭し、あるいは同軌の発言として「心の本体には一念たりとも滞(とどこお)りがあってはならない。…善念ですらいささかも留めておけない。眼の中に金や玉のほんのわずかな砕片を入れても、眼はやはり開けておれなくなる」（同、一三五）と諭す。「理障」というのは仏教語で、本来自己のなかに自然に存在しているとされる悟りの境地を何か特別の存在のように意図的に求める態度をいい、理（仏性）という自意識によって理が遮(さえぎ)られているという意味からそういう。陽明にとって心即理の「理」は、心の道徳的真情として無作為かつ自発的・自然的に発露されるべきものであり、理のありようまた本来的なありようはかくあるべきものと、あらかじめ作意的に設定されるものではない。「あるべし」という作意は尊いが、尊い「作意」であることによって金や玉の砕片になる、という。

陽明が究極としたのは、自然体としての道徳的発露であり、それは仏家の自然体の悟境に類似しており、その悟境の探究の方法・理論は仏教とくに禅家の側にはるかに蓄積があった。眼中に金玉の砕片があるというたとえも『臨済録』（勘弁）の「金屑は貴くとも、眼に入れば翳となる」を踏まえたものである。

このように自然体を求める志向には、通念化しあるいは形式化した旧来の理のありように対し、本来の人のありかたに即した真情発露の理を獲得したいとする願望がある。別の言い方をすれば、時代の転換期にあって、旧来の理観念（秩序観念）が現実に対して適応的でなくなっているが、まだ新しい理観念が見つからない、そういう時代的な齟齬感、閉塞感が禅家の論理へとおもむかせた、いいかえれば真の秩序観念の探索へとおもむかせたのである。時代は、価値観の転換期にあって、社会はいかにあるべきか、社会秩序はいかにあるべきか、人の社会的本質はいかなるものか、などに新しい答えを求めていた。その答えを最先端で求めていた一人が李卓吾である。

彼は「儒・道・釈（仏）の学は一である。三者とも道を聞くことを期するところから始まる。…当今の真実に道学を講究することによって儒・道・釈の出世間の本旨を探究し、富貴の苦（富貴を希求する世間苦）からまぬかれたいと欲する者は、今や断断乎として剃髪出家しないではいられない」（『続焚書』巻二、三教帰儒説）といっているが、彼の「道」への探究は儒・道・釈の境界はもちろん、世間すらを突破していた。彼は、飢えているときに食べたものが米か黍かを弁別している余裕はない、道の念が切迫しているものにとって孔子・老子の違いもない、それが真実に通じる道でさえあれば何の道でもいい、という意味のことをいっている（『焚書』巻三、子由解老序）。彼は人の道徳的本質の真実態を求めていた陽明をさらに乗り越えて、そのさきによりリアルな道を求めていた。彼は、陽明が人の本質に依然として道徳性を措定しているその境界を突破し、人の本質は真に道徳性だけに限定されるのか、という問いを出発点としたのであった。先掲の「穿衣吃飯こそが人倫物理だ。穿衣吃飯を除いて倫物はない」のあとに彼はこうつづけている。「世間のあれこれはすべて衣と飯の類に帰する。だから衣と飯を挙げれば世間のあれこれは自ずとそのなかに包含され、衣と飯以外に何か一般の人々とまったく無縁のものが別に存在しているのではない。学人はただ倫物について真空を知るのが望ましいのであり、倫物のうえに倫物を弁ずるべきではない。…云うところの〝空は空を用いず〟とは太虚空の性はもともと人の作為によって空じうるものではないということ。…〝終に空ずる能わず〟とは、もし一毫の人力でも含まれていたら、それはとりもなおさず一分だけ真空を塞ぐものであり、一分だけでも真空が塞がれれば、それはとりもなおさず一点の塵垢が染着したにほかならない、ということである」（同、巻一、答鄧石陽）と。

「穿衣吃飯」というのは「運水搬柴」とともに禅家が悟境の日常性、自然性をいうときの常套句である。そのいわば抽象概念の「穿衣吃飯」の語を、李卓吾は生存の要件としての衣服と食物の意味にふくらませ、悟境の様態の問題を具体的な生存欲の問題として浮かび上がらせた。「終に空ずる能わず」というのは、「真空」すなわち究極の自然体としての悟境はいかなる作意をも脱けだしたところにあるもの、ということをいう。その禅家の論理を借りて李卓吾は、禅家の観念論を突き破り、人の自然体すなわち人の社会的本質としての生存欲の問題に光をあてた。王陽明から李卓吾にいたる、以上の人間の本質についての道徳認識から欲望認識への転換が、哲理としての「合一」の明代末期における歴史的作用である。

道徳実践上の合一

〔善書の盛行〕　道徳実践上の三教合一は、明末以降に盛行を見せた善書に見られる。善書とは勧善書のことで多種があるが、そのなかでも世に広まったのは『太上感応篇』『文昌帝陰隲文』（俗称『陰隲文』）や各種の「功過格」などである。南宋期（十二世紀後葉）に世に出たとされる『太上感応篇』の「太上」とは太上老君すなわち老子のことであり、「感応」とは儒・仏・道に共通に見られる善行悪行に対する善報悪報、あるいは因果応報の通念を下敷きにしたものである。また『陰隲文』の「陰隲」も、『書経』洪範の「天は陰に下民を隲める」すなわち天は冥々のうちに民を安んずるの一句にもとづき、人が陰業を積めば天は必ず照臨しそれに禍福を与えるという応報思想を同じく下敷きにしている。この書が世に出たのは明代後葉（十六世紀末）と推定される。

また功過格の「功過」という語は漢代に官僚の業績（功と過）を査定した功過制度にさかのぼるが、ここで問題にするそれは明代末期から清代にかけて「民間」に盛行した日常道徳実践の功と過に対する評点をいう。「格」というのは規矩や格式のことで、ここで具体的には道徳の内容ごとの基準を立て功と過とを項目ごとに表に分類した一覧表を指す。

『太上感応篇』は全文が五四四字、『陰騭文』は一〇六七字で、いずれも口唱するにふさわしく四字句を基本に綴られている。内容もわかりやすい教戒で、前者では「天仙を求めんと欲するものは一千三百善を立て、地仙を求めんと欲するものは三百善を立てるべし」として、人の危難を救済し、己れを正し人を教化し、孤児や寡婦を救恤し、老人を敬うなどの善行を勧め、後者では「広く三教を行なう」という立場から、やはり人の危急を救い、孤児、寡婦を恤み、飢饉には隣人朋友を賑すなどの善行を勧めている。「功過格」はそれら善行や悪行の実践にかかわるいわば考課表で、例えば三教合一の実践者として著名な明末の袁了凡が、雲谷禅師から授けられ自ら実践したと伝えられる『功過格』の一例ずつをあげれば、プラスのポイントの各一例として、一人の死を救う（百功）、一人の流民を救う（五十功）、一人の無法者を教化し改心させる（三十功）、一つの民害を取り除く（十功）、一人の飢えを救う（一功）など。マイナスポイントとして、一人を死にいたらせる（百過）、一人を流民にする（五十過）、一人の戒行を破る（三十過）、一人の有徳者を排斥する（十過）、一人に悪行をそそのかす（一過）などである。これらの功過は行為だけでなく、金銭の寄付もポイントに数えられ、百銭を一功とし、道路や橋の補修、河川の底さらえ、債務の免除、教化のための文書の刊行、飢民の救済施米などがある。こういった「勧善」的な一種の道徳的公共活動とでも呼ぶべき民間の活動が、清代に入って善会・善堂の組織的な「自治」的公共活動に発展していったことは別に述べるとおりである。三教合一における「勧善」行為は、その公共活動の源流に位置づけられるものとして、記憶にとどめられてよい。

〔六諭の歴史性〕「勧善」を温床として一種の公共活動が生まれたことは上に述べるとおりだが、同じく「勧善」のうえに郷村秩序の形成を意図したものに六諭がある。

明の太祖は既述のごとく徴税システムとして、一一戸を一甲、一〇甲を一里とする共同体組織である里甲制を敷き、そのシステムを維持すべく『教民榜文（ほうぶん）』という民衆教化の勧戒書を発布して郷村秩序の安寧を図った。六諭というのはそのなかに収録された六項目の道徳箇条（父母に孝順、長上を尊敬、郷里に和睦、子孫を教訓、各々生業に安んじる、非為をなすな、など）である。この里甲制はその全戸を自営農とする建て前が、明代中葉になって土地所有の流動化などによって崩れるにともない、制度自体が動揺するにいたった。陽明学はそのような動揺期に民間の有力者たちに郷村秩序を担わすべく誕生したが、王陽明がその里甲制秩序の弛緩（しかん）に対処すべく「郷約」を提唱したことがここで想起される。郷約とは、郷里の成員による日常道徳を軸にした共同体的な規約であり、成員相互が善行を励行しあうための一種の勧善運動で、宋代に呂大臨が提唱した「呂氏郷約」を先蹤とする。この郷約において、明代には『教民榜文』のなかの六諭が多く徳目として適用されたが、のちにこの六諭は清代には康熙（こうき）帝が十六条の「聖諭」に増補し、ついで雍正帝が「聖諭広訓」として宣布するにいたって、ますます民間に広く、例えば宗族の族譜のなかの家訓や宗訓に入れられるなどして広まった。

この六諭の展開を思想史的にどう見るかがここでの問題となる。まずここには明清期における郷里空間の拡張という時代の趨勢がある。ここでこの章の最初に見た政治思想の変化を想起し、あの「民土」の主張とか「公論」や地方「自治」の要求が、清代に入ってどうなったかという問題意識をもって見てみたい。

西洋の近代的な展開に慣れた者にとって、わかりやすい展開として想定されるのは、例えばフランスの場合でいえば、旧来の皇帝・官僚階級の外に新しい商工市民階級が生まれ成熟し、特権化した皇帝・官僚の権益独占に反旗をひるがえし、共和体制を樹立するといった、体制側と反・非体制側（統治側vs被統治側、あるいは皇帝・官vs民・民間）との対抗関係構図であろう。

しかし六諭の展開に見えることは、一貫して官・体制と民・民間の相互乗り入れの関係である。すなわち道徳教化というこの目的について両者は、同床異夢であれ呉越同舟であれ、少なくとも形のうえでは共同関係にあり、この関係は時代を超えて変わることなく持続している。共同関係そのものに時代ごとの変化は認められないのである。

しかし、今この六諭を明の太祖の『教民榜文』のなかと王陽明の郷約のなか、またさらに清代の宗族の族譜の家訓のなかにそれぞれ置いてみたとき、六諭が機能する場の間に目立たないがある確かな変化があることに気づかされる。すなわち、(1)里甲体制という官主導の治安と徴税目的のための郷村共同体的な秩序社会、(2)王陽明らがそうしたように地方官が提唱し、地域のリーダーを中心に郷約に依拠して広めようとした官提唱・地域主導の郷村共同体的な秩序社会、(3)宗族の家訓など共同体成員の間に共有された仲間同士の血縁共同体的な秩序社会、といったそれぞれの場の間には、官と民との関係のありかたの違いが感得される。里甲体制下の六諭は、官から任ぜられた里老人に宣布がゆだねられているという点で、六諭は官制のなかに包摂されている。六諭の宣布を郷約に依拠した場合は、いわば半官半民あるいは官民共同である。それに対して宗族のなかに置かれた六諭は、より多く民間の自立性を示すものである。すなわち六諭は、明代から清代にかけて、官の空間から民の空間へとそれが機能する場を拡充している、と仮説を立てることができる。

いや、太祖の『教民榜文』から雍正帝の『聖諭広訓』まで、道徳の唱道者は一貫して皇帝ではないか、民は実際は皇帝の道徳的奴隷なのではないか、と反論されるかもしれない。たしかにわれわれは、中国における皇帝の専制的統治が、道徳性を基軸にしているという特殊性に思いを致す必要がある。そこでは、専制は道徳によって人の内面にまで支配を及ぼそうとしているのではないか、と。そこで問題はその内面支配の道徳項目であるが、六諭で見られるように、そこに並べられた徳目のなかには、皇帝への忠誠も国家や官への服従もなく、家と郷里をめぐる道徳項目に終始している。少なくともこれらの項目は、「民間」の道徳として有用であり、そもそもそういう民間の安寧自体が、皇帝の統治の目的であり、民間の安寧こそが皇帝自身の安寧でもあった。ちなみに「非為をなすな」は反乱を起こすな、あるいは反乱に加わるなという禁止項目として、一面で皇帝や国家への忠誠を要求したものであるが、これもまた同時に、郷村アウトローの郷村破壊行為への禁止項目でもあり、「非為」禁止において国家と郷村の安寧は連続している。

実際に宗族の家訓・族約など民間の「約」の世界に入ってみると、そこでは共同体秩序を維持するための工夫として、皇帝や歴史上の偉人たちはその権威が利用されているにすぎない、という実態にいたるところで触れることができる。そこでは皇帝統治の安寧と民間の安寧はいわば持ちつ持たれつの関係にある。そうだとすれば、ここでの問題は道徳の唱道者が誰か、は第一義的には問題にならない。問題はそれの実践者がどこまで主導的あるいは主体的に道徳に参入しているか、であろう。つまり「民」は秩序の被体なのか主体なのか、という問題である。そしてそれについては、これまで述べてきたところから明らかなように、明代から清代へかけての大きな変化の一つは、「民」が秩序の主体として登場してきたことに見られる、ということを想起したい。

そして重要なのは、こういった変化は六諭だけに見られることではなく、ここで取り上げている善書の広がりなど三教の道徳実践にも見られることで、ここには歴史上のある時代的な特性が認められるのである。

郷里空間の特質とその歴史性

ここでわれわれは、これまでの叙述を念頭に置きながら、「郷里空間」という概念について述べよう。既述のように郷里空間とは在地の社会秩序が形成される場を指すが、この概念を想定することによって従来見落とされてきた歴史相が見えてくる。これまでは、たとえば黄宗羲ら明末の民本的君主観が清末の反君主共和制の主張にいたる脈絡の説明として、ヨーロッパふうの市民革命の構図が用いられてきたが、しかしわれわれは、このように中国の歴史の実態から遊離した外来の構図ではなく、郷里空間という中国の歴史実態に依拠したいのである。

この構図を成り立たせるためには、いくつかの定説的思考を破らなければならない。例えば、皇帝支配は専制的であり反人民的であるとする思考、支配体制を打倒するには反体制勢力の興起があるとする思考、自由・権利などの思想は政治の近代化の普遍的な指標であるとする思考など（第二章、二の「専制にして自由な社会」参照）。

そして、これまでの常識になかった新しい思考を受け入れなければならない。例えば、清代に入って反君主的言説が影をひそめたのは、清代の批判的知識人が清朝の支配体制におおむね満足していたから、と考える。この考えは、黄宗羲らの批判的言説の重点を反君主あるいは反君主制に置くのではなく、民の社会的あるいは政治的な主体性の主張、あるいは「民の私の共同領域」の主張と読みとることによって納得が得られるであろう。郷里空間という概念を容認するには、体制・反体制あるいは官と民の二項対立の思考から脱けださねばならない。

われわれが想定するところでは、明清期の郷里空間とは、官、吏、郷紳、民の有力層、一般民衆らが、宗族、ギルド、善会、団練などの組織やネットワークで交わりながら、社会的・経済的な共同関係を構成した地域活動空間または地域秩序空間で、宋代から民国期までつづいたものである。ただしそれは同じ空間の竹筒のような延続というのではなく、人口の増大などによる時代の進行にともなって変化や発展が認められ、全体としては民の占める空間が膨張していく過程をもつ。明末清初期はそれ以前にくらべて、官体制である里甲制が弱化するのと反比例して、郷里空間における「民間」意識が強まりはじめた、その量の変化が質の変化として顕在化しはじめた時期として特化されるであろう。

では、この民間意識の高まりは、どういう現象を通じて示されるか。

一つは黄宗羲や顧炎武などの言説に見てきた、「封建」「公論」などの語を使って主張された言説の世界、もう一つは天理・人欲、理気論、人性論などの哲学的概念の世界でそれぞれに見られる変化である。これまでわれわれ思想史研究者はもっぱら時代の特質を、言説の世界あるいは哲学概念の世界のなかで検証することを通例としてきた。しかし郷里空間という実体的な概念を設定するとなると、言説や概念だけでなくその言説や概念を生みだすところの、ある実体的な社会関係に目を向けざるをえない。

これまでの研究によって明らかにされているところでは、明末清初期は例えば、宗族制の広がり、善書の普及、善会の興りなどが顕著になりはじめた時期であり、それらは清代に年を追って盛んになっていっている。ただここで問題になるのは、それらがすでに早く宋代に、例えば六論については朱子の勧諭榜の訓諭、宗族については范仲淹の創設した范氏義荘（宗族の共有田）などとして出現しており、それらが明末清初期とどう関係づけられるかについて、まだ学界でコンセンサスが得られていない（私見では、ここでは量の問題は質の問題に直結しているのである）。しかし、事実として例えば宗族についていえば、宗族制が宋代にくらべて明末期以降さらに清代にかけてはるかに顕著に盛行を見、清末には「君民関係は〝人合（人為的結合）〟であるが宗族は〝天合（自然的結合）〟である。〝人合〟は〝天合〟の力を借りて維持されてこそ、鞏固なものになる」（馮桂芬「復宗法議」）と、宗族制の下支えあってこその皇帝制といわんばかりの勢力に育ったことは誰も否定できない。同じことは善書、善会やギルド、団練などについてもいえる。善会についていえば、明末の段階では、例えば前述の袁了凡の「功過格」のように個人の宗教的救済を動機にしたり、あるいは同善会と称する有志のグループによる救済活動として始められたものが、清代中葉以後には、大きい組織は千人ちかい成員をかかえていたといわれるほどに巨大化している。

問題はこのような量的な変化が、それぞれの組織体について、いつごろ、どのような質の変化を示しているかである。質の変化は民間の活動空間の拡張や活動主体の力量の増大——一つには点から線さらに面への拡張、一つにはその面空間の厚みの増大——という傾向として見られるであろうが、これについては後考を俟つほかない。興味深いのは、この拡張・増大が終始一貫して道徳実践を軸にしているということである。十七、八世紀に中国に入ったヨーロッパの耶蘇会士が「中国における君民の関係が、ヨーロッパにおけるが如く征服者と被征服者、即ち主人と奴隷の関係にあらざること」（後藤末雄『中国思想のフランス西漸』第三篇、三）を認めていたといわれるが、封建領主制下のヨーロッパ社会と、「皇帝専制」（そもそも中国にどのような「独裁」がありえたかについては前章の二を参照）下の中国における支配の構造の比較が実態に即して行なわれることが望ましい。

そのさいに考慮すべきことは、その道徳実践が狭い意味の道徳行為に収まっていないということである。例えばさきに袁氏の「功過格」でも見たように、勧善的な道徳実践は流民の救済はもちろん道路や橋の補修、河川の浚渫などのいわゆる公共事業に及んでいる。

ちなみに最近の研究によると、十九世紀になると、例えば杭州に、養老院、清節堂（寡婦の救済）、義塾、棲流所（病人の収容所）、給米所、施材局（施棺）、施医局、牛痘局、報験局（検死）、借銭局などを連ねた総合的な善会組織が、民間の寄付金によって成立し運営されていたことが報告されているが、ここまでくると地方行政が「民間」の手で「自治」的に担われていたといえるだろう（くわしくは次章）。

これを善書や善会の下流として展望するならば、明末清初の三教の道徳実践というのは、前述した自治としての「郷治」の創成期を示すものといえるだろう。なお、留意すべきことに、この三教合一による道徳実践活動は、明末の対立しあう諸学派の人士の多くに認められ、三教その他につき哲理上の対立（例えば「無善無悪」を標榜したいわゆる陽明学左派と郷村秩序重視の東林派）はときとして深刻であったが、こと善書の実践になると、その多くが何らかのかたちで善書や善会に参加しているという事実がある。これまで、思想史研究において哲理面での対立を重視し、この三教の実践面における合同をどちらかといえば軽視してきたが、今後この実践面での研究はもっと多角的な観点から進められてよいだろう。

流動的な社会関係は、身分的に不安定で、階層間の浮沈が激しく、実力による競争社会にならざるをえない。その生存競争をやわらげ、相互共存を図ろうと願うところに善書や善会活動は生まれた。彼らはひたすら善行を積み、不安から逃れ、自分の運命を明るくしたいと願うと同時に子孫の繁栄をも願望した。その願望へのエネルギーが、郷里空間における「郷治」活動を活性化した動力の一つであった。

郷治活動の活性化は善書・善会だけに限られない。均分相続制が生んだ不安定な流動社会に対応するために創出された相互扶助共同体としての宗族制、あるいは流動社会から析出された流賊に対応するための郷里の自衛武装組織である保甲、団練など、郷里空間を強大に組織化したのは、流動社会それ自体であった。

こういう社会の流動性が、やがて太平天国の反乱を生み、一方でそれに対抗する湘軍や淮軍を生みだす下地となっていた、という辛亥革命前夜の状況については次章に触れる。

〔参照した文献〕　溝口雄三『中国前近代思想の屈折と展開』（東京大学出版会、一九八〇）、『方法としての中国』（同、一九八九）、『中国の公と私』（研文出版、一九九五）。小島毅『朱子学と陽明学』（放送大学教育振興会、二〇〇四）。寺田浩明「田面田底慣行の法的性格」『東京大学東洋文化研究所紀要』第九三冊、一九八三）。岸本美緒『明清交替と江南社会』（東京大学出版会、一九九九）。費孝通『中国農村の細密画』（小島晋治他訳、研文出版、一九八五）。聶莉莉『劉堡』（東京大学出版会、一九九二）。井上徹『中国の宗族と国家の礼制』（研文出版、二〇〇〇）。大木康『明末江南の出版文化』（研文出版、二〇〇四）。後藤末雄『中国思想のフランス西漸』（平凡社、東洋文庫、一九六九）。

第四章　激動の清末民国初期

黄龍旗（葛元煦『滬游雜記』〔1876 年〕より）

清末民国初期の激動をもたらしたのは一九一一年の辛亥革命である。辛亥革命の最も大きな歴史的特質は、(1)二千年つづいた王朝体制の、王朝ではなく王朝体制の終焉をもたらす革命であったこと、その形態も、(2)各省の独立という形態をとったこと、(3)その結果、旧体制は解体し、革命後に国内が分裂割拠の様相を呈したこと、(4)革命を実現させた実勢力は、在来型の反乱軍ではなく、民間に蓄積された「省の力」であった、などである。

この中央なき革命、見方によれば国家瓦解の革命とも見える革命形態は、中央集権的な国民国家の建設を近代化の指標としていた当時の国際環境のなかでは、亡国の混沌としか見られなかった。二千年来の王朝体制の終焉という、中国の歴史としては空前の大事件も、当時の国際認識のなかでは枯木が自然現象として朽ちはてるかのように当然のことと見なされ、そのことの歴史的意義が、同時代人はもとより、後代の人たちからもほとんど軽視されてきた。ちなみに、現在の日本や中国の歴史の教科書を見ると、清朝の「衰落」の原因として、農民暴動の頻発、官僚の腐敗、財政の緊迫、軍隊の弛緩など、どの王朝の終末期にも見られるありふれた事例をあげているが、その「衰落」の王朝に代わって台頭し、各省の独立という形態の辛亥革命を実現させた、その各省の「省の力」には注意が払われていない。

各省が独立したというには、独立できるまでに成熟した省の力があった。その成熟の軌跡は、十六、七世紀、前章で述べた明末清初期の「地方公論」の磁場としての郷里空間の、明末の県範囲の規模から清末の省範囲のそれへの拡大充実過程と捉えられるものである。ところが従来この軌跡は、「近代」観点や「革命」観点のかげに隠されて、ほとんどその存在に気づかれていなかった。

すなわち、中央集権的な「国民」国家の建立を近代コースとする近代史観から見れば、軍閥割拠をもたらした辛亥革命は近代化の逆行としてしか見なされなかった。また一九二〇年代以降の、反封建・反植民地の革命の課題から見れば、一九四九年の建国革命にくらべたとき、辛亥革命は中途半端な革命としてしか見なされなかった。こうして、辛亥革命を迷走・逆走の混沌、建国革命を国民国家の成就とする「起点から目的点へ」の構図、あるいは辛亥革命を中途半端なブルジョア革命と見なし、一方、建国革命を反封建・反植民地の徹底したプロレタリア革命と見なす、「浅から深へ」の構図が、これまで広く通用してきたのであった。

しかし辛亥革命と建国革命は、本来、革命の浅深の度合で段階づけられ、あるいは起点と目的点として一方向的に並べられる関係だけのものではない。二つの革命は、これを虚心に旧体制の倒壊から新体制の建立へという（スクラップ&ビルドの）連続した事象として見れば、この二つは――運動の方向性のうえでは（分権化と集権化の）相反発する関係にありながら、なお因果関係（壊したら建てなおす）でつながれた一対の革命と見なすことができる。それは現象的に見れば、いったん中央を解体させた（第一段）分権化の力を、ふたたび結集して、新しい中央集権国家を建国する（第二段）という、曲折に富んだコースをたどった革命であった。

辛亥革命の時点では、清朝体制に代わる新体制は何も予定されていなかった（新体制をめざすのではなく、ただ解体に行きついただけというのが辛亥革命の特質の一つである）。新王朝体制への交替か、新しい立憲君主制国家か、各省連合の連邦制共和国家か、軍閥割拠の分裂国家か、列強による分割支配か、新しい中央集権制国民国家の建設か、理論的可能性としてはどの選択もありえた。ただ今の時点でいえることは、中国の歴史の趨勢が、三八年後に実現させたのは中央集権的かつ社会主義的な人民共和国であった、ということである。ただ、二つの革命の間には「瓦解と再建」という表裏一対の因果関係があり、そのなかでこの二つは反発しながらの継承あるいは断絶しながらの連続といった関係を取り結ぶほかなかったのである。その意味で建国革命がむしろ辛亥革命の歴史的性格の規定を受けるという関係にある。いずれにせよ、二つの革命の関係のなかにひそむ地方分権と中央集権の問題は、中国における二十一世紀の「封建・郡県」問題として、討議の俎上に載ることであろう。

それにしても一九一一年の分解から四九年の再統一までの三八年という所要年月はあまりに長いといわざるをえないが、むしろ逆に、それだけの年月を要したということ自体が、その激動が歴史上の大きな転換期にあったことの証しだ、と考えることもできる。ちなみに唐から宋へ（貴族社会から平民社会へ＝内藤湖南説）の転換期には五代という分裂割拠の動乱が五三年つづいた。つまり辛亥・建国革命とは、秦漢帝国成立以来、唐宋変革期にならんで千年ごとの大転換期の一つに擬せられるほどに大きな変革であった（日本がその間に侵略ができたのは、まさにその大変革の混沌に乗じてのことであった）、と考えられる。

一　清末の地方「自治」

黄宗羲と「郷治」

清末期の激動を明末清初期の変動から連続するものとしてトレースしようとしたときに、一つの問題に逢着する。それは明末清初の黄宗羲（こうそうぎ）らに見られる反体制的な言説を継ぐ言説が、清末になるまで見当たらない、という清代を通じての「革命的言説」の空白状態である。このことは中国でも早くから意識されていた。一九〇六年九月に刊行された革命派の機関誌のなかで（『民報』第七号掲載の連続政治小説「獅子吼（ししく）」）、作者の陳天華（ちんてんか）は主人公の一人にこう言わせている。「明末清初の大聖人、黄梨州・宗羲先生の著書『明夷待訪録』中の原君、原臣の二篇はルソー『民約論』に数十年先んじている」が、「フランスではルソーが出たのち、百千のルソーがつづいたのに、中国では黄宗羲先生のあとにつづく者が出ず、あたら二百余年がむなしく流れ去った」と。

たしかに革命的または反体制的な言説、あるいはヨーロッパ型の「近代」革命に類似した事象を、清初から清末までに追い求めれば、中間の二百余年は空白状態である。

しかし、黄宗羲を読んだ人なら誰もが承知していることだが、もともと彼は王朝制度の当否について何も語っていない。彼の言説に市民革命の面影を求めるのは、彼にとって迷惑な話でしかない。実際は、彼はただ「民」の社会的・経済的な存在としての主体性を認めよ、そして地方のことは地方の「公論」にゆだねよと主張しているにすぎない。「地方のこと」とは次節に後述の善挙を一例とする地方の公益事業つまり地方公事である。そもそも地方官の仕事は「銭穀（徴税）」と「刑名（治安と裁判）」といわれてきたなかで、それ以外に地方官や郷紳ら地方エリートにとって地方の公事への対応が必要とされる情況が意識化されたのは、おそらく明末になってからである。その明末の文脈のなかに黄宗羲を置いてみると、この「公論」を発展させること、いいかえれば〝地方の公事を地方の手で〟の体制を十全に構築すること、それが黄宗羲を継ぐことであったと気づかされる。

これまで明末の「公論」や「封建」は、しばしば清末の地方自治、すなわちヨーロッパ渡来の「地方自治」に無媒介に読みかえられてきた。その結果、清朝中葉に求められるものが、いつのまにか、ヨーロッパの市民革命的な「自治」すなわちある領域で認可された自由の権利や制度として反体制的に観念された自治にすり替わり、本来の〝地方の公事を地方の手で〟という意味での地方自治、すなわちわれわれのいわゆる「郷治」が視野からこぼれ落とされてしまった。あげくに、黄宗羲を継ぐ後継は一人として見出されないということになった。しかし、われわれが、明末の公論・封建を、地方自治ではなく中国文脈における本来の意味に限定するならば、その郷治は、清代を通じて百千の後継を見出すことができる。

ところでこの「郷治」という語だが、これは清末民国初期の改革派知識人、梁啓超の『中国文化史』第七章、郷治の項（『飲冰室専集』第五冊、一九二七年）の冒頭に「欧州の国家は市を集積してなり、中国の国家は郷を集積してなる、ゆえに中国には郷自治はあるが市自治はない」とあるのを借用したもので、郷の自治を含意している。彼は、『周礼』や『管子』などの古代文献から彼自身が郷自治を示すと見なした文例をならべたあげく、郷治の主な内容として、農耕の共同、義務教育、警察業務、郷兵の練兵の四項をあげたうえ、その精神は「互助」、その実行は「自動（自主・自立）」、道徳上・法律上は「相互依頼」「相互友愛」「相互督責」であるとし、それらが充満した社会をめざすのが「郷治の遺意」すなわち郷治に託された理念であるとしている。これが西欧伝来の「地方自治」とは異なる郷治の伝統的な含意であるが、この含意にもとづいて時間を明末清初以降にさかのぼらせれば、われわれは清代における郷治活動、すなわち善会などの勧善的な地方公益活動、団練（民間自衛組織）や学会などの地方共同活動、宗族などの相互扶助組織、ギルドなどの互助的な私益活動などの展開のなかに、黄宗羲の——言い換えれば郷治の——後継を容易に見出すことができる。われわれが梁啓超の「郷治」の語を借用するゆえんである。

善挙・地方公事・郷治

清末の「地方自治」を考える場合、明末以降、善挙と呼ばれていた善会、善堂（善挙を実践する組織体）の活動にふれないわけにはいかない。善挙は日本語に訳せば善行となるので、直訳すれば慈善事業を意味することになるが、清末に上海の代表的な善堂である同仁輔元堂について「諸々の善行を実施する以外に道路清掃、街路灯、道路橋梁の築造、祠廟（しびょう）の修建、あるいは自警団などの事業を率先し、実に地方自治の出発点となっている」（『民国上海県続志』巻二、善堂、一九一八年刊）と評されているように、いわゆる慈善事業以外に、さまざまな分野の公共事業が手がけられており、「地方自治」という外来語が日本経由で渡来してきた当時にはそういった善会、善堂などの伝統的な郷治の活動内容が地方自治の内容としてふり返られた。

この善会、善堂の活動内容については、いわゆる「光緒（こうしょ）新政」の一環として一九〇八（光緒三十四）年に発布を予定して作成された「城鎮郷地方自治章程」（以下、「自治章程」と略す）が参考になる。この法案の背後には、当時の中国の指導層に議会制としての「地方自治」を求めさせた、澎湃とした時代の潮流があった。実際、二十世紀初頭の義和団事変以後、急速に広がった存亡の危機感のなかで、立憲制を指向する世論が高まると、それに比例して、「地方自治の重要性を盛んに論議するのが近年の風潮となっている」（攻法人「敬告我郷人」『浙江潮』第二期、一九〇三年）、

「いわゆる地方自治の論議によって国中は轟然としている」（茗蓀「地方自治博議」『江西』第二、三期合集、一九〇八年）などといわれるごとく、地方自治への世論も急速に高まっていた、そういうなかでの「自治章程」なのである。

この「自治章程」は全九章、百十二条からなっているが、そのなかで第一章の「自治範囲」の項で、自治行為として民間に付託される諸事業の一覧を見てみると、

一、学務（中小学堂、幼児院、教育会、勧学所、宣講所、図書館、閲報社など）

二、衛生（道路清掃、汚穢掃除、施医薬局、医院医学堂、公園、戒煙会など）

三、道路工程（道路修理、橋梁建築、溝渠疎通、建築公用房屋、街路灯など）

四、農工商務（改良種植牧畜及漁業、工芸廠、工業学堂、勧工廠、改良工芸、整理商業、市場開設、青苗防護、籌辦水利、田地整理など）

五、善挙（救貧事業、寡婦の扶養、育嬰、施衣、放粥、義倉積穀、貧民工芸、救生会、救火会、救荒、義棺義塚、保存古蹟など）

六、当該城鎮の公共営業（電車、電灯、水道など）

など、思いつくかぎりのと言っていいほどの公共事業が網羅されている。清代には、このうち第五項の善挙はもとより、第一項から第三項までの学務、衛生、道路工程の諸事業のほとんどが善堂の事業（善挙）として実施されていた。すでに明末の「功過格」の善行のなかに道路や橋の補修などの公益活動が含まれていたことを想起したい。つまり、第四、六項の農工商務や電車、電灯、水道などの新時代の事業のほかは、ほとんどが清代を通じて、善挙＝郷治の経験をもった事業であり、その意味で「自治章程」は外国の模倣でも机上の空案でもなく、明末清初以来「民間」に伝統的に積みあげられてきた郷治の実績を取り入れた案であった。

そのことは「自治経費」の項にもいえる。「自治章程」によれば、自治経費の財源は一つはその地方の共有財産、一つは「公益捐」、もう一つは自治章程の違反者への罰金の三種類がある。公益捐の「捐」は日本語に訳せば拠出金で、もともとはある公益事業の恩沢に浴する住民に課せられる負担金であるが、この拠出が官府からの強制によれば税金となり、住民の自発的な拠出によれば寄付金となるというように、官と民との境界は流動的である。

要は、自分が属する地方で困窮し、援助を必要としている人や事柄、その地方にとって必要な諸事業を、その地方の人の手で共同していかに円滑に処理するかが彼らにとっての関心事であり、資金の出所が官か民かあるいは紳（郷紳）かは、問うところではなかった。この、資金の出所が官か紳か民かを問わないというところに、旧来の「国家と社会」枠組では捉えきれない郷治の特質が見られることに留意しておきたい。

上に列挙された、「自治」という名の伝統的な善堂・善会の公益事業は、村落を越えたネットワークの広がりをもっていた。逆にいえば、均分相続制により田土の所有関係が流動的で、地縁共同体的な村落の少ない中国では、公益事業は官が責任を負わないかぎり、民間で誰かが自発的に呼びかけ、誰かがそれに呼応するなどのネットワーク方式で実行する以外になかった。別の言い方をすれば、中国の「民」は「官」の制度的な保護や制約の受けられない、したがって地方のエリートたちが上記の学務、衛生、道路、善挙など広範な領域にわたって自治せざるをえない「民」であった。事実、ある統計によれば、明代末期に千三百余を数えた全国の県の数は清代中期になってもほとんど変わらなかったとされているが、一方、人口は明末の一億数千万に対し清末には四億と推定されていることからわかるように、清末の一県あたりの人口は明末の二倍以上に達していた。にもかかわらず地方官の数は増えていないうえに民間の経済・社会関係はいっそう複雑化を増したため、「官」による行政サービスが希薄になったことはやむをえないところで、そういったことが善会・善堂などの地方公事の活動を盛んにせざるをえない事情の背景にあったと考えられる。康有為が、広東省の例として、一県の人口が多いので行政の手が及ばなかった、だから「地方の保衛は民が自ら計画せざるをえず、学校、道路、橋梁、博施院、医院は民が自ら経営せざるをえなかった、そこで紳士、郷老、族正が訴訟事を裁き、人を選んで自警団を組織し、堤防、廟堂、学校、道路、橋梁、公所、祭祀のすべてにつき、自ら寄付を募って処理をしなければならなかった」と述べているのは、そのあたりの事情を語ったものであろう。

このように「自治範囲」としてあげられている公益事業は、歴史的にトレースしてくれば明らかなことに、それらは以前には、大半の事業が（当時の人の認識では）官・紳・民の共同による「善挙」をはじめとしたわれわれのいわゆる「郷治」であり、それが彼らの地方自治であった。

われわれはこれまで、「近代」という型枠に無意識に依拠することによって、「地方自治」といえば、どう「民間」「自治」か、あるいはどう法制度化されているか、また「民間」といえば、「官」や「体制」からどう自立しているか、また「自治」といえば国家体制のなかに明文化された制度として、あるいは実行者の市民的な権利としてどう保証されているか、などを問うてきた。しかし、実際には中国の地方自治としての郷治の歴史は、ヨーロッパの地方自治が、中世都市における特権的市民の移動の自由とか商業の自由の獲得を母胎とする権利としての自治であったのと、もともと歴史的な文脈を異にしていた。

中国では、少なくとも清末に郷治＝地方自治と観念されたその内容は、一つには基本的に伝統的な「互助」「勧善」の道徳実践であり、もう一つには官・紳・民合同の地方公益事業であった。もちろん、道徳実践といっても、例えば善会・善堂への拠出金のすべてが拠出者の道徳的な献身性によると見るのは現実的ではない。自己の立身出世あるいは子孫の繁栄の願いから拠出されたり、さまざまな利己的動機が考えられるが、これらが明末清初期の道徳的な善会にさかのぼり、それらの流れを汲んで発展してきたものであることは間違いない。

その「善挙」は、明末から清末にかけて、〃地方の公事は地方の手で〃という基本のところを継承しながら、明末の個人的なあるいはグループの手作りの時代から清末の組織化・ネットワーク化の時代へと変化し、善挙の内容も、明末のそれが困窮者の救済、庇護、養育などのいわゆる慈善事業が大半であるのに対し、清末には広く土木事業、教育事業、民生事業、衛生事業などにまで及んでいたのである。それを自治というのであれば、中国の自治は、ヨーロッパの「権利としての自治」に対して、さしずめ「公益のための自治」「道徳行為としての自治」というべきものであった。

以上、中国清代における郷治は、清代を通じて、〃地方の公事は地方の手で〃といわれるかぎりにおいての地方自治であること、その場合、財政が体制から自立しているかどうかも問題にならず、「民間」主導といってもその内実としては、多くは官・紳・民が合同して運営にあたっていたこと、この善会の活動は、明末清初の段階では、地方エリートの個人的な勧善活動として、及ぶ範囲もほぼ一県内に限られていたが、清末段階では運営も組織化され、連合はしばしば省全体に及んでいたこと、総じて、伝統中国の地方自治はヨーロッパの文脈とは違う文脈（権利の次元ではなく道徳の次元）にあり、もっぱら善挙（道徳行為、梁啓超のいわゆる「互助」）としての公益活動を指していた、などを特質としてあげることができる。そして、この「郷治」のさまざまな営みこそが、われわれのいう「省の力」の組成材にほかならない。

なお、その省全体の連合における〃地方の公事は地方の手で〃という社会原理は、のちに例えば湖南省の独立運動のなかで〃湘（しょう）人が湘を治める〃という政治原理に発展していったことを付記しておきたい。

清末の「自治」力量

各省の独立という革命形態をとった辛亥革命において、各省が独立を宣言したというのは、各省ごとに政治、軍事、経済、社会の諸局面につき、独立を可能とするだけの力量（省の力）がそなわっているという判断が各省側にあったことを示す。その力量を数量で測ることは不可能だが、軍隊が中央権力から離脱して省側についたというのが決定的な要因の一つであったことは疑えない。その省の軍隊の源流は、嘉慶年間の白蓮教の反乱のときに郷里防衛のために地方で編成された郷勇、団勇などの地方自衛組織にさかのぼるが、のちに中央政府の意向により公式に中央軍を補完する目的で編成された地方軍としては、太平天国期に編成された湘軍、淮軍がある。

太平天国の乱（一八五〇—六四年）において、反乱軍が各省を席捲していくのに対し、旧来の中央派遣の地方駐留軍である緑営軍は、もともと遠隔の他地方からの人間の寄せ集めであったため、その地方になじみも利害もないうえ、駐留するその地方以外には出兵できないという軍政上の制約もあって、太平天国軍が各県各省の貧民を巻き込みながら各県各省を自由に突破していくのにはとうてい太刀打ちできなかった。緑営軍の限界を知った清朝は、湖南省出身の大官曽国藩に湖南省の防衛を委託し、〝地方の公事は地方の手で〟の軍事版としての、湖南省人による湖南防衛軍すなわち湘軍を設立させた。これはのちに李鴻章によって建軍された淮軍をへて、曲折をへたのち、やがて軍閥につながっていったのであるが、当時は郷人による郷里防衛軍として士気も高いうえ、郷里の郷紳層ら有力層の献金や地方財政の拠出も受けての新式の洋式装備のため、太平天国軍を制圧するに十分な威力を発揮した。湘軍のなによりの強みが、自分の郷土は自分の手で守るという郷土愛にあったことは特記されてよい。旧来の反乱は、郷里の側から見れば、いずれも外地人の編成軍である王朝軍と反乱軍間の抗争という構図のなかにあった。そこに、新たに第三の軍隊として、郷人による郷土保衛のための軍隊が、王朝軍と反乱軍を押しのけて出現した。その郷里軍の出現は、長い民衆反乱史のなかでおそらくはじめての事象であり、それは清末における歴史の推進力としての評価を得るであろう。

この、さかのぼれば（団練出自の郷勇である）湘勇にさかのぼる歴史的新勢力、湘軍の活躍に対し、のちに清末革命派の汪兆銘（精衛）は往時をふり返って、当時、軍費調達権が省の総督巡撫層にゆだねられたこと、また用兵についても、中央の兵部の統制を離れて、省境を越えて自由に出兵できるようになったことなどをあげ、軍政財政の両大権が中央から地方へ移行したものとし、これを中央集権に対する「地方自治」の実現と評価した（『民報』八号、一九〇六年）。

汪兆銘は清朝が、九年後に立憲制に移行するという勅諭を下した（一九〇六年九月）その翌月刊の『民報』上で、その日本の明治体制をならった皇帝本位の立憲体制が整わないうちに、「急いで自治を謀り、地方団体に権力を収める」べきことを主張したのであった。ここで「地方団体」というのは善会、ギルド、保甲（民間警察）、団練、学会などの民間の諸組織を指し、これらこそ郷里空間の経済的・社会的な力量が蓄積されている場であった。ちなみに「急いで自治を謀り」という自治は明らかに「自立」の意味であり、このように自治の言説が、やがて自立から独立の言説へと向かうという、清末の趨勢もまた抑えがたいものがあった。郷人による郷里防衛のための軍隊という性格を付与された湘軍の編成は、その地方的性格によって当初は清朝の危機を救う役割を果たしたが、のちにはその同じ性格によって、清朝を瓦解に導く地方の自立と独立への出発点となったのである。しかし湘軍が在地の団練組織に依拠して編成されたという推移から見れば、それはもともと地方（省）による地方のための軍隊以外のなにものでもなかった。つまり、湘軍が建軍されたということ自体が、じつはそれに先だって、それを建軍するにいたるまでの郷里空間の力量がすでに省を単位として蓄積されていたことを物語るのである。そのことを傍証するものに康有為の次のような証言がある。

彼によれば、太平天国以降、彼の出身地である広東省では、紳士が団練を組織しその郷里を自衛してきたが、一郷の力が弱ければ数郷、さらには数十郷が連合し、なかにはほとんど省全体に及ぶものさえあった、という。彼の記述によれば、彼の出身県である南海県には同人局という団練の局があり、その下に三六の郷、男女約五万人を擁しており、もっと大きな局なら三十余万人、小さくとも数千人を擁し、広東省全体に団練はあまねく設置され、大事があれば局紳が協議し、大局なら章程を制定し、「純然たる地方自治の制度である」（「公民自治篇」）と述べている。これは太平天国を契機にしての地方の団練の充実を述べたものであるが、このことは太平天国以前にすでに各県の団練組織が自衛の潜在力量として蓄えられていたことを示す。ちなみにその広東省では、第二次アヘン戦争期に省規模に連合した団練の力で英仏連合軍と戦った記録もある。

それによれば、康有為が生まれる一年前の一八五七年、広東省の広州府は英仏連合軍に攻撃され、以後六一年までの三年間、連合軍の占領下にあった。その五七―五八年、広州湾を取り囲むようにつらなる南海県をはじめ広州府下十四県の郷紳が、中央から派遣された新任の総督とともに、軍資金および武器・弾薬を自ら調達し、花県に広東団練総局を開局し、連合軍を城外におびきだして戦い勝利し、以後連合軍は城外に出なくなった、と伝えられている（当時の南海県知事、華廷傑『触潘始末』全三巻）。このような外国軍との戦闘を契機とする諸県の団練の連合の事例は一見特殊例に見えるかもしれないが、それが何であれ、もし県を越えた省内の連合が必要となれば、それが可能になる潜在ネットワークがすでに省内各地で形成されていた、ということをこの事例は示している。

ちなみにこの防衛戦で中心的な役割を果たした順徳県の団練局は、付設機関として、紳士が参集する社交サークル（大良公局）、科挙応試者の援助、のちに政治論議の中心となった文化グループ（青雲文社）、沙田（さでん）の管理機関（東海護沙局）などをもっており、連合してさまざまな地方公事、例えば城壁や火薬庫の補修、砲台の新設、水路の浚渫、石路の敷設、義倉の設置、河流の管理など軍事にまで及ぶ公共事業に従事していた。この順徳団練局の例は、在地の官・紳・民が省内の錯綜したネットワークによって連結し、生起するさまざまな事態に対応し、また事態を動かしていたことを示す、ごく一般的な事例といえる。

くり返しになるが、ここで省とは、郷・鎮・県・府をつらぬいて同一平面上を同心円的あるいは放射線状に縦横に流れるネットワーク流であり、それが一省の郷里空間の政治社会空間である。その空間にはギルドのネットワーク、善会・善堂のネットワーク、あるいは清末に林立した学会のネットワークなど、省内を縦横に走る諸ネットワークの連合がある。そのネットワークが団練を組織し、軍隊化させる基盤の力量であった。

われわれは、太平天国を契機に湘軍・淮軍が編成されて以降、地方の軍権が事実上、省の督撫（総督・巡撫）にゆだねられ、督撫の行政権力も飛躍的に強化されたことを知っているが、この省の軍隊の創設も、点から線へ、また線から面へと広がる郷・鎮・県の入り組んだネットワーク流があってこそできたことであった。大事なことはその網の目の一つ一つが生きており活動しているということである。想像するに、仮に上記の青雲文社に集う新思想の青年たちが革命宣伝の雑誌を出版したとすれば、それはネットワークに乗って省内に伝わっていく。書き手がネットワークを通じて現われ、同じネットワークに乗って読者が広がる。こういう、都市や市鎮を発信地あるいは中継地としてつながりあう官・紳・民のネットワーク空間の動態が郷里空間の実態であり、それが汪兆銘のいう「地方自治」空間だったのである。

省の独立へ

辛亥革命（一九一一年）を省独立のかたちで実現させた要因についてはさまざまに挙げることができよう。

まず、太平天国を契機に湘軍・淮軍が編成され、地方の軍権が省の督撫（総督・巡撫）にゆだねられるようになったこと、また洋務派官僚らによる商工業の振興とそれにかかわる紳士層の興起、また諮議局の設置による省レベルの行政機構の成立、科挙の廃止にともなう西学の受容と立憲・革命思想の流行などなど、多くをあげられよう。しかしそれらのどの一つもそれを成り立たせる省レベルの郷里空間なしには成立しなかった。少なくとも、この郷里空間の拡充がなければ、革命派や立憲派の活動はその基盤をもつことができなかったであろう。

清王朝を変革しあるいは打倒しようとする言説は清末には国内外にあふれていた。立憲君主制を主張するもの、滅満興漢の民族革命を唱えるもの、王朝打倒の共和革命を唱えるもの、あるいは省の独立を主張するものなど豊富であった。しかし結果として王朝制の崩壊を実現させたのは各省の独立という形態においてであった。

清末に次々と刊行された新思想宣布の雑誌『浙江潮』『江蘇』『新湖南』『新広東』『湖北学生界』『雲南雑誌』『四川』『河南』『江西』など、多くが省名を冠しているのは、その時点で省の文化的・経済的また社会的なネットワーク空間が形成されていたことを示す。

辛亥革命が鉄道の国有化をきっかけに勃興したという経緯も象徴的であった。それは、清朝政府が一九一一年五月、民営の川漢線（成都－漢口）と粤漢線（広州－漢口）を国有化し、沿線の湖北、湖南、広東、四川各省の鉄道会社を強制的に接収したことに端を発した。国有化して線路を担保に外国の借款を導入して鉄道敷設事業を朝廷（中央政府）主導で進めようと図る政府と、あくまで自分たちの力で鉄道を敷設し地方の権益を守ろうとする各省の紳士層と、まっこうから対立した。結果は同年十月、武昌の軍隊が蜂起し、十一月下旬には二四省中、一四省が清朝から独立し、翌年一月に清朝の命運を決したのだが、思えば鉄道こそ省の力を結集し、また省と省を連結するほかない事業であり、それを民間で請け負おうとしていた省の紳士の力はその時点で、経済的、政治的、社会的および軍事的にさえ中央権力に拮抗するまでに成熟していたのであった。こうして各省内の立憲派だった紳士たちは雪崩を打って省独立に走り、革命派と合流していった。郷里空間は鉄道の敷設という問題においてすでに臨界点に達していたということである。

辛亥革命における省の独立を郷里空間の成熟という角度から見たとき、そこに浮かび上がってくるのは、前掲の康有為にも見られた、郷里空間のネットワーク領域が省どまりであることにより、王朝国家に代わる新しい国家構想が欠如していたという問題であろう。

辛亥革命の歴史的特質の一つは、くり返しいうように、各省の独立という形態をとったことにあるが、この「独立」とは、いいかえれば清朝統治体制からの省権力の離脱であり、また省の離脱による中央集権的な王朝統治体制の瓦解である。その瓦解の空白を埋めるべく、革命後、さまざまな国家構想が中国大陸のうえに錯綜した。なかには袁(えん)世凱(せいがい)の帝政復帰構想や、張勲の複辟(ふくへき)運動すなわち清朝の再建構想など、歴史の流れを逆流させようとする時代錯誤の構想もあった。一方、湖南共和国運動に見られる省共和国の建設構想（彼らは将来的には各省の連合を志向していた）があれば、省共和国の連合体としての連邦国家構想（二〇年代に盛行した連省自治運動）があり、またのちに主流となった中央集権的な国民革命構想があり、内戦をともなった抗争と、それに乗じた欧米列強の介入や日本の侵略があった。

明末清初期の県規模の郷里空間から清末期の省規模の郷里空間までの成熟やその結果としての省の独立という歴史の推移（この推移の具体的な様相については今後多くの検証が必要とされる）から見れば、連邦共和国構想が最も現実的な構想に思えるが、各省内に存在する軍隊の軍閥割拠化とその軍閥と結託した外国勢力による分割支配のおそれが、安易な連邦構想――中央なき、あるいは中央弱体の連邦構想を実現させなかった。

一方、中国には西欧や日本に見られる国家観念というものが伝統的に希薄で、国家といえば朝廷＝王朝がそれであるが、民は国家に隷属せず、天の民として天下に帰属するという天下観念が伝統的に形成されていた。民は「天民」

「生民」という語にはなじむが、「国民」という語にはなかなかなじめなかった。康有為が「公民」という語を使った背景にはそんな事情もあった。

結局、西欧列強および新興の日本による植民地的干渉や軍事的侵略という厳しい国際環境のなかで、中央集権的な「国民国家」の建設というコースが選択された。「天民」を「国民」に転換させ、国民国家を立ち上げること、これが辛亥革命以後、一九一〇年代から四九年、人民共和国建設までの苦難の歩みであった。その過程で、省の枠を越えて、一〇年代以降、雑誌『新青年』に代表されるような、全国規模の学会、商工会、労働組合などの活躍が新たに展開されたことはよく知られたことである。

こうして、中国近代思想史はその苦難に満ちた歩みを反映して、さまざまな革命の言説を生みだしたのであるが、その詳細はすでに多くの研究によって明かされていることなので、他書に譲ることにする。

二　西欧近代思想の受容と変革

近代政治思想の受容

〔西洋事情の紹介〕　西洋事情といえば、明末以降のキリスト教宣教師がもたらした世界地理、物理、天文などに関する情報は、中国の知識界にも敬意をもって受け入れられていた。清朝がキリスト教を禁止したのちにも、十九世紀初頭から宣教師たちはマラッカやバタビアに出版基地を置き、西洋事情を中国語に翻訳して出版し、アヘン戦争までに百三十余部の中国語文献が刊行され広東にもたらされていたという。ドイツ人宣教師ギュツラフによって一八三三年に創刊された月刊誌『東西洋考毎月統記伝』はその一例で、毎号世界各国の歴史・地理・民情・風俗が紹介され、これらの情報はヨーロッパとの唯一の官許の貿易港であった広東の知識界に早くから取り入れられていた。

アヘン戦争（一八四〇―四二年）を契機に中国は、西欧世界に向けて門戸を開かされることになった。それにともない西欧事情の紹介も盛んに行なわれるようになり、たとえば一八四〇年から六〇年までの二〇年の間に、世界の地理に関する二〇篇以上の書籍が中国国内で刊行された。これらのなかで後世に影響を与えたものに魏源編纂の『海国図志』（初刊一八四四年、五〇巻本、五三年、百巻本）があるが、この『海国図志』の蔭にかくれてあまり知られていない書物に梁廷枏編纂の『海国四説』（一八四六年刊）がある。このなかで梁廷枏は英米の議会制、大統領制などを紹介し、その自序のなかで、「およそ一国の賞罰禁令は、みな民によって議を定め、…大統領の上に国法があり、法とは民心の公なるものである」云々と、くり返し諸事が「民心の公」に従っていることを称えている。魏源が『海国図志』でアメリカの議会制につき「衆が可とすれば可決され、否とすれば否決される」云々、またイギリスの議会制につき「用兵、和戦の議は国王が決裁するが、また必ず巴里満（議会）の承認を得なければならない」とその「公議」ぶりを紹介しているのは百巻本（一八五三年）のことであるから、梁廷枏はおそらく中国で「民主」制（清末には君主に対して大統領を民選の主の意味で民主という）を前向きに紹介した最初の人といえる。

下って一八六〇年代になると、たとえば六六年（同治五年）には張徳彝や斌椿など、政府によって海外に派遣された人士が、それぞれ『航海述奇』『乗槎筆記』などの見聞記のなかで、翌年には同じく張徳彝や満人の宜垕がそれぞれ『再述記』『初使泰西記』のなかで、欧米の議会制度を紹介しているのを見ることができる。しかもそれはことごとく好意的に伝えるもので、「その可否はすべて衆論によって決し、…衆を納得させられなければ、投票によって罷免させることができる」（『航海述奇』）、「意見が一致しなければその異論を述べさせ、必ず全員が一致してから施行し、君主や大臣も強制はできない」（『乗槎筆記』）、「必ず事案を審議し一致を見たものを…大統領に上程し、批准を待って施行する、だから民情が達して公道が存する」（『初使泰西記』）などである。

〔議院制への関心〕　こういった西洋事情書や海外見聞記といった類の書による欧米の近代的政治制度の紹介は、その後も多く見られるが、ここで注目されるのは、当時の軍機大臣文祥（ぶんしょう）の密奏（一八七五年）である。彼は欧米の上議院・下議院の制をとりあげ、「もし国内に紛争があれば、必ず国主は上議院に付託して審議する、いわゆる〝謀、卿士に及ぶ〟である。下議院に付託審議するのは〝謀、庶人に及ぶ〟である。…中国では、上下の分が厳密で、外国の上議院・下議院の制度は勢いとして実行するに困難があるかもしれないが、理として採り入れるべきである」と光緒（こうしょ）帝に議院制の原理の導入をひそかに上奏しており、政府中枢のなかでの大官のこういった発言は、現実の政策に影響を及ぼすものだけに注目される。文祥といえば開明的な親王として知られる恭親王奕訢（えききん）の右腕として対西欧折衝機関である総理各国事務衙門（がもん）の創設にも関与し、以来いわゆる洋務の主柱として時局を担った満洲八旗出身の重臣であり、その政治的影響力は決して小さくなかったはずである。

洋務というのは、以前は夷務と称して、中国特有の中華思想から外国を蛮夷視していたのが、アヘン戦争以後、ヨーロッパの強大さを自覚させられ、それまでの蛮夷視を改めて洋務と称するようになったものである。最初は単に外交事務をさしていたのが、やがて欧米の工業や近代的諸制度を学びとるための諸事業一般を指すようになり、のちに洋務に熱心な官僚、たとえば李鴻章らは後世の歴史家から洋務派官僚と呼ばれるようになった。

その洋務派官僚の一人、張樹声もまた、死の直前に遺書のかたちで西太后と光緒帝あてに上奏文（遺摺（いしょう））をしたため（一八八四年）、そのなかで、西洋人は「体」と「用」とをかねそなえ、輪船、大砲、鉄路、電線などの機材の「用」のほかに、「人才を学堂で育て、政治を議院に論じ、君民一体、上下一心、全体の意見が定まってはじめて実行に移る」などの政教・人心の「体」も充実しており、もし中国がその「体」をおろそかにして「用」のみを求めるなら、いつになっても西洋に及びつかない、と議院制への注意を喚起している。張樹声は両広総督として清仏戦争を担任していた第一線の地方大官であり、この議院制に対する発言は文祥のそれとならんで注目されてよい。

この二つの上奏は、権力の中枢部の高官からのものであること、また洋務の最先端を担っている人物のものであること、内容についていえば、アヘン戦争以来の課題である「民心固結」の要策として、単に上からの一方的な忠誠要求でなく、議院制の導入が検討されはじめたこと、また中体（礼楽、教化）とは異質ながら西体（学堂、公議）独自の優秀性も説かれているなどの点で注目される。これら君主の「民主」的なありかた、公論の場としての議会制への関心などの背奥には、十六、七世紀以来の「公論」や「自治」の長い歴史が蓄積されていた、とふり返ることができるだろう。

なお「体」と「用」というのは、中国古来からの哲学概念であって、体は本体、用は作用である。清末に生まれた、中国の歴史的伝統を本体とし、西洋の工業技術を作用とする「中体西用」論は、この体用の概念を借りたもので、日本の幕末、佐久間象山の「東洋道徳・西洋芸術（技術）」と同じ意味である。

このように官僚の間に見られはじめていた議院制への関心は、民間の知識人層の間にも広まっていた。たとえば、陳熾（ちんし）の『庸書』、鄭観応（ていかんおう）の『盛世危言』などがあげられる。この二書は、それまでの他のものが議院制を官僚の合議制のように考えていたのに対し、議員は官僚からだけでなく、民間から、しかも公選によって選ばれるべきことを主張しはじめた点で画期的である。たとえば広東の貿易商であった鄭観応は、「中国の郷挙里選の制を根本とし、西洋の投票公挙の法を参考として、才望ある議員を選び、また各省に多く新聞社を設けて、議院の是非を明らかならしめよう」と述べ、「議院を設けて民心を固める」ことこそが政治の根本であると主張した。ちなみに「郷挙里選の制」

とは漢代の郷里からの人材登用制度だが、鄭観応がこの語にイメージしていたのは、われわれのいわゆる「郷治」のなかでの公挙であった。こういった主張は康有為らに継承され、立憲運動として広がっていった。すなわち彼は光緒帝にいくども上書をくり返し、その第五次の上書（一八九七年）のなかで、国会の開設と憲法の発布の必要を上奏し、翌年には意見に賛同した光緒帝により、新政の基本を述べた詔勅が発布され、いわゆる戊戌の新政を迎えるにいたった。ただしこの新政は西太后によって阻止され、わずか百日で失敗するはめとなった（戊戌の政変）。しかし義和団事変を契機にして、西太后によってふたたび新政が復活し、二で見た「地方自治」の昂揚を見るにいたったことは、ここでは省略する。

清末民国の「封建」

〔清末の「封建」〕「封建」というのは周代に立てられた制度——君・卿・大夫・上士・中士・下士の六等級の階層秩序——として、『孟子』（万章上篇）にも伝えられているものだが、明末清初期にはこの制度は、古代の小国の理想的な政治体制というイメージをもたれていた。すなわち小国で人口も少ないので、君民の上下の関係が近親であり、道徳教化もすみずみまで行きとどき、治世も穏やかであるというイメージである。明末清初期の封建論が後世の中国研究者の間で、往々「地方自治」に擬せられたことはさきに述べたことだが、「封建」を地方自治と結びつけて理解する例は、清末にも見られる。

例えば、清末の改革派人士である黄遵憲（当時、湖南省の按察使代理）は湖南省の南学会結成式での講演のなかで、湖南省の「自治」を主張して「諸君に求めたいのは、自らその身を治め、自らその郷を治めること。…学校は変革すべく、水利は計画すべく、商務は振興すべく、農事は修めるべく、工業は奨励すべきである。…封建世家の利を得、郡県専政の弊を去り、……一省から天下に及ぼすならば、共和の至治を実現し、大同の盛軌にいたることができる」（「黄公度廉訪第一次暨第二次講義」『湘報類纂』所収）と述べていた。この黄遵憲の場合、「封建世家の利」という「封建」は地方分権のことで、究極には省の「自立」までを内包し展望しはじめていた点で、明末には封建が県単位までの発想にすぎなかったことや、その内容もせいぜい地方の公論尊重をいうものであったのと異なる。また康有為の場合も、広東省の団練局につき、「純然たる地方自治の制度である」（「公民自治篇」）と述べ、その発言のすぐあとに「そもそもこの地方自治は古の封建であり、しかも現代の封建は衆人による封建であり、かつ公議によって公益を図るという封建であるだけもっとすぐれている」というように、明末にくらべれば「衆人の封建」「公議によって公益を図る封建」といっているように、団練なり善堂、善会なり、あるいは学会なり、すべてが組織的にネットワーク化された、衆人参加のいわば大衆的な「封建」になっていた。

　こういった明末との差異は、例えば陳虬の、君主も等級にしたがって支給される俸禄以外に収入があるのはおかしいという議論や、陳天華の「天子の権は諸侯（彼はこれを今の地方官という）に制約され、諸侯（地方官）の権は卿・大夫・士（すなわち郷紳）に制約され、しかもこれを操縦するのは国民である」など、民権思想を反映したもの、あるいは陳熾の「外洋の議院の制にならって人民により郷官を公挙せよ」（『庸書』）などの地方議会の開催を主張するものなど、封建の含意は「地方自治」の要求の広がりにあわせて急進化していったが、その要求の基礎にあったのは郷治の実績であった。清末の「封建」はこのように地方官の当地出身化、久任化、あるいは郷紳を中心とする当地人の郷治、地方議会の設置、共和・民権主義、また皇帝専制権の制限など、多くのアスペクトを含むようになった。

　その「封建」に転機がきたのは、一九〇二年、義和団事変の二年後のことである。

〔「封建」の翻転〕　民国期になると、それまでプラスイメージで使われていた「封建」の語が、一転してマイナスイメージの語に翻転し、現在にいたっている。そのきっかけになったのは、一九〇二年、厳復の翻訳による『社会通詮』の刊行である。この翻訳書はイギリスのE・ジェンクスの*A History of Politics*を訳したもので、歴史は遊牧社会から宗法社会そして軍国社会へと展開するという歴史発展段階論の書である。このなかで厳復は、中国はようやく軍国社会すなわち近代国家に入った国で、宗法が七分、軍国が三分であるとコメントし、宗法社会を「封建」の語で説明した。つまり中国社会は歴史発展論的に見れば、西欧社会よりも後れた、いわば半開の歴史段階にあるとした。この段階的な認識は当時の革命的な青年知識層に大きな影響を与えた。一九〇〇年の義和団事変は、首都の北京が外国軍によって占領され、皇帝一家が西安に避難するというほとんど王朝の命運を決するほどの打撃を受けた点でそれまでの敗北とは異なり、革命的な青年知識層に重大な衝撃を与えた。『社会通詮』の「詮」には法則性を明らかにするという意味があり、厳復はこの書名に社会の発展段階の法則性を明かすという意味をこめたかったと思われる。ジェンクスによれば、軍国社会は個人を基礎単位とした平等社会であるのに対し、宗法社会は一族一家を単位とした上下秩序社会であり、「拂特（フューード）」すなわち分土・分封関係の封建社会と同じとされる。厳復はその意を受けて、宗法社会を不平等の社会とし、周公・孔子は「宗法社会の聖人」であり、三代の封建は分封の制度であって自治ではない、とコメントした。はたして革命的な青年知識人は、中国のたびかさなる敗北の真の原因が社会の発展段階の後れにあり、とりわけ宗族制とその支柱である儒教の上下秩序的道徳が社会の発展を阻害している元凶であるという認識をもつにいたった。

「東洋民族は遊牧社会から宗法社会に進んだが、そのまま今も変わらない。…宗法社会は家族を本位とし、個人に権利がない。…忠孝は宗法社会・封建時代の道徳であり、半開化の東洋民族の一貫した精神である」（陳独秀「東西民族根本思想之差異」『青年雑誌』一巻四号）というのは、のちの「文学革命」（文化革新運動）を主導した陳独秀であるが、この『社会通詮』の歴史認識を丸呑みに受け入れ、封建を古代以来の半開化の遺物とした言説は、辛亥革命後の一九一五年以降、彼らが創刊し依拠した雑誌『新青年』(『青年雑誌』を改め）誌上では合言葉のように喧伝されていた。

元来、ヨーロッパにおける封建という歴史概念は、中世の封建領主制を内容とし、これには政治・社会制度としての面と、その世襲的・身分的な制度に付帯する上下秩序的支配、および領主・貴族（地主）の農民に対するいわゆる経済外的な強制的支配の面とがある。

中国の場合は政治・社会制度としての封建制は古代にあったとされるだけで、秦漢帝国以降は中央集権制を建て前とし、とくに宋代以降は科挙官僚制が整備され中央集権制も確立されてきているため、政治・社会面は除外し、宗族制に見られる上下的秩序、および地主の農民に対する強制的支配の面とを中国における封建の内容として、現代にいたっている。しかし、ヨーロッパの歴史概念を基準にしたこの封建観は、宗族制や地主・農民のありかたを考察するにさいし、事実よりもイデオロギーを先行させるという弊害をもたらした。

三　伝統のなかの中国革命

清代中葉の田制論

明末の田制論が民土観に立ったうえでの均等配分化という特質をもっていたこと、またこの均分論が多くの批判的知識人によって主張されたことは、前章で述べた。では、この均分論は清代中葉以降どうなったのだろうか。

結論からいうと、清代中葉には均分論は影をひそめ、むしろ均分化に反対する言説が表面に出た、しかし清末になると一転して革命派のなかで土地の国有化、公有化の議論が目立つようになり、最終的には中華人民共和国における土地の国有化政策に落着した。以下、その言説上の道筋を追ってみよう。

清代中葉、乾隆期の反均分の言説は以下のようである。「古はお上が田を所有し民がそれを耕していたが、後世は富民が田を所有し、貧民を募って小作させている」（惲敬「三代因革論」『皇朝経世文篇』巻一一）、「井田を復活しようとすれば、富民の田を奪って貧民に与えるしかないが、それでは富民が納得せず、必ず乱が生じる」（劉鴻翺「井田論」、同）、「揚子江以南の地で（均分が）不可能だというのは、ただ富民の田を貧民に与えるということが不可能というだけでなく、…今の大県は戸数が数万にもなり、もし戸口を計って田を授けるとすれば、田が不足して（貧民に）与えることができない」「今、官の公事を担っているのはおおむね富民であって、徴発の令は小民に及んでいない。…（もし小民に）数畝の田を与え、賦役の拠金を担わせたら、小民は賦役に苦しみ、田の耕作さえままならなくなるだろう」（黄中堅「限田論」同、巻三一）、「万物が斉しくないのは物の自然である。民に貧富があるのは寿命に長短があるのと同じで、造物主もいかんともできない」（袁枚「書王荊公文集後」同）などである。

これらによると田土の所有について、この時期には、富民と貧民との間には貧富が「物の自然」とされるような、ある安定した差別関係ができあがっていたこと、その点は貧富が流動的であった明末と大きく異なること、したがって均分化は富民の土地を奪って貧民に再配分することを意味していると認識されていたこと、また貧富の関係はこの時期には往々地主と小作人の関係として構成されていたこと、そして当時の認識では全田土を全戸に均等配分しようとしても田土が不足して不可能であるとされていたこと、などのことがあったと類推される。

われわれは清代以降、とくに華南に宗族制が広く行なわれていることを知っているが、上の貧富間の安定には宗族制的な秩序が介在していると思われる。強大な宗族はその集団自体が「富戸」であり、貧富の差も弱小宗族と強大な宗族の間のことを指すかもしれない。また、その宗族のなかに貧富の差があっても、内部の相互扶助によって矛盾を鈍化させるといったシステムが機能していたとも考えられる。あるいは地主と小作人といっても、それは往々宗族のなかのいわば身内間の関係で、必ずしもそれが地主層と小作人層の階級関係をいうとは限らない。そういった保留を加える必要がある。

それにしても、人口と耕地面積のバランスがこの時期には崩れはじめていた。前章（一五九ページ）で乾隆帝の言を引いたが、耕地の絶対的な不足は皇帝自らが認めるところであった。伝統的な均分論としての井田論は、清代以降、すでに中葉においてその議論の根底をなくしていたのであった。そのような時代状況を反映して、田制論は、当時には理想論でしかなくなっていた均等配分論を脱して、現実的な議論に転じていった。龔自珍の宗族制を前提にした不均等配分の「平均篇」、地主と小作の関係をふまえた陶煦の「租覈」がそれである。

龔自珍は、伝統的な均分相続によっては田土の相続分が零細化するという認識に立って、長男と次男以下の間に差等を設け、さらに相続に与れない末弟たちは「間民」すなわち小作人にするとし、「堯舜の世といえども間民をなくすことはできない。男子すべてを百畝の地主にするということなど、どうしてできようか」として、井田式の均分を否定し、長子を中心とした現実的な配分論を主張した。この時期には田制論は宗族内の私的な相続配分の問題に転化していたのであり、宗族制の普及ぶりが逆に鮮明になっている。

陶煦は小作・地主間の収益を合理的に配分するという、田制論の流れのなかでは地味な、しかし現実的な案を提起した。すなわち、旧来の収穫の何割という小作料の算出法に対し、小作人が耕作に要した経費（種子、肥料、耕牛など）および自己の労賃を原価として算出し、これを収穫物の総収入額から差し引き、得られた利益を地主・小作で折半するというものである。小作人の労賃を原価として算入するというこの合理的な方法は、民国期には広く各地で実行されたという。

こういう現実的な田制論が清代には流行したが、清末になると、人口の急増もあって耕地面積とのアンバランスがますます緊迫し、それを反映して、急進的な田土の公有論が出現した。

土地国有論と公有論――清末の田制論

清末に、田土の公有論にさきがけたのが太平天国における天朝田畝(でんぽ)制度の主張である。このキリスト教の平等思想に触発された一種の共産制度は実際には実行されなかったが、清末革命派に大きな影響を与えた。「およそ天下の田は、豊作の地と凶作の地とが有無を通じあい、こちらが凶作ならば、かしこの豊作の地から救援を仰ぎ、田があれば共同して耕し、飯があれば共同に食べ、衣があれば共同に着、銭があれば共同に使い、どこにも不平等なところがなく、どの人も飽暖しない人はいないようにする」といい、彼らが上主と仰ぐ天父上主皇上帝のもとでの平等な共産社会を夢想した。この田土についての共産的な考え方は、どこまで現実をくぐったものかわからないが、この一種の公有論は、客観的には耕作面積と人口のアンバランス――おそらく明末にくらべて耕地面積が漸増なのに対し人口は二倍以上になっていた――を反映したものと考えられる。もはや各戸に田土を均等に配分するという井田論の理念は、公有論として継承される以外に生きる道はなくなった、ということである。

そういう状況のなかで、清末の革命派や無政府主義者たちは積極的に土地の国有化、公有化を主張した。

革命派の国有論として、中国同盟会が機関誌として依拠した『民報』三号における胡漢民(こかんみん)の「民報の六大主義」のなかの、清朝打倒、共和政体樹立とならんでの土地国有の主張があげられる。

「土地国有は、三代の井田制にすでにその大綱が見られ、わが民族が伝統として固有にするもので、これを政治改革の時代に行なうことは決して困難ではない。…土地は日光や空気と同じで、もともと私有されるべきものでないのに、種々の原因から地主制が生じ、…全国が困窮しているのに資本の富厚はことごとく地主に帰するようになってしまった。…思うに専制政府の富は、民にとっての賊であるが、民権立憲国家の富は共産であり、均地の政は平等のいたりである」云々という、その土地を日光や空気と同じとする議論は、土地を天と同じく私有も分割もできないものとした明末の王土観を想起させる。ただし明末には皇帝の専有を批判していたのに対し、清末には地主の専有が批判されているという差異に留意する必要がある。明末期には皇帝と民の間にあった田土所有上の矛盾が、清末には地主・富民と小作・貧民との間に移行していたのである。

「土地国有の制というのは…少数の私利を犠牲にして、大多数の公益と化すためのものだ」(『民報』第四号）という同じく革命派の馮自由（ふうじゆう）の発言にある「少数」は「少数の富豪」、「大多数」は「大多数の貧民」であり、ここには背景に少数を「私」、多数を「公」とする中国に伝統的な構図がある。

無政府主義者の公有論も、国家の存在を認めないために国有論をとらないというだけで、土地を民の共有物にするという点では同じである。またこの公有論が伝統的な井田論議をふまえている点でも国有論と同じで、たとえば劉師培（りゅうしばい）はその「悲佃篇」(『民報』第一五号）において、顔元の「天地間の田はよろしく天地間の人がともにその利を享受すべきである」(『四存篇』存治篇）の語をあげながら、現在では井田策よりは「必ずことごとく貴賤の差をなくし、豪富の田を没収して、土地を国民の共有としてこそ、真によく至公に合する」と述べている。これらの議論は、中国同盟会の、「韃虜（だつりょ）（満洲族）の駆除、中華の回復、民国の建立、地権の平均」という四大綱領のうちの「地権の平均」を主張したものだが、のちに孫文の三民主義に包摂されながら、やがて中国共産党の土地革命に継承されていった。

公革命としての中国革命

〔清末の公私観〕　明末に私（私有欲）をいちがいに否定するのでなく、むしろ私と私とを調和させようといった新しい公（「天下の私を合して天下の公とする」）が生まれたことはすでに述べた。清末にはこういった新しい公に、さらにヨーロッパの近代思想が浸透し、すべての私の平等な充足、すなわち特定の私（専制君主や大地主、大ブルジョアらの「少数者」の私益・私権）を抑制あるいは排除して「多数者」の私益・私権の全体的な充足を実現しようとする、「多数の公」主義が興った。平等思想が西欧では個人の政治的・社会的な権利についていわれているのに対し、中国では政治的・社会的のみならず経済的な平等としても受容されたことにより、個人権（私有権）についてはその「専私」性を排除するという側面をもつことになった、ということに留意したい。私（＝少数、個人、利己）よりは公（＝多数、全体、共同）を重視する「公」主義が新たな装いをもって出現した。こういった「公＝多数」の平等主義は伝統的な均分思想が受容の母胎になってのことであるが、このことは西欧思想の受容が中国的な歴史の文脈に受容されるものであること、つまり、受容する文脈があってはじめて受容される、そしてその場合、受容はしばしば文脈に沿って変形するということを示すであろう。

「吾儕（わがはい）は〝総体〟の自由を求めるものであって、〝個人〟の自由を求めるものではない。共和というのは多数の人のために図るものであり、少数の人の自由は制限せざるを得ない。…現政府（清朝のこと）の所業は一つとして〝個人〟の専制、強横の専制でないものはなく、その干渉たるや総体の自由のためにするのではなく、ただ私人の自利のためのものである」（「論中国宜改創民主政体」）とは清末の革命家、陳天華である。ここでは個人の自由、少数人の自由とは、少数の強横なものの専制、専横、かぎられた特権的な私人の自利、具体的には（少数民族である）清朝皇帝の権力を指し、総体の自由とは、大多数の漢族国民の全体の自由を指している。こういった「個人」という語を専制者の意味で否定的に用いる用い方は当時一般的に見られたことで、たとえば清末の無政府主義者、劉師培に「主権というのは国民公共の権利である。…君主とは国家における個人である。どうして個人の身で公有の権利をほしいままにできようか」（『中国民約精義』巻二）とあるのは「個人」を明白に君主としている例であり、「公有の権利」の公は国民全体の意味である。

ここには公とは多数者、国民または人民全体であり、私とは少数者、専制者であるとするはっきりとした構図があり、中国の革命はこういった構図のなかで、少数者＝専制者を個人、私として斥けつつ、多数者＝人民全体の利益を公として標榜しながら推進された公革命であり、それはその公概念の伝統を継承することにより、当初から社会主義的な傾向をもつものであった。

〔大同思想〕　こういった中国近代期の反「私」的な特徴は、中国革命の父といわれる孫文の後述の三民主義思想のなかにも濃厚に見てとることができる。孫文にとっては、彼のいわゆる「散沙の自由（ばらばらの砂のような自由）」であるところの個人の自由よりは、四億人という「一つの大きな団体」の自由、すなわち国家や民族が自由を得ることが第一義とされ、「フランスでいう自由とはわれわれの民族主義のことである」（『三民主義』民族主義）とさえいわれるように、個人の自由は基本的に国家や民族の命運に無関心なエゴイスティックな行為として斥けられる。彼が「孔子が〝大道が行なわれているとき天下は公である〟といったのは、民権の大同世界を主張したものだ」（同、民権主義）とも、「人民が国家に対して何であれすべてに共同できてこそ、真正に民生主義の目的に到達できる。これこそ孔子が希望したところの大同世界だ」「民生主義とは、ほかならぬ社会主義、またの名を共産主義と名づけるもので、すなわちこれこそが大同主義である」（同、民生主義）ともいっている「大同」主義とは、少数者の専横、ひいては少数者のエゴイズム一般を否定し、相互の共同利益を図ることを主義の土台にしたものである。

もともと「大同」というのは『礼記』礼運篇のなかの一篇で、「大いなる道が行なわれているときは天下は公である（天下為公）」を冒頭の一節とし、「公」の実現した天下では、人々は和睦し、老人には寿命をまっとうさせ、壮年には仕事をもたせ、幼年には成長の場をもたせ、病人には治療の場をもたせ、財貨は一人が独占せずにみなに分配し、盗賊は起こらず、外出のときにも鍵をかけない。こういう状態を大同という、と述べるものである。

この大同思想は、「公」「公理」の思想として、清末には西洋の平等、博愛思想に触発されてか、当時の国際社会の弱肉強食の風潮に抗して、知識人の言論のなかに出現した。早くに王韜（おうとう）が「大同」の語を使って世界万邦の合同を展望したのがその一例である。

のちに康有為は、大同の理想を世界万邦どころか人類と禽獣類の間までに及ぼし、進歩の最終段階では人類による禽獣類の殺生もなくなるという観念的・空想的なユートピアを『大同書』という著書に著わした。そこでは、国家、階級、人種、男女、家族などの境界の間に、境界があることによって生じる「私」（＝差別）が否定され、未来に完全平等（公）の世界を展望している。ただしそのなかには、例えば人種平等といっても、黒色や褐色の人種は劣種であるため淘汰されて滅亡し、白色と黄色人種だけが生存するという前提のもとでの人種平等であるなど、当時の色濃い黒人蔑視の風潮からまぬかれていない箇所もある。その一方、女性差別には尖鋭に反応し、女性が女性であることにより受けるさまざまな差別的処遇、例えば仕官や科挙の応試が許されない、また議員、公民、学者になれない、そのうえ幽閉され、私物扱いされ、奴隷扱いされるなどの差別を糾弾し、当時としては先駆的な男女平等観を披瀝している。

彼は前掲の礼運篇の序文のなかで、「いっさいはみな公理にもとづく、公とは人々が一つになることで、貴賤の分なく、貧富の等なく、人種の殊なく、男女の異もない。分等殊異は狭隘な小道である。平等公共は広大の道である。いわゆる君はなく、国もなく、人々はみな公産（共有財産）で養われ、私産はあてにしない。…これが大同の道であって、太平の世に行なわれる。人々はみな公であり平である、だからよく人と大同する」と述べている。この夢想的なユートピア論は、中国の革命史のなかでは、なんら実効性を発揮しなかった。その意味で中国近代思想史のなかの評価が高くないのも、正当といえばいえる。しかし、この「大同」が上のように地球上の各国、各民族を視野に入れた用語として用いられたのは、清末に特有のことで、このような用語法は宋・元代はもとより明代にも清代にも見られないということは留意されてよい。

もともと、大同思想は礼運篇にも示されるように、公思想の伝統的な水脈のなかにある。その公が清代には平等、共同、全体の生存の倫理として面貌を改めたが、その公の共同性は、上述のように国際性、人類性を包含するまでにいたった一方、それと同時に民衆の日常生活のなかでも、その共同性は具体的に相互扶助や「抑強扶傾」など礼教の日常倫理として、平明な表現で、深く民間の倫理感情のなかに浸透した、という面も見落とされてはならない。士大夫の読書の世界での文言であった仁や公の観念が、清代には庶民の日常世界における抑強扶傾などの平明なことばに移しかえられ、少数者の専制（専私）に対する多数者（公）の共同生存として一般に広まった、といいかえてもよい。その民間に積層された公の倫理感情を基盤とした、清末の知識人の前に、国際的な弱肉強食の現実世界の出現があり、一方で自由・平等の新思想との出会いがあった。

かくして、清末の知識界は、いまや中国社会を汎くおおっている相互扶助の通念を新たな全体・共同の公とした、世界規模あるいは人類規模の大同思想を、康有為を通して生みだした、と考えることができるであろう。自由、平等が市民社会を成立させるヨーロッパ世界からしか生みだされなかったように、大同のユートピア世界は、中国の公倫理社会からしか生みだされないものであった、とはいえないだろうか。

孫文の三民主義

孫文は中国共産党からも国民党からも、中国革命の父として尊崇され、その民族・民権・民生の三主義をもつ三民主義は、それぞれに継承され現在に及んでいる。

民族主義は、列強によるアジアの植民地化という当時の状況を前にし、「抑強扶弱」と「打不平」すなわち、強きを抑え弱きを扶助し、不平等をなくす、ということをめざした。孫文のことばを借りていえば、「強権」に対する「公理」の闘いである。清末には、公・平・理などの伝統概念は、上述のような清代の民間倫理化を基盤にして、一気に国際化あるいは人類化したのであったが、そうさせた最も代表的な人物の一人が孫文である。彼によれば、将来中国が強大になったとしても、イギリスがビルマを滅ぼしたり日本が朝鮮を併合したような列強の帝国主義のまねは決してしない、むしろ強大になったときには列強の圧迫を受けた過去の苦痛を思い起こし、弱小民族の苦痛を取り除くように努める、それこそが「治国・平天下の道」であり、その道を実現するためには、「固有の道徳と平和とを基礎に、世界を統一し、一つの大同の治を打ち立てねばならない。それがわが民族主義の真の精神なのだ」という。

民権主義については、民族主義がフランスの「自由」すなわち民族が自由を得ることにあたるのに対し、民権主義は「平等」すなわち君権を打破して一人一人が平等の政治的地位を得ることとしている。孫文によれば、才能がありながら利己的な人間が、その才能によって他人の利益を奪い、やがて専制的階級となって政治上の不平等が生みだされる。一方、利他的な人間は、その才能によってもっぱら他人の幸福を図り、やがて専制を倒し、民権を主張し、不平等をなくそうとするようになる。だから「服務という道徳心が人類に発達すること、それが平等の真髄なのだ」と。

孫文にあっては、自由は民族全体の自由、権利は専制者を斥けた国民総体の権利、平等は相互の経済的平等をそれぞれ志向したものであり、ここには個人の自由とか人権とか私有財産権といった考えはほとんど見られないどころか、むしろ原理的には否定されるべきものとされている。

このように、三民主義には色濃く儒家的な道徳思想すなわち、仁・公・大同の思想が反映しており、儒家の性善説に見られる底なしの道徳的オプティズムが感得される。このことは、孫文が儒家的な思想枠組から出られなかったともいえるが、また伝統的な儒家思想が近代になって三民主義として開花した、ただし一方その伝統の開花が逆に私有財産権にもとづいた個人の権利といった西欧近代的な考え方を阻んできた、ともいえるのである。

ただし、中国には、天下生民（せいみん）思想という伝統があり、民は国家（近代以前は朝廷がすなわち国家であった）には関与しない、天によって生みなされた（その意味では生民・天民という）天下の生民であり、したがってどの王朝の存亡にも責任をもつことはなかった。そのため、天下の生民には国家（時の政権）に強制されない（散沙としての）自由な空間があった。こういったアナーキーな生民観は近代以降にも継承され、いわゆる民国期に国家らしいものが成立したのちも、民は国家の存亡には責任をもたない、ただ自分たちの「郷里空間」における生活の確保を第一義とする、という通念は民国期を通じてしばらくつづいた。

ただし、国家の束縛を受けないという意味での散沙の自由は、決して私利の無放縦な自由を意味するものではなく、郷里空間に見られるネットワーク社会の共同の倫理規範がそこに厳存していることを見落としてはならない。

現在の中華人民共和国は、いわゆる国民国家をめざして建国されたといってよいが、中国が「国民国家」を標榜することがアジアの周辺国にとって望ましいことかどうかは、二十一世紀のアジアにとって小さからぬ問題となるであろう。

四　現代中国と儒教

清代の礼教

礼教という呼び方は、明代以前にはそれほど多くはないが、清代に入るととくに民間文書に多く見られるようになる。例えば、郷約文書（郷約とは郷村に設置された道徳秩序の維持装置で、構成員相互に勧善懲悪を勧め誓いあう。約は誓約）、家産分割文書（男子に均等に父の家産を分配するときの一種の契約・誓約文書）、族譜（宗族の成員の間に頒布され、一族の系譜や有力者の伝記、詩文、あるいは家訓、族訓などが収録されている）中の家訓・族訓、あるいは裁判の判決文書などで、さまざまな決め事が道徳秩序重視の不文律によって律せられている、そういう文書のなかに「礼教」の二字が多く含まれている。

では礼教の道徳内容はどのようであるかというと、まず一つめに、共同体的な倫理規範であること。その一例として明の太祖が公布した「六諭（りくゆ）」（前章、一九二ページを参照）がある。

清代には歴代の皇帝がこの六諭に注目し、さらに拡充して宣布に努めた。ただし、こういった道徳教条が上から宣布されたからといって、単純にこれらの道徳律を体制イデオロギーの注入とだけ捉えるのはおそらく実態にそぐわないであろう。ここには、有志が呼びかけ、賛同者が呼応するという中国の民間社会で古来生きつづけてきた伝統的な行動パターンが働いており、それはときには上下に働くが、またときには水平に働くこともあり、いずれに向かうにせよ、それらは運動のベクトル上の差異でしかない、という面も考慮する必要がある。

次に礼教の内容の二つめは、社会倫理規範であること。六諭が身・家・郷と同心円的に広がる共同体的倫理規範であるのに対し、こちらは、あらかじめ対立が予想される不特定の自己と他者の間の関係を調停する社会的な相互倫理規範であり、具体的には、「強きを恃(たの)んで弱きを慢(あなど)るなかれ」「長をもって幼を凌(しの)ぐなかれ」「衆を恃んで寡を暴圧するなかれ」などのように、ひとことでいえば弱肉強食を戒め、相互扶助を勧めるものである。

この相互道徳倫理は、とくに家産分配文書のなかや、裁判（田土や婚姻などの民事案件）の判決文書のなかなど、対立を調停する文書のなかに多く見られる。それを家産分配文書に例をとると、「今くじ引きで財産分けをした以上は、くじ引きに従ってそれぞれの財産を管理し、異議を称えてはならない。強者であることに依拠して弱者を軽侮したり、年長であることによって年少者を虐げてはならない。私は希望する。わが二人の息子たちが謹んで家訓に遵(したが)い、兄弟が同気であるという特質を発揮し、手足の関係を傷つけないように、と。もし背くことがあれば、官に訴えて不孝の罪で処罰してもらうであろう」とある。ふつう長幼の序といえば、幼者が年長者に服従する関係と思われているのに対し、ここで実際には逆に、年長者のほうに厳しく対応していることに気づかされるであろう。父親の立場からすれば、二人の兄弟に財産を分配するにあたって、幼い息子のほうに肩入れしたくなるというのも自然なのであったろう。長幼の序が必ずしも上下的な階梯秩序として硬直したものでないことに留意すべきであろう。また家産分配文書に多く見られることだが、兄弟の不仲を不孝としていることに留意したい。一般に孝といえば子の親に対する無条件の奉仕と思われているが、実際の文書を見ると、親が孝として最も期待することは、自分の亡きあと、息子たちが和睦し助けあうことであった。

礼教の内容の三つめは、血縁間（宗族）・非血縁間（秘密結社）における組織維持の倫理であること。これはとくに宗族の族譜に見られる規約などのなかに多く見られる。中国ではおそらく宋代から均分相続が一般化していたと思われるが、明末清初期には既述のように田産の流動化による社会矛盾が顕在化し、清代にはとくに華南を中心に、社会矛盾の緩和装置としての宗族制が広く見られるにいたった。

宗族制の目的は同族間の貧富の流動化に対処することで、そのとき富者である者がそのとき貧者である者を援助し、あるいは共同財産（公産）に寄付をすることによって、いつか子孫が貧者になったときの保険とする、というもので、相互扶助システムと相互保険システムを兼ねたものである。その相互扶助の面をある宗族の規定に見てみると、同族の族人で扶養を受ける資格をもつ者は、老衰者で生活に困窮している者、寡婦で子供がないかまだ幼い貧窮者、家族に死者が出ても貧窮で弔えない者、病が篤いのに医者にかかれず薬も買えない者、息子が優秀なのに貧窮で学問ができない者、などとされている。

以上、清代には家庭生活や郷村や共同体などの社会生活のすみずみまで儒教倫理が浸透し、礼教の名で広められていることを見た。これまでの思想史では、宋代の宋学、明代の陽明学、清代の考証学という流れで叙述されてきたが、これは厳密にいえば学術史としての儒教史の流れであり、社会思想史としての儒教史の流れとして見るときには、宋代の官僚中心の道徳修養の学、明代の民衆を主体とした道徳拡汎の学、清代の民間（郷里空間）に見られる民衆儒教の組織的な浸透、という流れとして見るのがより事実に即した見方といえよう。そして、このように清代に普及した民衆儒教こそ、清末に革命的知識青年らから攻撃された礼教であった。

『新青年』の反礼教

儒教に対して革新的な知識人層から批判が加えられるようになったのは、辛亥革命以後、とくに一九一五年『青年雑誌』（のちに『新青年』）が刊行されて以後のことである。さきに述べたように、彼らを儒教批判に駆りたてたきっかけは一九〇〇年の義和団事件に触発されての、〇二年、厳復訳『社会通詮』の刊行であった。この厳復の、中国社会の現在を宗法七分の封建社会と規定するコメントは、辛亥革命後の知識青年に大きな影響を与えた。彼らは宗族制度を七分の封建の元凶と目し、攻撃の矛先を宗族制度に向けた。当時の証言によれば、中国の知識人が中国文化を劣等視しそれに攻撃を加えるようになったはじめは一九一五年ころだった。その一例として、当時反封建の最も先駆的なリーダーであった陳独秀によれば、宗族制は半開化、封建時代の道徳として、最初から批判されるべき対象と決められており、その批判の観点として「個人の権利」という立場があらかじめ設定されていた。そして、この「個人」の立場から同時に宗族制度における相互扶助の原理に対しても批判の矢が向けられた。「(宗法制度の悪い点の)第一は、他人への依存心を助長し、個人の生産力を害なう。…兄弟の間はおおむね財産共有制で、もし互いに扶養しあわなければ必ず世間から譏(そし)られる。…このため扶養される弟たちは遊惰が習性となり、家庭や社会に少なからぬ害を及ぼす」と。ここにも資本主義的な近代化をめざす立場が鮮明にされ、礼教における相互扶助は人々の依頼心を助長し「個人の生産力」を損なうものとされる。

ここでわれわれは日本では江戸時代以降、均分相続制ではなく長子相続制であったため、家産は分散や流動化のおそれがなく、兄弟間や親族間の相互扶助が当為の社会倫理として社会全体をおおうということがなかったことに留意する必要がある。すなわち日本では、資本主義的な「弱肉強食」のテーゼは、それと対抗する伝統倫理というものもなく、スムースに受け入れられた。ちなみに中国では弱肉強食といえば「禽獣の道」とされていた。これに対して武家社会の日本では「弱肉強食」はとくに違和感がもたれず、それを基盤にする競争本位の資本主義と抵触するものがなかった、それどころか「兄弟は他人の始まり」といわれるように兄弟といえども競争相手とされていたのである。

陳独秀たちは激しく宗族制を批判し、自分たちは「工読会」という新しい社会解放運動をつくった。その組織は、任意加入の共同体の成員全員が昼間に労働し、給金の全額を拠出しあい、生活費用は共同とし、夜間に勉強や討論をするというもので、この運動は宗族制の血縁的な閉鎖性を乗り越えようと意図したものであったろうが、じつは宗族制の共同関係そのままの上に構想されたものであった。彼らは観点としてしばしば「個人」を主張はしたが、実際には「共同」の伝統は厚かったのである。

儒教倫理と社会主義

冒頭で述べたように、儒教は民国期以降、批判的・革命的知識人からしばしば批判、攻撃を受けた。最も強い批判は、前節の陳独秀に代表されるマルクス主義者から加えられた。とくに毛沢東は宗族制の打倒を革命の主要課題の一つと見なし、その家父長的な支配を階級支配の観点から攻撃対象とした。彼は一九二七年の「湖南農民運動視察報告」のなかで、打倒目標として紳権（郷紳に代表される地主勢力）、族権（宗族の長老・有力者たち）、神権（迷信・呪術・宗教）、夫権（家庭内の封建的家父長支配）の四権を打倒すべき対象と見なした。紳権は、郷紳の在地権力であるが、郷紳はしばしば宗族制のなかから科挙試験の合格者として輩出され、またその政治力によって自己の属する宗族の勢力を伸ばした。族権というのは文字通り宗族の指導層で、彼らは郷里空間のために尽力する社会的有力者でもあった。夫権というのも宗族制のなかで保持された各家庭の男子中心の秩序形態をさし、纏足（てんそく）など男尊女卑の差別を生みだすもととなっていた。いずれにしても毛沢東は早い時期から宗族制度を徹底的に打倒することを考え、実践していた。そこでは、反封建は事実上、反宗族制であった。

なかには梁漱溟（りょうそうめい）のように、宗族制を改良して農村を改革することを考えた勢力もあったが、結果として、中国革命は、宗族制を根こそぎ打倒して成就した。同時に、儒教も基本的に封建道徳と見なされ、それに代わって社会主義倫理が称えられた。この傾向は文化大革命の時期に頂点に達し、いわゆる批林批孔運動や儒法闘争などによって、儒教は徹底的に抑圧された。一九七八年に中国共産党は文化大革命の誤りを認め、以後中国はいわゆる改革開放政策に転じ、儒教も研究が推奨されるなど、大きな転換を遂げている。

二十世紀は中国の儒教にとって、このように春秋に富んだ一世紀であったが、しかし中国革命の推移を注意深く見てみると、そのなかには儒教的な思考や慣習が形を変えて流れていることに気づかされる。

まず、王朝体制が崩壊したのち、中華人民共和国がそのあとを継いだが、国家レベルでは、王朝時代の統治理念は新国家の社会主義理念というかたちで残った。すなわち、伝統的な天の統治理念である「貧富を均しくする」「民は食を以て天となす」「万物にそのところを得せしむ」の三項目が、孫文の民生主義（四億人が豊衣豊食する、個人の発財ではなく人々の発財）の理念をへながら、中華人民共和国の社会主義的な理念に継承されている。

次に、思想レベルでは、伝統的な大同思想（弱者救済、相互扶助）、均思想（経済平等）が社会の指導理念として唱道された。また政治・経済政策のレベルでは、何よりも田土の公有化が実行され、まがりなりに井田の理想が実現した。社会政策レベルでは、職場単位の共同体が組織され、非血縁の宗族制というべき職場内相互扶助のシステムが機能した。そして社会習慣や通念の世界では、多くの儒教的な通念が生きていた。

社会主義時代の中国を見た目では、その時代には旧中国の伝統は大幅に破壊されたかに見えていたが、じつは倫理社会としての礼教社会の骨格は残されていた。それが露呈したのは皮肉なことに、孔子批判がその極をきわめた文化大革命においてであった。すなわち、個人よりは集団、「専（知識・技術）」よりは「紅（道徳・思想性）」、法治よりは「人治（賢人政治）」、私よりは公などの倫理主義的な伝統は、文化大革命の時期には局限まで肥大化した。

つまり、中国における社会主義とは、マルクス主義の中国独自版といわれるように、中国独自の相互扶助的な社会システムを骨格としたものであったことがわかる。このいわゆる社会主義体制は、しかし相互扶助原理が国際的な競争社会のなかでは不適応であることが明瞭になった一九八〇年以降には、改変を迫られ、市場経済化に転じて現在もその過程のさなかにあることは、周知のとおりである。

一九七八年以来、改革開放の時代となり、文化大革命時代の極端な孔子批判が修正され、儒教批判にも転換が見られることになった。表面だけを見れば、儒教の伝統は復活しはじめているが、社会の深層では、現代こそ、いよいよ大きな伝統破壊、伝統の改革に直面している。例えば、国家の「均貧富」の統治理念をどう実現するか、人治をいかに法治に変革するか、市場経済下、弱肉強食の競争社会のなかで、いかに相互扶助倫理を生かすか、共同と個人の関係をどう改変するか、など、二千年来の変革の課題が迫っているのである。

〔参照した文献〕西川喜久子「順徳団錬総局の成立」（『東京大学東洋文化研究所紀要』第一〇五冊、一九八八）。寺田浩明「明清法秩序における〝約〟の性格」（溝口雄三他編『アジアから考える』4、東京大学出版会、一九九四）。夫馬進『中国善会善堂史研究』同朋舎出版、一九九七）。佐藤慎一『近代中国の知識人と文明』（東京大学出版会、一九九六）。浜下武志『朝貢システムと近代アジア』（岩波書店、一九九七）。茂木敏夫「中国の海認識」（尾本恵市他編『海のアジア』5、岩波書店、二〇〇一）。溝口雄三『中国の衝撃』（東京大学出版会、二〇〇四）。塚本元『中国における国家建設の試み』（東京大学出版会、一九九四）。

あとがき

本書の出版が、著者と編集者の間ではじめて話題になったのは一九八〇年代にさかのぼる。それから現在までの二十数年は、中国研究にとってまさしく激動期といえる。収束した文化大革命への総括的評価、中国革命の再検討、唯物史観の見直し、ポストモダンの思潮の影響などと併せて、研究主体の問題、視座の問題、方法論の問題が根底から問いなおされようという時期であった。その間、われわれは中国の内部に視座を置きつつ、同時に外部から全体像を眺望するという方法論上のスタンスに依拠し、その成果として『中国思想文化事典』（二〇〇一年）を刊行した。本書はもともとその姉妹篇にあたる思想通史として『事典』に先だって企画されていたため、『事典』出版の翌年から、ほぼ隔月、足かけ五年にわたって本書の著者三名による勉強会をつづけ、準備に努めてきた。そこで共有されていたのは次のようなコンセプトであった。

第一に、中国は長い間、西洋中心主義の視座によってその歴史を歪曲され、はなはだしきは略取されて、時には近代の欠如態あるいは歴史自体の不完全態と見なされてきた。歴史学が西洋近代の産物であるというやむをえない制約のため、中国に対するアプローチは方法的に西洋中心主義のまといつきをまぬかれないが、本書においては意識的にこれを警戒し、避けるよう努めることにした。そして、いまだ成文化されるにいたっていないが、中国文明の歴史原理とでもいうべきものに沿って、方法的に新しい歴史像を組み立てるその第一歩をめざす。

第二に、事項の羅列に終始しがちな王朝史のスタイルは採らず、大きな変動期に即して歴史の変化相を叙述することとした。西洋の原理と異なる中国の原理を仮説的に想定しながら、転換期の歴史の激動を、西欧の眼ではなく中国の眼で叙述するということのことは、本書のおそらく他書には見られない特色となるであろう。実際、唐宋変革期や明末清初期における変動は、これまで資本主義の萌芽期として扱われるのが通例であるのに対し、その変化の脈絡、それを生みだした動力を中国史そのもののうちに求める（例えば、明末清初の言説を安易にヨーロッパの早期啓蒙主義に引きつけたりはせず、ここでは郷里空間という伝統的なことばで考えようとしている)。

第三に、執筆にあたっては開かれた叙述に努めること。中国の歴史原理に立つといえば、中国という特殊世界の用語で内向きに語ると思われるかもしれないが、われわれが意図したのはその逆である。西洋中心主義を脱却するというのは、西洋世界を相対化し、同時に中国世界それ自体も相対化するということ、そしてそれは日本人であるわれわれ自身をも相対化し、対象としての中国世界を他者化するということを意味する。世界のなかの中国として見るように努める、と言い換えてもよい。

今もし中国自体の原理枠組によってその歴史像が塑像できるならば、少なくとも日本人をはじめ欧米人の、いや当の中国人さえがそれによって蝕まれてきた西洋視座の中国観は、ゆっくりと融解するであろう。こうして中国が真に中国になるであろうことを指して、われわれは二十一世紀をアジアの世紀、あるいは中国の世紀と呼びたいと思う。真に中国になった中国の全体像を描きだすという作業は、アジアを真にアジアにし、ひいては世界を真に世界にすることに貢献すると思われるからである。大学の一般教育の教科書向けとして企画された当初からは大きく離脱して、このような意図の書になったが、世界を真に世界とすることに共感される読者を少しでも多く得られるならば、望外の幸せである。

本書は、第一章が池田知久、第二章が小島毅、第三・四章が溝口雄三によって、それぞれ分担執筆された。文体は三人三様だが、とくに統一はしなかった。叙述において第一章が哲学史的であり、第二章以下が社会史的であるのは、対象とする文献が時代によりそれぞれ異なるという、資料的制約にも因っていることをお断りしておく。

最後に、編集者の門倉弘氏、山本徹氏に謝意を表したい。両氏はさきの事典の刊行後、この本のためさらに五年におよぶ準備におつきあい下さり、その間のさまざまな曲折にめげず、局面をつねに明るいほうへ転じて下さった。ふり返って二十数年のいきさつを思い、いま感無量のものがある。

(溝口雄三)

本書はデジタル印刷機を採用しており、品質の経年変化についての充分なデータはありません。そのため高湿下で強い圧力を加えた場合など、色材の癒着・剥落・磨耗等の品質変化の可能性もあります。

中国思想史

2020年11月20日　発行　①

著　者　溝口雄三・池田知久・小島毅

発行所　一般財団法人　東京大学出版会
代 表 者　吉見俊哉
〒153-0041
東京都目黒区駒場4-5-29
TEL03-6407-1069　FAX03-6407-1991
URL　http://www.utp.or.jp/

印刷・製本　大日本印刷株式会社
URL　http://www.dnp.co.jp/

ISBN978-4-13-009144-2
Printed in Japan

溝口雄三
一九三二年　生まれ
一九五八年　東京大学文学部卒業
一九八一年　東京大学文学部教授
二〇一〇年　逝去
（主要著書）『中国前近代思想の屈折と展開』東京大学出版会、一九八〇年。『中国の公と私』研文出版、一九九五年。『中国の衝撃』東京大学出版会、二〇〇四年。

池田知久
一九四二年　生まれ
一九六五年　東京大学文学部卒業
一九九一年　東京大学大学院人文社会系研究科教授
現　　在　大東文化大学教授、東京大学名誉教授
（主要著書）『老荘思想』放送大学教育振興会、二〇〇〇年。『郭店楚簡儒教研究』汲古書院、二〇〇三年。『老子』東方書店、二〇〇六年。

小島　毅
一九六二年　生まれ
一九八五年　東京大学文学部卒業
一九九二年　徳島大学総合科学部専任講師
現　　在　東京大学大学院人文社会系研究科准教授
（主要著書）『中国近世における礼の言説』東京大学出版会、一九九六年。『宋学の形成と展開』創文社、一九九九年。『中国思想と宗教の奔流』講談社、二〇〇五年。

中国思想史
〔検印廃止〕

発　行　二〇〇七年九月　五日　初版
　　　　二〇一一年六月三〇日　二刷

著　者　溝口雄三（みぞぐちゆうぞう）・池田知久（いけだともひさ）・小島毅（こじまつよし）

発行所　財団法人 東京大学出版会
代表者　渡辺　浩
一一三-八六五四　東京都文京区本郷七-三-一　東大構内
電話＝〇三-三八一一-八八一四
振替〇〇一六〇-六-五九九六四

印刷所　大日本法令印刷株式会社
製本所　矢嶋製本株式会社

ISBN 978-4-13-012056-2

事項索引

配列は頭文字の読みの五十音順により，同音の場合には画数順とした．漢字の読み方はすべて音よみ，原則として漢音に拠ったが（心は「しん」，道は「どう」など），慣用に従った場合もある．

あ 行

か 行

さ　行

た　行

な　行

は　行

ま　行

や　行

ら　行

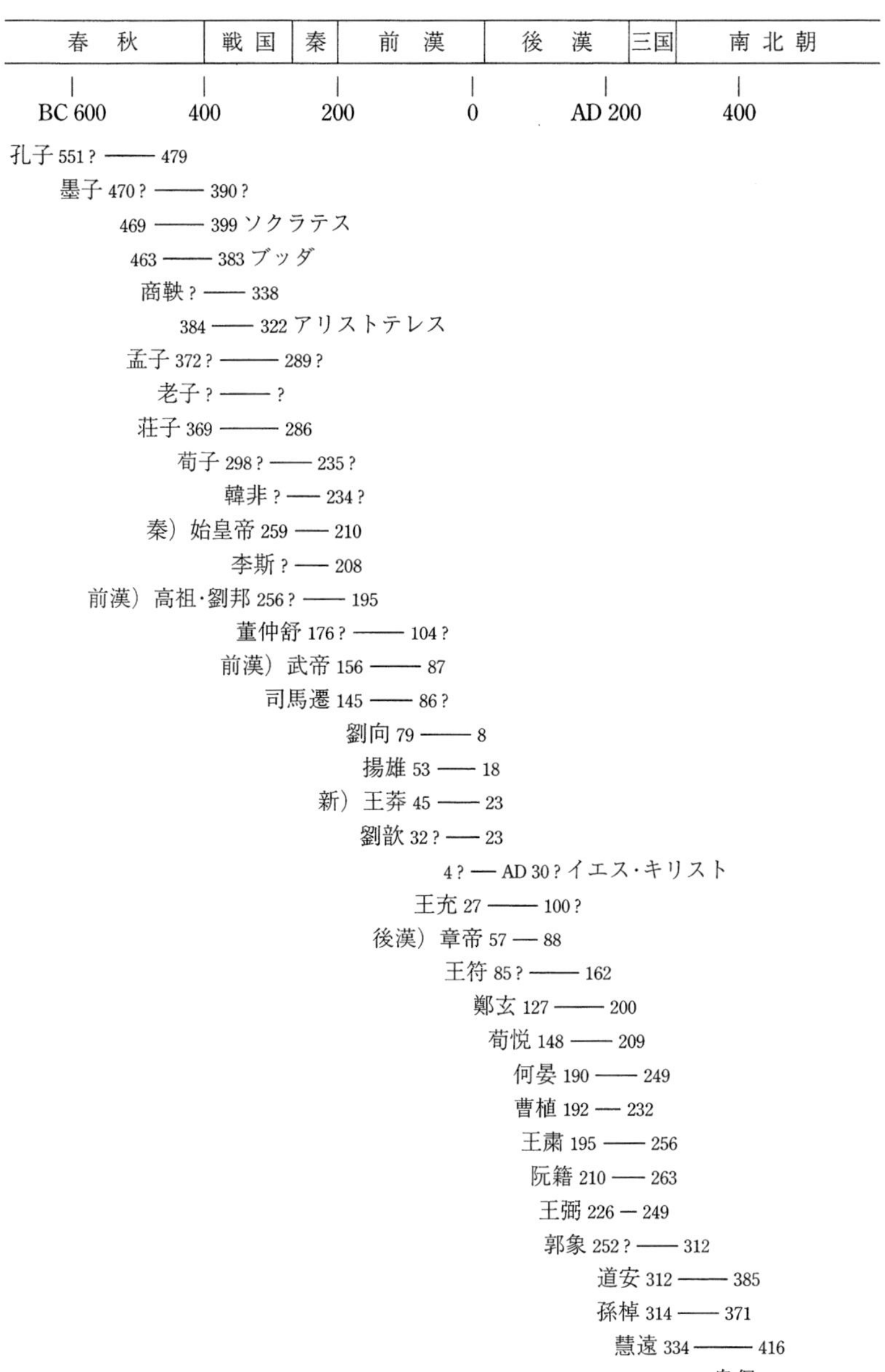
春　秋
戦国
秦
前　漢
後　漢
三国
南北朝
BC 600
400
200
0
AD 200
400
孔子 551？―479
墨子 470？―390？
469―399 ソクラテス
463―383 ブッダ
商鞅 ？―338
384―322 アリストテレス
孟子 372？―289？
老子 ？―？
荘子 369―286
荀子 298？―235？
韓非 ？―234？
秦）始皇帝 259―210
李斯 ？―208
前漢）高祖･劉邦 256？―195
董仲舒 176？―104？
前漢）武帝 156―87
司馬遷 145―86？
劉向 79―8
揚雄 53―18
新）王莽 45―23
劉歆 32？―23
4？―AD 30？イエス･キリスト
王充 27―100？
後漢）章帝 57―88
王符 85？―162
鄭玄 127―200
荀悦 148―209
何晏 190―249
曹植 192―232
王粛 195―256
阮籍 210―263
王弼 226―249
郭象 252？―312
道安 312―385
孫棹 314―371
慧遠 334―416
皇侃 488―545

南北朝	隋	唐	宋	元	明

600 800 1000 1200 1400

570？—632 ムハンマド
孔穎達 574—648
574—622 聖徳太子
唐）玄宗 685—762
767—822 最澄
韓愈 768—824
李翺 772—841
劉禹錫 772—842
柳宗元 773—819
774—835 空海
邢昺 932—1010
980—1037 アヴィセンナ
范仲淹 989—1052
欧陽脩 1007—1072
司馬光 1019—1086
王安石 1021—1086
程明道 1032—1085
程伊川 1033—1107
宋）徽宗 1082—1135
大慧宗杲 1089—1163
朱子 1130—1200
1133—1212 法然
陸象山 1139—1193
1173—1262 親鸞
白玉蟾 1194—1229？
1200—1253 道元
1225？—1274 トマス・アクィナス
呉澄 1249—1333
1293—1354 北畠親房
宋濂 1310—1381
方孝孺 1357—1402
陳献章 1428—1500

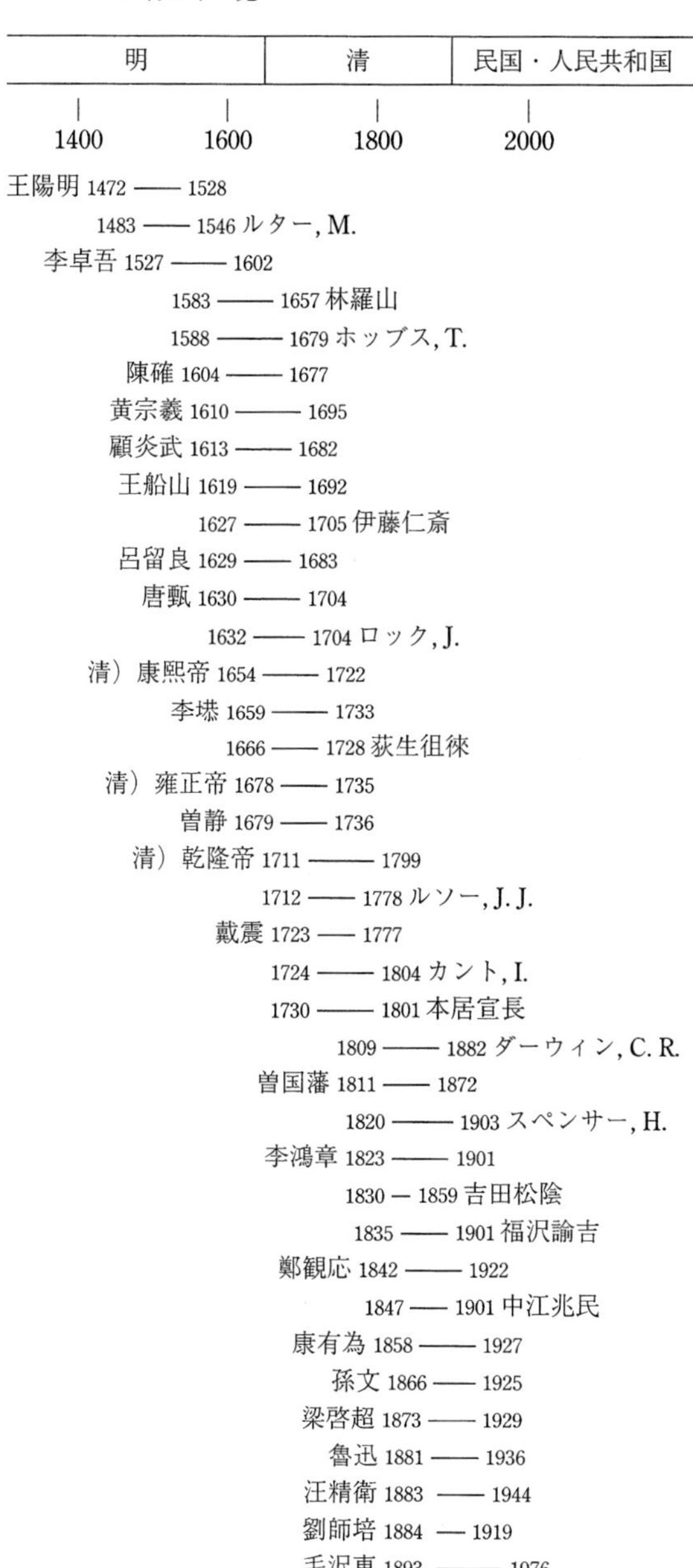
明
清
民国・人民共和国
1400
1600
1800
2000
王陽明 1472 —— 1528
1483 —— 1546 ルター, M.
李卓吾 1527 —— 1602
1583 —— 1657 林羅山
1588 —— 1679 ホッブス, T.
陳確 1604 —— 1677
黄宗羲 1610 —— 1695
顧炎武 1613 —— 1682
王船山 1619 —— 1692
1627 —— 1705 伊藤仁斎
呂留良 1629 —— 1683
唐甄 1630 —— 1704
1632 —— 1704 ロック, J.
清）康熙帝 1654 —— 1722
李塨 1659 —— 1733
1666 —— 1728 荻生徂徠
清）雍正帝 1678 —— 1735
曽静 1679 —— 1736
清）乾隆帝 1711 —— 1799
1712 —— 1778 ルソー, J. J.
戴震 1723 —— 1777
1724 —— 1804 カント, I.
1730 —— 1801 本居宣長
1809 —— 1882 ダーウィン, C. R.
曽国藩 1811 —— 1872
1820 —— 1903 スペンサー, H.
李鴻章 1823 —— 1901
1830 — 1859 吉田松陰
1835 —— 1901 福沢諭吉
鄭観応 1842 —— 1922
1847 —— 1901 中江兆民
康有為 1858 —— 1927
孫文 1866 —— 1925
梁啓超 1873 —— 1929
魯迅 1881 —— 1936
汪精衛 1883 —— 1944
劉師培 1884 —— 1919
毛沢東 1893 —— 1976

ブックガイド

＊ 翻 訳 書

書目の配列は必ずしも成書年代順ではない．訳は各1種のみ挙げた．

『易経』 高田真治・後藤基巳訳（岩波文庫）
『書経・易経抄』 赤塚忠抄訳（中国古典文学大系，平凡社）
『詩経』 目加田誠訳（講談社学術文庫）
『礼記』 市原亮吉他訳（全釈漢文大系，集英社）
『春秋左氏伝』 小倉芳彦訳（岩波文庫）
『春秋公羊伝』 日原利国訳（世界文学全集，筑摩書房）
『論語』 藤堂明保訳（中国の古典，学習研究社）
『孝経』 加地伸行訳（講談社学術文庫）
『大学・中庸』 島田虔次訳（中国古典選，朝日新聞社）
『晏子春秋』 谷中信一訳（新釈漢文大系，明治書院）
『孟子』 宇野精一訳（全釈漢文大系，集英社）
『荀子』 澤田多喜男・小野四平訳（中公クラシックス，中央公論新社）
董仲舒『春秋繁露』 日原利国訳（中国古典新書，明徳出版社）
『管子』 西田太一郎訳（世界古典文学全集，筑摩書房）
『老子』 麦谷邦夫訳（中国の古典『老子・列子』学習研究社）
『荘子』 池田知久訳（中国の古典，学習研究社）
『韓非子』 小野沢精一訳（全釈漢文大系，集英社）
『墨子』 本田済訳（人類の知的遺産，講談社）
『呂氏春秋』 楠山春樹訳（新釈漢文大系，明治書院）
『淮南子・説苑抄』 戸川芳郎他訳（中国古典文学大系，平凡社）
劉向『戦国策』 近藤光男訳（講談社学術文庫）
司馬遷『史記』 小竹文夫・小竹武夫訳（ちくま学芸文庫，筑摩書房）
班固『漢書』 小竹武夫訳（ちくま学芸文庫）
『漢書・後漢書・三国志列伝選』 本田済訳（中国の古典，平凡社）
王充『論衡』 山田勝美訳（新釈漢文大系，明治書院）
陳寿『三国志』 今鷹真・井波律子他訳（ちくま学芸文庫）
劉義慶『世説新語』 目加田誠訳（新釈漢文大系，明治書院）
呉競『貞観政要』 原田種成訳（新釈漢文大系，明治書院）
圜悟克勤『碧巌録』 末木文美士編（現代語訳，岩波書店）
沈徳潜『唐宋八家文読本』 星川清孝他訳（新釈漢文大系，明治書院）
王安石『上皇帝万言書』 宮崎市定訳（宮崎市定全集別巻『政治論集』岩波書店）
司馬光『資治通鑑選』 頼惟勤・石川忠久訳（中国古典文学大系，平凡社）
朱子『近思録』 湯浅幸孫訳（中国文明選，朝日新聞社）

朱子編纂『宋名臣言行録』 梅原郁編訳（中国の古典，講談社）
『朱子語類』 恩田裕正・垣内景子訳（巻 1-3，以下続刊．溝口雄三・小島毅監修，汲古書院）
『朱子集』吉川幸次郎・三浦國雄訳（中国文明選，朝日新聞社）
『朱子・王陽明』荒木見悟他訳（世界の名著，中央公論社）
陳淳『北渓字義』 佐藤仁訳（『朱子学の基本用語』研文出版）
王陽明『伝習録』 溝口雄三訳（中公クラシックス）
李贄（卓吾）『焚書』 溝口雄三抄訳（中国古典文学大系『近世随筆集』平凡社）
呂坤『呻吟語』 荒木見悟訳（講談社学術文庫）
施耐庵『水滸伝』 吉川幸次郎・清水茂訳（岩波文庫）
黄宗羲『明夷待訪録』 山井湧訳（中国古典文学大系『明末清初政治評論集』平凡社）
顧炎武『亭林文集』『日知録』 山井湧抄訳（同前）
王夫之（船山）『読通鑑論』 後藤基巳抄訳（同前）
唐甄『潜書』 山井湧・有田和夫抄訳（同前）
『戴震集』 安田二郎訳（中国文明選，朝日新聞社）
鄭観応『盛世危言』 野村浩一抄訳（西順蔵編『原典中国近代思想史 2』岩波書店）
康有為『大同書』 伊東昭雄抄訳（同前）
譚嗣同『仁学』 西順藏・坂元ひろ子訳（岩波文庫）
孫文『三民主義』 安藤彦太郎訳（岩波文庫） 島田虔次抄訳（中公クラシックス）
『孫文・毛沢東』 小野信爾・小野和子訳（世界の名著，中央公論社）
梁啓超『清代学術概論』 小野和子訳（東洋文庫，平凡社）
陳天華『獅子吼』 島田虔次抄訳（島田虔次『中国革命の先駆者たち』筑摩書房）

＊ 辞典・研究入門・講座・通史

『中国思想辞典』（日原利国編，研文出版，1984）
『中国思想文化事典』（溝口雄三・丸山松幸・池田知久編，東京大学出版会，2001）

『中国研究文献案内』（市古宙三・フェアバンク編，東京大学出版会，1974）
『アジア歴史研究入門』1-3（島田虔次他編，同朋社出版，1983）
『中国史研究入門』上下（山根幸夫編，山川出版社，1991, 95）
『近代中国研究案内』（小島晋治・並木頼寿編，岩波書店，1993）
『中国歴史研究入門』（礪波護・岸本美緒・杉山正明編，名古屋大学出版会，2005）

『講座東洋思想』2・3・4（宇野精一他編，東京大学出版会，1967）
『中国文化叢書』2・3・6（赤塚忠他編，大修館書店，1967-68）
『アジアから考える』全 7 巻（溝口雄三・浜下武志他編，東京大学出版会，1993-94）
『講座道教』全 6 巻（野口鐵郎編集代表，雄山閣出版，1999-2001）

東京大学中国哲学研究室編『中国思想史』(東京大学出版会, 1953)
武内義雄『中国思想史』(岩波全書, 岩波書店, 1957)
東京大学中国哲学研究室編『中国の思想家』上下（勁草書房, 1963)
小野沢精一・福永光司・山井湧編『気の思想』(東京大学出版会, 1978)
戸川芳郎・蜂谷邦夫・溝口雄三『儒教史』(山川出版社, 1987)
島田虔次『中国の伝統思想』(「中国」所収, みすず書房, 2001)
西順蔵編『原典中国近代思想史』全 6 冊（岩波書店, 1976-77)
前野直彬編『中国文学史』(東京大学出版会, 1975)
田仲一成『中国演劇史』(東京大学出版会, 1998)
杜石然他編著『中国科学技術史』上下（川原秀城他訳, 東京大学出版会, 1998)
斯波義信『中国都市史』(東京大学出版会, 2002)
『中国文明の歴史』全 12 巻（中公文庫)
宮崎市定『中国史』上下（岩波全書, 岩波書店, 1977-78)
松丸道雄・池田温他編『中国史』全 5 巻（世界歴史大系, 山川出版社, 1996-2003)
尾形勇・岸本美緒編『中国史』(新版世界各国史, 山川出版社, 1998)
礪波護他編『中国の歴史』全 12 巻（講談社, 2004-05)